WANDERLEY RIBEIRO

RESPONSABILIDADE CIVIL DO ADVOGADO
E ENSINO JURÍDICO NO BRASIL

São Paulo
2015

MUSA
EDITORA

Biblioteca Aula | Musa Direito, volume 1

CAPA E PROJETO GRÁFICO
Teco de Souza

PREPARAÇÃO DE ORIGINAIS
Maria Luíza Favret

REVISÃO
Vinícius Melo Justo

Dados Internacionais de Catalogação na Publicação (CIP)
Bibliotecária Juliana Farias Motta CRB7- 5880

R484r Ribeiro, Wanderley
Responsabilidade civil do advogado : e ensino jurídico no Brasil / Wanderley Ribeiro . — São Paulo : Musa , 2015.

288 p. ; 16 x2 3 cm . — (Biblioteca Aula, Musa Direito, volume 1)
Inclui referências e anexos

ISBN 978-85-85653-77-4

1. Responsabilidade (Direito) - Brasil .2. Advogados - Brasil. 3.Ética jurídica. 4.Direito - Estudo e ensino - Brasil.
I. Título. II. E Ensino Jurídico no Brasil.

CDD-346.8102

Índice para catálogo sistemático:
1. Responsabilidade (Direito) - Brasil
2. Advogados - Brasil
3. Ética jurídica
4. Direito - Estudo e ensino - Brasil

2015
Impresso no Brasil, 1ª edição 2014

MUSA EDITORA LTDA.
Telefax 11 3862-6435 11 9354-3700
www.musaeditora.com.br www.musaambulante.com.br
www.twitter.com/MusaEditora

Mande-nos um e-mail, se quiser fazer
um pedido de livros ou outras consultas: musaeditora@uol.com.br

WANDERLEY RIBEIRO

Wanderley Ribeiro (Nelson Wanderley Ribeiro Meira), Mestre em Educação, pela Universidade Federal da Bahia (UFBa,1998), defendeu a dissertação "Os Conselhos Municipais de Educação e a Descentralização da Gestão Educacional, na Bahia", sob a orientação do Prof. Dr. Edivaldo Machado Boaventura. Especialista em Direito Educacional, pelo Instituto de Pesquisas Avançadas em Educação (IPAE-RJ, 1997) e em Educação Brasileira/UFBa, 1993. Advogado, com inscrição na seccional baiana, tendo se graduado na Universidade Católica do Salvador (UCSal, 2003) e Pedagogo, pela Faculdade de Educação da Bahia, com habilitações em Orientação Educacional e Magistério (FEBa,1991).

O professor Ribeiro possui notável experiência conquistada ao longo de 26 anos de práxis pedagógica, desde o Ensino Fundamental à Pós-Graduação, bem como em cursos livres, assim como cursos preparatórios para concursos, como o Curso Degrau e a Casa dos Concursos. Entre as Instituições de Educação Superior em que atuou, destacam-se: Universidade do Estado da Bahia (UNEB), Universidade Federal da Bahia (UFBA), Fundação Faculdade de Direito/UFBa, Faculdade Baiana de Direito, Faculdade Baiana de Ciências (FABAC); Faculdade São Bento da Bahia; e Escola Superior de Advocacia Orlando Gomes (ESA).

Atuou, ainda, como Avaliador das Condições de Ensino (ACE) para o curso de Pedagogia do Instituto Nacional de Pesquisas Educacionais Anísio Teixeira/Ministério da Educação (INEP/MEC) e do Conselho Estadual de Educação da Bahia (CEE-Ba).

Foi Coordenador do curso de Bacharelado em Direito da Faculdade de Artes, Ciências e Tecnologias da Bahia (Facet).

Atualmente leciona no Instituto Baiano de Ensino Superior (IBES), curso de Bacharelado em Administração, disciplinas Trabalho de Conclusão de Curso I e II e é Coordenador Pedagógico da rede municipal de ensino do município de Salvador, na Escola Municipal Prof. Alexandre Leal Costa, turno matutino.

Como advogado, milita nas áreas Cível, Educacional e Administrativa e Juizados Especiais.

Integra o Instituto Geográfico e Histórico da Bahia (IGHB), bem como a Comissão de Ensino Jurídico da OAB-BA

Tem diversas obras publicadas nas áreas de Educação e Direito: *A Monografia no Curso de Direito*: anotações para a sua produção, 3ª edição, Campinas, SP, Mundo Jurídico Editora, no prelo; *O Essencial de Magistério para Concursos*, 3ª edição, Brasília, VestCon, 2013; LDB e *Conhecimentos Pedagógicos*: questões comentadas, 3ª edição, Brasília, VestCon, no prelo.

Colabora com artigos para os jornais *Tribuna da Bahia* e *A Tarde*, ambos de Salvador, Bahia.

É colunista de Educação do *Jornal da Cidade*, Aracaju, Sergipe.

Wanderley Ribeiro tem uma filha, Mariana Hilda Novais Ribeiro, a encantadora Naninha, que é todo o seu desvelo.

PREFÁCIO

Responsabilidade civil do advogado e ensino jurídico no Brasil reúne ampla bibliografia sobre tema tão relevante, tão discutido, mas também tão carente de obras específicas. Assim, aqui está nossa modesta contribuição, para a qual pedimos, desde já, sugestões e críticas, que podem ser enviadas para o correio eletrônico pessoal do autor (wanderleyribeiro@uol.com.br).

Como está sendo formado o advogado, quais as suas responsabilidades ao assumir uma causa, o que pode o cliente esperar dele, são algumas questões que serão enfocadas neste trabalho.

Não podemos esquecer, ainda, que a questão ética faz-se cada vez mais presente no dia a dia e, assim, não poderia estar alheia à formação do bacharel em direito, do advogado e dos demais operadores jurídicos.

Apresentamos, ainda, capítulo com jurisprudência sobre o tema.

Ao final, oferecemos também, com o intuito de reunir a legislação sobre o tema e permitir fácil e rápida consulta, anexos atualizados.

Este livro está longe de esgotar o tema, mas já é o início de uma discussão que deverá se tornar cada vez mais frequente, para a qual assumimos a culpa pelas imperfeições que nosso pensar-fazer produziu.

SUMÁRIO

Ao meu filho, que aguardo com ansiedade.

1 INTRODUÇÃO

Todos os animais são iguais mas alguns
são mais iguais que outros.
Mandamento da Granja Solar,
"A revolução dos bichos",
GEORGE ORWELL

O homem, como animal racional, é responsável por seus atos. Afinal, vivendo em sociedade, está sujeito às penalizações que essa sociedade preveja para suas infrações éticas, morais e mesmo religiosas. Basta lembrar, nesta breve introdução, a sanção atribuída a Sócrates (469(?)–399 a.C.), filósofo grego acusado de corromper a juventude por ter conduta incompatível com a sociedade de então, a qual não desejava que fossem questionados os valores instituídos e condenou o filósofo à pena capital.

Assim, percebe-se claramente que, antes da responsabilidade jurídica que os atos da ação ou omissão humanas podem ocasionar, destaca-se a responsabilidade que a vida em sociedade exige, em nome da harmonia da vida nessa sociedade.

Não é demais lembrarmos que, em nome da harmonia entre os cidadãos, o homem cedeu parte de sua liberdade ao Estado, que velaria pela igualdade de direitos e deveres humanos, na acepção da teoria do Contrato Social, de Jean Jacques Rousseau (1712–1778).

Surge a responsabilidade (do latim *respondere*, isto é, 'assegurar', 'afiançar') civil, quando alguém não cumpre a obrigação a que estava obrigado. Desse modo, percebe-se claramente que a responsabilidade civil decorre da obrigação de 'A' de cumprir com a obrigação assumida com 'B'; se há o descumprimento dessa obrigação, 'A', como agente causador do prejuízo de 'B', está obrigado a indenizá-lo.

É nesse sentido que a Academia Brasileira de Letras Jurídicas (1994) define responsabilidade civil: "É a imposição de reparar o dano causado a outrem, quer em razão da obrigação assumida (inexecução obrigacional), quer por inobservância de norma jurídica (responsabilidade extracontratual)".

Desse modo, percebe-se a estrita ligação da responsabilidade civil com o direito obrigacional. Aliás, diferentemente de povos que viveram em tempos passados, como os romanos, quando o devedor pagava ao credor com a própria vida, o Código Civil brasileiro (CC) é bastante explícito em seu art. 942, *caput*: "Os bens do responsável pela ofensa ou violação do direito de outrem ficam sujeitos à reparação do dano causado, e, se tiver mais de um autor a ofensa, todos responderão solidariamente pela reparação".

É bom frisar, desde logo, que há, na história da humanidade, uma forma primitiva de reparação do dano causado a outrem nas vinganças coletiva e privada, como na Lei das XII Tábuas e no Código de Hamurabi.

O Código de Hamurabi estabelecia penas diversas, de acordo com a classe social do causador do dano; entretanto, caso o dano não fosse reparado, independentemente da classe social, o acusado seria morto.

No que concerne à *Lex Aquilia* (que recebeu esse nome porque o representante dos plebeus no Senado romano era o tribuno Lúcio Aquilio), previa-se, igualmente, a reparação do dano pelo causador, estando aqui a origem, ainda que rudimentar, da responsabilidade civil encontrada nos contratos dos dias atuais.

Artur Silva Filho (1992, p. 27) lembra com muita propriedade: "Sucedendo a penalização do corpo surge a composição entre o autor da ofensa e o lesado, mediante a prestação de uma *poena*, pagamento de certa importância em dinheiro".

Cabe definir o que se entende por 'dano': segundo a Academia Brasileira de Letras Jurídicas, provém do latim *damnum* e significa a 'ação' ou 'omissão ilícita', com repercussão na esfera jurídica de outra pessoa.

Outras definições que merecem destaque:

> Savatier: "Obrigação que pode incumbir uma pessoa a reparar o prejuízo causado à outra, por fato próprio, ou por fato de pessoas e/ou coisas que dela dependam".

> Mário Júlio de Almeida Costa: "Quem estiver obrigado a reparar um dano, deve reconstituir a situação que existiria, se não tivesse verificado o evento que obriga a reparação".
> Percebe-se, aqui, a volta ao estado anterior (*status quo ante*) que a responsabilidade civil busca devolver ao prejudicado.
> Maria Helena Diniz: "A responsabilidade civil é a aplicação de medidas que obriguem uma pessoa a reparar o dano moral ou patrimonial causado a terceiros, em razão de ato por ele mesmo praticado, por pessoas por quem ele responde, por alguma coisa a ele pertencente ou de simples imposição legal".

Não devemos esquecer de destacar, todavia, que, se o direito persegue o ideal de justiça, ainda há muito por fazer, inclusive aproximar as classes menos favorecidas da possibilidade de requerer seus pretensos direitos em juízo. A esse respeito, Boaventura de Sousa Santos (2001) escreve, ao destacar a relação acesso ao direito/classe social:

> Quanto aos obstáculos econômicos, verificou-se que, nas sociedades capitalistas em geral, *os custos da litigação eram muito elevados e que a relação entre o valor da causa e o custo da sua litigação aumentava à medida que baixava o valor da causa.* Assim, *na Alemanha, verificou-se que a litigação de uma causa de valor médio na primeira instância de recurso custaria cerca de metade do valor da causa. Na Inglaterra verificou-se que em cerca de um terço das causas em que houve contestação os custos globais foram superiores aos do valor da causa.* Na Itália, os custos da litigação podem atingir 8,4% do valor da causa nas causas com valor elevado, enquanto nas causas com valor diminuto essa percentagem pode elevar-se a 170% (Cappelletti e Garth, 1978, p.10 e ss.). Esses estudos revelam que a justiça civil é cara para os cidadãos em geral, mas revelam sobretudo que *a justiça civil é proporcionalmente mais cara para os cidadãos economicamente mais débeis.* (p. 167) (Grifos do autor).

O autor prossegue:

> Numa investigação efetuada em Nova Iorque junto de pessoas que tinham sido vítimas de pequenos acidentes de viação, verificou-se que 27% dos inquiridos da classe baixa nada faziam em comparação com apenas 24% dos inquiridos da classe alta (citado em Carlin e Howard, 1965), ou seja, quanto mais baixo é o *status* socioeconômico da pessoa acidentada menor é a probabilidade que interponha uma ação de indenização.
>
> Dois fatores parecem explicar esta desconfiança ou esta resignação: por um lado, experiências anteriores com a justiça de que resultou uma alienação em relação ao mundo jurídico (uma reação compreensível à luz dos estudos que revelam ser grande a diferença de qualidade entre os serviços advocatícios prestados às classes de maiores recursos e os prestados às classes de menores recursos); por outro lado, uma situação geral de dependência e de insegurança que produz o temor de represálias se se recorrer aos tribunais. Em terceiro e último lugar, verifica-se que o reconhecimento do problema como problema jurídico e o desejo de recorrer aos tribunais para o resolver não são suficientes para que a iniciativa seja de fato tomada. Quanto mais baixo é o estrato socioeconômico do cidadão menos provável é que conheça advogado ou que tenha amigos que conheçam advogados, menos provável é que saiba onde, como e quando pode contactar o advogado e maior é a distância geográfica entre o lugar onde vive ou trabalha e a zona da cidade onde se encontram os escritórios de advocacia e os tribunais. (p. 170)

Francesco Carnelutti (2001) destaca a importância do direito para o Estado. Disso se depreende, acerca da necessidade de profissionais do direito bem formados:

> [...] *o Direito é a armadura do Estado*. Enquanto a força interior faltar, ou, sinceramente, enquanto o amor faltar, está em perigo a vida do Estado sem Direito, como a existência de um arco sem

armadura. Portanto, no Estado de Direito, não podemos ver a forma perfeita do Estado. Neste ponto, os juristas são vítimas de uma incrível ilusão. *O Estado de Direito não é o Estado perfeito, assim como não pode ser perfeito o arco antes que os pedreiros o tenham construído.*

Contrariamente, o Estado perfeito será o Estado que não precisa mais do Direito; uma perspectiva muito distante, embora certa, pois a semente está destinada, indubitavelmente, a se transformar em árvore carregada de folhas e frutos. (p. 22–23) (Grifos do autor).

2 RESPONSABILIDADE CIVIL DO ADVOGADO

A prisão arbitrária não me abate,
pelo contrário, me enobrece. É o preço da minha
devoção ao Direito, num País sem Justiça.
JOÃO MANGABEIRA

O advogado desempenha atividade de meio e não de fim. Assim, como ressalta Sérgio Novais Dias (1999):

> É preciso recordar que o contrato advocatício não impõe ao advogado a obrigação de sair vitorioso na causa, porque *lites habent sua sidera*. Neste particular, ele assume, semelhantemente ao médico, uma obrigação de meios e não uma obrigação de resultado. O que lhe cumpre é representar o cliente em juízo, defendendo pela melhor forma possível os interesses que lhe confiou (p. 17).

Entretanto, ao aceitar a causa do cliente — que, salientamos, tem plena liberdade para recusar —, assume o advogado, seguindo Sergio Cavalieri Filho (2002) a obrigação de defender o cliente "[...] com o máximo de atenção, diligência e técnica [...]" (p. 334).

Sílvio Venosa (2003) destaca situações em que a obrigação do advogado deixa de ser de meio e passa a ser de resultado, como: "Na elaboração de um contrato ou de uma escritura, o advogado compromete-se, em tese, a ultimar o resultado" (p. 175–176).

Mario Antonio Lobato Paiva (2000) salienta a importância da profissão de advogado:

> A advocacia não é apenas uma profissão, é também um *munus*, é um dos elementos da administração democrática da Justiça. Por isso sempre mereceu ódio e a ameaça dos poderosos. Frederico o Grande, que sempre chamava os advogados de sanguessugas e venenosos répteis, prometia enforcar sem piedade nem contemplação de qualquer espécie aquele que viesse pedir graça ou indulto para um soldado, enquanto Napoleão ameaçava cortar a língua a todo o advogado que a utilizasse contra o governo. Bem sabem os ditadores reais ou potenciais que os advogados, como disse Calamandrei, são 'as antenas supersensíveis da justiça'. E que estão sempre do lado contrário de onde se situa o autoritarismo. (p. 7)

Ao que corrobora Sergio Ferraz (2000):

> Há desde o exemplo brasileiro (no qual, além da inserção da advocacia e da Ordem dos Advogados do Brasil, no texto da Constituição Federal, legalmente lhe é conferida uma *natureza pública*, mas totalmente independente do Poder Público) de total autonomia (que lhe assegura notável papel de pessoa atuante nos embates políticos da sociedade e do Estado), até o de outros países, em que a advocacia é fortemente regrada pelo Estado, que tolera, mas tutela, em maior grau ou menor, o órgão ou a entidade de aglutinação dos advogados. (p. 3)

José de Aguiar Dias (1979) assevera:

> Por força do caráter de *múnus* público que tem a função advocatícia, ao advogado se impõe uma correção especial no exercício da profissão. As normas em que se traduz essa exigência estão compendiadas no Código de Ética Profissional. (p. 329)

Reforça Ives Gandra Martins (1998) a importância do advogado, ao colocá-lo como intérprete do direito: "O direito é a mais universal das aspirações humanas, pois sem ele não há organização social. O advogado é seu primeiro intérprete" (p. 32).

Dessa forma, ainda que não desempenhe atividade fim, o advogado não pode descuidar do mandato que recebeu; deve velar pelo interesse do cliente, como se estivesse agindo para si mesmo.

Sérgio Novais Dias (1999), em dissertação de mestrado em Direito, na Universidade Federal da Bahia (UFBA), transformada em livro, enfoca o tormentoso tema da responsabilidade civil do advogado, pelo ângulo do que denominou "perda de uma chance", chance esta perdida pelo cliente ao confiar no advogado que contratou para defendê-lo em juízo.

A esse respeito, adverte Nelson Nery Júnior apud Sérgio Novais Dias (1999):

> Nosso subjetivismo nos coloca naturalmente contra decisão desfavorável, de sorte que o sentimento psicológico do ser humano faz com que tenha reação imediata à sentença desfavorável, impelindo-o a pretender, no mínimo, novo julgamento sobre a mesma questão. (p. 52)

Deve o advogado, ainda, atentar para o cumprimento dos prazos. De nada adianta uma petição englobando a melhor doutrina, se não interposta no prazo adequado. Pedidos feitos no décimo primeiro dia, quando o prazo eram dez dias, não serão recebidos pelo juiz/tribunal, o que possivelmente trará prejuízos ao cliente. Nesse sentido, Sérgio Novais Dias (1999) observa:

> Talvez nenhuma outra profissão conviva tão ansiosamente com prazos. Por melhor que seja o direito defendido pelo cliente, se não apresentada a postulação no prazo certo, aquele direito quase sempre não mais poderá ser invocado. Para os advogados, os inúmeros prazos dos processos que estão sob seu patrocínio se sucedem, e todos eles têm de ser infalivelmente controlados e cumpridos. E o bom advogado deve realizar o melhor trabalho

> em cada processo dentro dos seus prazos respectivos, o que eleva a necessidade de controle, de planejamento, e de trabalho intenso e incessante.
>
> Ao receber a causa de um cliente, o advogado assume a obrigação de postular em seu nome rigorosamente dentro dos prazos que a lei exige. Também assume a obrigação de tudo fazer, nos limites da lei, para tentar convencer o julgador das razões do seu cliente. (p. 19)

A esse respeito, Caio Mário da Silva Pereira (2001) destaca com singular propriedade:

> O primeiro dever do advogado é a *vigilância*. Mestre de direito e perito na advocacia, Jair Lins não se cansava de repetir que 'advogar não é escrever bonito, porém acompanhar a causa com zelo e eficiência'.
>
> A observância dos prazos é fundamental, respondendo o advogado se deixa de observá-los. [...] Surgindo dúvida no modo de contá-los, porque nem sempre são claras as disposições legais e o modo de interpretá-las, cabe ao advogado tomar a cautela de seguir a orientação mais segura, de sorte que exponha o cliente ao menor risco. (p. 163) (Grifo no original)

Essa grande preocupação do advogado em bem representar seus clientes faz marcas em seu corpo, como aponta Azevedo Marques apud Sérgio Novais Dias (1999): "A profissão do advogado é a que mais cedo lhe imprime na face o estigma de uma senectude precoce e de uma fadiga incurável". (p. 19-20)

Sérgio Novais Dias (1999) ressalta a atenção cuidadosa e incessante do advogado, sob pena de perda de seu próprio patrimônio:

> A responsabilidade bate às portas do advogado dez vezes por dia, e se apenas uma delas o advogado vacilar, dependendo do inte-

resse econômico em jogo no processo sob seu patrocínio, a indenização que será chamado a pagar pelo dano causado ao cliente pode levar de uma só tacada todo o patrimônio que o advogado construiu durante uma vida inteira de intenso trabalho. (p. 20)

Orlando Gomes (1979) afirmava consistir a responsabilidade civil na "[a]ção ou omissão culposa com a qual se infringe, direta e imediatamente, um preceito jurídico do direito privado, causando-se dano a outrem" (p. 540). Ressaltava ainda a necessidade de indenização pelo dano provocado.

Também Pontes de Miranda (1984) faz considerações importantes acerca da responsabilidade civil do advogado, inclusive exemplificando:

> *O advogado responde pelo dano que às partes cause por ação ou omissão voluntária, negligência ou imprudência, ou ignorância, que negligência é, pois o profissional deve cuidar dos seus estudos, a fim de não lesar o constituinte por saber mal, ou não saber o que se supõe incluso no seu ofício.*

> Exemplo de dolo (omissão): perder o prazo, para que aproveite à parte contrária, com quem se conluiou ou de quem deseja ganho de causa. Exemplo de dolo (ato positivo): requerer contra o interesse da parte. De negligência: perder, sem dolo, o tempo de contestar, de arrazoar ou de fazer prova. De imprudência: contestar e viajar, certo de que tão cedo não será intimado para a dilação probatória, e chegar depois, ou nos últimos dias, quando feita a intimação ao próprio réu ou autor, ou se poucos momentos lhe restam para a prova. Exemplo de ignorância: deixar de agravar, porque não sabe que do despacho pode agravar. O advogado não pode reter, sob qualquer pretexto, os autos, depois de findo o termo assinado ou legal, pelo qual lhe tenham sido entregues com vista ou em confiança, perdendo o constituinte a faculdade de usar dos atos ou recursos ou se antes deles não usou no prazo. Assim, à parte responde o advogado pelo prejuízo que da sua falta resulte, além de pagar as despesas que se fizerem para a cobrança dos autos. Se o advogado deixa o patrocínio da causa, depois da aceitação, salvo

> se houve motivo justo, caso em que fará intimar a parte ou o seu procurador judicial ou extrajudicial, à sua custa, para nomear outro advogado, antes da primeira audiência, sob pena de responder pelos prejuízos resultantes da sua atitude. Além de muitíssimos outros casos, pode a parte pedir ressarcimento dos danos causados quando resultarem de ter a outra parte sabido de qualquer ponto do processo, ou do fato que o advogado somente conhecia como profissional, quer se tenha conservado no contrato, quer o tenha deixado, mesmo sem ser convidado, ou sem ter concluído contrato com a outra pessoa. O advogado que erradamente considerou prazo prescripcional o prazo preclusivo, ou preclusivo o prazo prescripcional, e por isso deu ensejo a que o seu cliente perdesse a causa, responde por ato ilícito, mas ato ilícito relativo.
>
> Se o advogado, que só tem poderes para a ação a e para a ação b, usa a procuração para a ação c, responde por ato ilícito absoluto. (p. 440) (Grifos do autor).

Nos Mandamentos do advogado, segundo Santo Afonso (1989), observamos os deveres aos quais o advogado deve atentar, bem como a responsabilização por não cumpri-los:

> I – Nunca deve o advogado patrocinar uma causa injusta: a isso se opõem a honra e a consciência.
>
> II – O advogado não deve defender uma causa, ainda que justa, por meios injustos e ilícitos. As defesas devem ser verídicas, sinceras e respeitosas.
>
> III – *O advogado é obrigado a estudar as peças do processo, a fim de tirar delas os argumentos mais eficazes para a defesa de sua causa, e isto com tanto cuidado como se tratasse de seus próprios interesses.*
>
> IV – Para lograr êxito em sua defesa, o advogado deve implorar o auxílio de Deus, primeiro protetor da justiça.

V – O advogado merece censura se ele se encarrega de processos que ultrapassam seus talentos ou suas forças, ou se ele prevê que o tempo lhe faltará para preparar a defesa de sua causa.

VI – *Se, por demoras ou por sua negligência, o advogado perde seu processo, ou acarreta prejuízo para seu cliente, é obrigado a indenizá-lo. Da mesma maneira, está obrigado a restituição, se lhe causar despesas supérfluas.*

VII – A justiça e a probidade devem ser as duas companheiras do advogado: ele deve amá-las como a menina de seus olhos. (p. 34–35) (Grifos do autor).

Não podemos esquecer, ainda, os Mandamentos do advogado segundo Eduardo Couture (1979):

1º – Estuda: o direito está em constante transformação. Se não o acompanhas, serás cada dia menos advogado.

2º – Pensa: o direito se aprende estudando; porém, se pratica pensando.

3º – Trabalha: a advocacia é uma fatigante e árdua atividade posta a serviço da justiça.

4º – Luta: teu dever é lutar pelo direito; porém, quando encontrares o direito em conflito com a justiça, luta pela justiça.

5º – Sê leal: leal para com teu cliente, a quem não deves abandonar a não ser que percebas que é indigno de teu patrocínio. Leal para com o adversário, ainda quando ele seja desleal contigo. Leal para com o juiz, que ignora os fatos e deve confiar no que tu lhe dizes; e que, mesmo quanto ao direito, às vezes tem de confiar no que tu lhe invocas.

> 6º – Tolera: tolera a verdade alheia, como gostarias que a tua fosse tolerada.
>
> 7º – Tem paciência: o tempo vinga-se das coisas que se fazem sem sua colaboração.
>
> 8º – Tem fé: tem fé no direito como o melhor instrumento para a convivência humana; na justiça, como destino normal do direito; na paz, como substitutivo benevolente da justiça; e, sobretudo, tem fé na liberdade, sem a qual não há direito, nem justiça, nem paz.
>
> 9º – Esquece: a advocacia é uma luta de paixões. Se a cada batalha fores carregando tua alma de rancor, chegará o dia em que a vida será impossível para ti. Terminado o combate, esquece logo tanto a vitória quanto a derrota.
>
> 10º – Ama a tua profissão: procura considerar a advocacia de tal maneira que, no dia em que teu filho te peça conselho sobre seu futuro, consideres uma honra para ti aconselhá-lo que se torne advogado. (p. 7) (Grifos do autor)

Sobre a obrigação do advogado de aceitar toda e qualquer causa, Ruy de Azevedo Sodré (1991), apesar de expor conceituadas opiniões favoráveis, como a de Santo Ivo, Santo Afonso de Liguori e Rudolf von Lhering, acrescenta a própria opinião, afirmando: "Para nós, o advogado pode recusar o patrocínio de uma causa — salvo a defesa em processo criminal, — mesmo que não a julgue ilegal, injusta, ilícita ou imoral" (p. 117–120).

Sodré (1991) destaca ainda a obrigação do advogado de estudar a causa, bem como de aperfeiçoar seus conhecimentos jurídicos (p. 120–122).

Quanto à obrigação de indenizar o cliente, o autor (1991) é bastante enfático:

> O erro inescusável, fruto da ignorância do causídico, importa na obrigação deste indenizar ao cliente dos prejuízos que lhe cau-

> sou, dada a sua manifesta incompetência, o mesmo ocorrendo se o dano for causado por negligência.
>
> O dolo, além da pena disciplinar, da responsabilidade civil pelo dano causado, dá margem a uma ação criminal. (p. 122)

Isso posto, perguntamos: pode o advogado ser penalizado por erros de fato e de direito?

Sérgio Novais Dias (1999) esclarece:

> O advogado responde sempre pelos erros de fato por ele cometidos, como, por exemplo, quando, ao elaborara uma defesa trabalhista, admite que o reclamante trabalhava até as 20 horas todos os dias, fazendo *jus* a 2 horas extras por dia, conquanto no relatório escrito entregue a ele pelo cliente para a elaboração da defesa estivesse dito que o reclamante trabalhava apenas até as 18horas, diariamente.
>
> Quanto ao erro de direito, a questão é mais complexa. Compete ao advogado manter-se adequadamente atualizado da lei, da doutrina e da jurisprudência na área do direito em que está militando. Não é preciso, pois, que seja uma enciclopédia jurídica ambulante, mas não pode escusar-se dos conhecimentos médios do advogado razoavelmente atualizado. (p. 34)

E quanto à responsabilidade civil do advogado por conselhos e pareceres?

José de Aguiar Dias (1979) não deixa dúvidas:

> Um parecer ou conselho visivelmente desautorizado pela doutrina, pela lei ou pela jurisprudência acarreta, para o advogado que o dá, a obrigação de reparar o dano resultante de lhe haver o cliente seguido o raciocínio absurdo de cuja extravagância não poderia aquilatar. (p. 332)

Quanto ao zelo que o advogado deve ter com as causas que assume, José de Aguiar Dias (1979) escreve:

> Aceita a causa, obriga-se o advogado a dedicar o maior zelo e atenção no desempenho do mandato, dando ao cliente informações constantes e completas sobre o andamento do pleito e tomando ou fazendo tomar as providências que se fizerem necessárias ao bom êxito da incumbência ou, pelo menos, na medida das possibilidades do desfecho favorável ao cliente, promover tudo o que estiver ao seu alcance, nesse sentido.
>
> [...]
>
> Também responde o advogado pela omissão de providências que, tomadas a tempo, teriam impedido o perecimento ou sacrifício do direito do cliente. Assim, se não fez protestar o título que lhe foi entregue para cobrança, quando não pretenda logo iniciar a respectiva ação; quando não se habilita em falência ou concurso de credores; quando permite que outro credor, graças à sua inércia, se apodere da quantia sobre que poderia recair a execução do seu cliente; quando dá causa à nulidade dos atos necessários à conservação ou ao reconhecimento dos direitos do constituinte [...] (p. 335–336)

No que concerne à desobediência às instruções de seu constituinte, o advogado também responde, conforme José de Aguiar Dias (1979):

> A desobediência às instruções do constituinte, seja, variando das que foram traçadas, seja excedendo os poderes ou utilizando os concedidos em sentido prejudicial ao cliente, é outra fonte da responsabilidade do advogado. Foi ela reconhecida em exemplo expressivo, julgado pelo eminente LAUDO DE CAMARGO, quando juiz de direito da capital paulista. Tratava-se de advogado que havia recebido mandato para celebrar com devedor dos clientes uma concordata preventiva, em certas condições, taxativamente estabelecidas, ficando igualmente estipulado que, a fracassar as

negociações naquela base, deveria o profissional requerer a falência daquele. O advogado, entretanto, aceitou a concordata em bases muito menos favoráveis, daí resultando ser chamado a juízo pelos clientes. Em defesa, alegou ele que: a) as instruções eram para acordo extrajudicial; b) os clientes não podiam alegar prejuízo em virtude de concordata, porque, a declarar-se a falência, ele seria muito maior; c) a concordata passaria na assembleia dos credores, independente do voto dos seus constituintes. A sentença considerou o caso nos aspectos desdobrados pelo advogado. Quanto ao mandato, decidiu que o mandatário, embora munido de procuração com poderes amplos, tinha instruções precisas para só aceitar a concordata em determinadas condições e não as observara. Deveria votar contra a concordata, mas aderira ao voto de terceiros, contrariando as instruções que recebera. Nem valia contra as limitações impostas o argumento da dignidade profissional. Sem contestar a nobreza da profissão do advogado, as instruções, que ele, se não se conforma com elas pode deixar de cumprir por meios regulares, renunciando o mandato, devem ser observadas, porque a qualidade de advogado não lhe dá direito a dispor dos direitos alheios. Acrescia que, ao contrario do que sustentava o réu, se não fosse o seu voto, a concordata não vingaria, de acordo com a Lei de Falências. Assim, era indiscutível a responsabilidade do mandatário, que foi condenado a compor os danos causados.

A responsabilidade do advogado perante terceiros é de tipo excepcional, uma vez que os seus atos se reputam atos do mandante, salvo desvio, excesso ou abuso de poderes. A esse titulo podem ser considerados todos os atos que, não importando defesa do direito do constituinte, acarretem prejuízo a terceiros, o que pode ocorrer mesmo dentro da órbita do mandato, se o advogado não prova que o ato abusivo se deve a instruções do cliente.

Quando um advogado toma a iniciativa de associar na defesa da causa a ele confiada um colega de profissão, não assume para com ele obrigação pessoal pelo pagamento de honorários, nem afiança o cliente perante o outro advogado, salvo quando sabia que o cliente era insolvável, hipótese em que falta às normas de correção inerentes ao exercício da profissão liberal, empenhando sua responsabilidade. Mas, ainda nessa hipótese, o advogado é responsável perante o terceiro pelos atos prejudiciais do colega. (p. 336–337)

A sociedade de advogados também responde de forma solidária e ilimitada, conforme Luiz Neto Lôbo (apud Dias, 1999) pela responsabilidade civil de seus sócios:

> [...] a responsabilidade de cada um dos sócios de uma sociedade de advogados, pelos danos que cada sócio ou advogado empregado causarem, individualmente, aos clientes, bem como pelos danos que a sociedade, coletivamente falando, causar aos clientes, independentemente do capital individual integralizado de cada sócio. Os bens individuais de cada um dos sócios respondem pela totalidade dessas obrigações. (p. 39)

2.1 TIPOS DE RESPONSABILIDADE CIVIL

A responsabilidade civil pode ser classificada como subjetiva, quando sobressai o ato ilícito; objetiva, quando o risco criado é o fator determinante; contratual, quando se origina do descumprimento de obrigação prevista nas cláusulas contratuais; e, ainda, extracontratual, quando viola o dever legal de não causar prejuízo a outrem.

Entre os diversos autores que apontaram o descompasso entre a teoria subjetiva e o desenvolvimento da sociedade, destaca-se Caio Mário da Silva Pereira, surgindo dessas inquietações a Teoria da Responsabilidade sem Culpa, que nos legará a Teoria da Responsabilidade Objetiva ou Teoria do Risco, pela qual basta a existência do nexo de causalidade e do dano provocado, e não mais a prova da culpa. Nesse sentido, de acordo com Carlos Roberto Gonçalves (1995):

> A lei impõe, entretanto, a certas pessoas, em determinadas situações, a reparação de um dano cometido sem culpa. Quando isto

> acontece, diz que a responsabilidade é legal ou 'objetiva', porque prescinde da culpa esse satisfaz apenas com o dano e o nexo de causalidade. Esta teoria, dita objetiva, ou do risco, tem como postulado que todo dano é indenizável, e deve ser reparado por quem a ele se liga por um nexo de causalidade, independentemente de culpa. (p. 33)

Orlando Gomes (1979) já salientava: "Quando a responsabilidade é determinada sem culpa (objetiva), o ato não pode, a rigor, ser considerado ilícito" (p. 540).

Antônio Lindberg Montenegro (1998) considera ainda que, para a obrigação de indenizar, decorrente da responsabilidade civil, são necessários os seguintes pressupostos: "a) O dano, também denominado prejuízo; b) o ato ilícito ou o risco, segundo a lei exija ou não a culpa do agente; c) um nexo de causalidade entre tais elementos" (p. 3).

2.2 RESPONSABILIDADE CIVIL DO ADVOGADO NA LEGISLAÇÃO

Nesta parte enfocaremos a responsabilidade civil do advogado em cinco grandes legislações: Constituição da República Federativa do Brasil (CF), Código Civil brasileiro (CC), Código de Defesa do Consumidor (CDC), Estatuto da Ordem dos Advogados do Brasil (OAB) e Código de Ética.

2.2.1 RESPONSABILIDADE CIVIL DO ADVOGADO NA CONSTITUIÇÃO DA REPÚBLICA FEDERATIVA DO BRASIL

Encontramos no art. 133, CF, uma norma de exclusão de responsabilidade do advogado. Em conformidade com o referido artigo: "O advogado é indispensável à administração da justiça, sendo inviolável por seus atos e manifestações no exercício da profissão, nos limites da lei".

Jadson Dias Correia (2002) esclarece a razão de o advogado ser indispensável à administração da justiça, bem como acerca de sua inviolabilidade:

> *A razão de ser o advogado indispensável à administração da justiça, deve-se ao fato de que o juiz não pode acionar os motores que impulsionam a prestação jurisdicional. O magistrado deve permanecer inerte até que seja provocado pelo autor, como já previam os romanos nemo iudex sine actore, isto é, não há juiz sem autor.* O autor a que nos referimos, deve ser apresentado por quem possui o *ius postualandi*, sendo o Advogado o profissional devidamente habilitado para desempenhar tal tarefa. É esse o fundamento da indispensabilidade do Advogado na administração da justiça, como também, das demais funções inseridas nos artigos 127 a 135 da Constituição Federal.
>
> *Sobre a questão da inviolabilidade, ao contrário do que muitos pensam, não é privilégio do Advogado. Tal inviolabilidade é restrita aos seus atos e manifestações dentro dos limites legalmente impostos.* A esse respeito, o professor José Afonso da Silva afirma que, "na verdade, é uma proteção do cliente que confia a ele documentos e confissões de esfera íntima, de natureza conflitiva e, não raro, objeto de reivindicação e até de agressiva cobiça alheia, que precisam ser resguardados e protegidos de maneira qualificada." (Grifos do autor).

Cabe ainda lembrar com Sergio Cavalieri Filho (2002) que o advogado não pode, tendo em vista o art. 133, CF, ofender quaisquer das pessoas envolvidas no processo (ver Capítulo 4, p. 26):

> *A jurisprudência tem responsabilizado civilmente o advogado pela ofensa irrogada em juízo, mormente quando assacada contra o juiz da causa. Na verdade, tal conduta não se encontra ao amparo da inviolabilidade profissional conferida pelo art.133 da Constituição Federal.* E assim é porque, se por um lado a Lei Maior confere ao advogado inviolabilidade por seus atos e manifestações no exer-

cício da profissão, por outro garante a todos a inviolabilidade da honra, da imagem, da intimidade e da vida privada, assegurando o direito à indenização pelo dano material ou moral decorrente de sua violação (art.5º, X). (p. 335–336) (Grifos do autor)

Garante ainda a CF, art. 5º, o ressarcimento dos prejuízos causados, nos seguintes termos:

> Todos são iguais perante a lei, sem distinção de qualquer natureza, garantindo-se aos brasileiros e aos estrangeiros residentes no País a inviolabilidade do direito à vida, à liberdade, à igualdade, à segurança e à propriedade, nos termos seguintes:
>
> [...]
>
> V – é assegurado o direito de resposta, proporcional ao agravo, além de indenização por dano material, moral ou à imagem;
>
> [...]
>
> X – são invioláveis a intimidade, a vida privada, a honra e a imagem das pessoas, assegurado o direito à indenização pelo dano material ou moral decorrente de sua violação.

Como se observa, a responsabilidade civil do advogado tem previsão constitucional, devendo seus clientes buscar a reparação de tais danos (moral e/ou material) originados pela má atuação (atecnia, despreparo, antiética) de seu patrono.

2.2.3 RESPONSABILIDADE CIVIL DO ADVOGADO NO CÓDIGO CIVIL

No Capítulo IV do CC em vigor, Lei nº 10.406/02, o Título IX, Capítulo I, trata da responsabilidade civil do advogado, em seus arts. 927 *usque* 943.

Destacamos algumas das previsões, entre outras, a que o CC estipula quanto à responsabilidade civil do advogado, a saber: 1) inexecução do mandato de acordo com as instruções recebidas, *ex vi* art. 673 do CC; 2) não envio ao mandante das somas recebidas, em função do mandato, ou não depósito em nome do mandante, CC, art. 670; 3) não prestação de contas sob sua gerência ao mandante, transferindo-lhe as vantagens provenientes do mandato por qualquer título que seja, CC, art. 668.

A teoria da culpa adotada pelo CC/1916, art. 159, foi recepcionada no CC/2002, em seu art. 186, como princípio da responsabilidade civil, a teor do que pode ser percebido da leitura do art. 186:

> Art. 186 – Aquele que, por ação ou omissão voluntária, negligência ou imprudência, violar direito e causar dano a outrem, ainda que exclusivamente moral, comete ato ilícito.

2.2.3 RESPONSABILIDADE CIVIL DO ADVOGADO NO CÓDIGO DE DEFESA DO CONSUMIDOR

O Código de Defesa do Consumidor, Lei nº 8.078/90, em seu art. 3º, define fornecedor. Assim, da interpretação do referido artigo, percebe-se que o advogado, como os demais profissionais liberais, é fornecedor, na modalidade de prestador de serviço.

Desse modo, o art. 14 adota a Teoria da Responsabilidade Contratual, estipulando, em seu § 4º, a responsabilização por seus atos, *in verbis*:

> [...]
>
> § 4º – A responsabilidade pessoal dos profissionais liberais será apurada mediante a verificação de culpa.

Diante disso, assevera Geraldo Doni Júnior (2001): "[...] o causídico será responsabilizado pelo prejuízo suportado pelo seu cliente (arts. 18 a 20)." (p. 76)

2.2.4. RESPONSABILIDADE CIVIL DO ADVOGADO NO ESTATUTO DA ORDEM DOS ADVOGADOS DO BRASIL

A Lei nº 8.906/94 (ver Anexo A), que disciplina o Estatuto da Ordem dos Advogados do Brasil, reforça a ideia do advogado como indispensável à administração da justiça, bem como a função pública que exerce:

> Art. 2º – O advogado é indispensável à administração da justiça.
>
> § 1º – No seu ministério privado, o advogado presta serviço público e exerce função social.
>
> § 2º – No processo judicial, o advogado contribui, na postulação de decisão favorável ao seu constituinte, ao convencimento do julgador, e seus atos constituem *munus* público.
>
> § 3º – No exercício da profissão, o advogado é inviolável por seus atos e manifestações nos limites desta Lei.

No art. 32, o Estatuto estabelece que o advogado é responsável pelos atos que, no exercício da profissão, praticar com dolo ou culpa:

> Art. 32 – O advogado é responsável pelos atos que, no exercício profissional, praticar com dolo ou culpa.
>
> Parágrafo único. Em caso de lide temerária, o advogado será responsável com seu cliente, desde que coligado com este para lesar a parte contrária, o que será apurado em ação própria.

No art. 17, há a previsão da responsabilização do sócio pelos danos causados ao cliente, além da responsabilidade disciplinar em que ocorrer:

> Art. 17 – Além da sociedade, *o sócio responde subsidiária e ilimitadamente pelos danos causados aos clientes por ação ou omissão no*

exercício da advocacia, sem prejuízo da responsabilidade disciplinar que possa ocorrer. (Grifos do autor).

Sergio Ferraz (2000) destaca características da lei em análise:

> As características do novo sistema podem ser assim esquematizadas:
>
> a. há infrações éticas e infrações disciplinares;
> b. ambas constituem violação a *dever legal*, já que, segundo antes referido, a deontologia (i.e., a ciência dos deveres) profissional foi, globalmente, alvo de tratamento legal (em senso estrito);
> c. quando o comando ético tiver sido capitulado *diretamente* como *infração disciplinar* (art. 34 do Estatuto), o dispositivo sancionatório é variado e escalonado, na forma dos artigos 35 e seguintes do Estatuto;
> d. nas poucas hipóteses em que o desvio de conduta tenha inserção unicamente no Código de Ética e Disciplina, a sanção-tipo, única, independentemente de se tratar, ou não, de situação de reincidência ou de primariedade, é a *censura* (conversível em *advertência reservada*), ex vi do artigo 36, inciso II e parágrafo único do Estatuto. (p. 10) (Grifos do autor).

2.2.5 RESPONSABILIDADE CIVIL DO ADVOGADO NO CÓDIGO DE ÉTICA

Hélcio Maciel Madeira (2002) observa, sobre as exigências para ingresso na Ordem dos Advogados, na Roma Antiga:

> Devem demonstrar excelente moralidade, condição social honrosa e conhecimentos jurídicos aprofundados. Excluem-se da profissão os escravos, os libertos e, depois da proclamação da religião católica como religião do Estado, ninguém é admitido na

> ordem se não estiver penetrado nos santos mistérios do catolicismo. (p. 70–71)

Percebemos, da leitura do art. 1º do Código de Ética (Anexo B), a seguir, a mesma exigência para aqueles que desejem ingressar na Ordem:

> Art. 1º – O exercício da advocacia exige conduta compatível com os preceitos deste Código, do Estatuto, do Regulamento Geral, dos Provimentos e com os demais princípios da moral individual, social e profissional.
>
> Art. 2º – O advogado é indispensável à administração da Justiça, é defensor do estado democrático de direito, da cidadania, da moralidade pública, da Justiça e da paz social, subordinando a atividade do seu Ministério Privado à elevada função pública que exerce.
>
> Parágrafo único. São deveres do advogado:
>
> I – preservar, em sua conduta, a honra, a nobreza e a dignidade da profissão, zelando pelo seu caráter de essencialidade e indispensabilidade;
>
> II – atuar com destemor, independência, honestidade, decoro, veracidade, lealdade, dignidade e boa-fé;
>
> III – velar por sua reputação pessoal e profissional;
>
> IV – empenhar-se, permanentemente, em seu aperfeiçoamento pessoal e profissional;
> V – contribuir para o aprimoramento das instituições, do Direito e das leis;
>
> VI – estimular a conciliação entre os litigantes, prevenindo, sempre que possível, a instauração de litígios;

VII – aconselhar o cliente a não ingressar em aventura judicial;

VIII – abster-se de:

e. utilizar de influência indevida, em seu benefício ou do cliente;
f. patrocinar interesses ligados a outras atividades estranhas à advocacia, em que também atue;
g. vincular seu nome a empreendimentos de cunho manifestamente duvidoso;
h. emprestar concurso aos que atentem contra a ética, a moral, a honestidade e a dignidade da pessoa humana;
i. entender-se diretamente com a parte adversa que tenha patrono constituído, sem o assentimento deste.

IX – pugnar pela solução dos problemas da cidadania e pela efetivação dos seus direitos individuais, coletivos e difusos, no âmbito da comunidade.

Vemos, pelos artigos mencionados, que o advogado é indispensável na administração da justiça, assim como os deveres que deve observar para preservar a própria responsabilidade de defensor da sociedade, da ordem social, do direito e da justiça que lhe é atribuída. Afinal, como confiar num causídico casuísta?

3 CONSIDERAÇÕES ACERCA DA PROFISSÃO DE ADVOGADO

A justiça é anterior ao Estado
e é imutável e eterna. Sem ela, a autoridade
é Tirania e a lei fórmula oca.
SANTO AGOSTINHO

Muitos são os cursos jurídicos que passaram a funcionar no Brasil, notadamente na última década do século XX. Na Bahia, em especial, das duas universidades que ofereciam o curso, passou-se a mais de oito, pelo menos. Não que se queira aqui fazer uma apologia à restrição de autorizações para novos cursos, mas é bom que se tenha em vista a dualidade quantidade/qualidade.

Nesse sentido, Paulo José da Costa Jr. (1999) é bastante enfático:

> Não obstante os encantos e os méritos da profissão, forçoso reconhecer o descrédito que a vem envolvendo, sempre em nuvens mais compactas de denso ceticismo e de acerba desconfiança.
>
> Qual a razão? Muitos advogados? Calamandrei dava o grito de advertência: *Troppi avvocati*.
>
> Seria esse o grande motivo do descrédito? Não cremos. À pergunta 'muitos advogados'?, não hesitaríamos em responder:

> 'Sim, muitos advogados mal preparados'. E por quê? Carência de aulas práticas, frequência escassa, abundância de alunos, muitos deles desinteressados e desatentos e — é forçoso acrescentar — professores deficientes.
>
> Acresça-se ao fato a improbidade de umas poucas ovelhas tresmelhadas, que enodoam a classe e que prosseguem tranquilas em seu caminho nefando, por vezes com a indulgência do Conselho Disciplinar da Ordem. (p. 13)

Igualmente relevante é a opinião de Roberto Armando Aguiar (1999):

> Hoje, em grande parte dos cursos jurídicos, não se cursam disciplinas mas 'compram-se' créditos. É uma clara relação de compra e venda. O objeto de compra não é o conhecimento, mas o título cartorial que vai possibilitar determinado exercício profissional.
> [...]
> Há um constante *dolus bonus* em que o professor aparece como melhor do que realmente é e os alunos procuram pressioná-lo a fim de obter com maior rapidez a mercadoria que está sendo comprada a prazo. Tudo isso não pode aparecer às escâncaras, logo as técnicas do dolus bônus são usadas de todas as formas.
>
> A mercantilização dos cursos jurídicos é resultado do ótimo investimento em que eles se transformaram, já que são de baixo custo operacional e de alto retorno pecuniário, sem que haja reclamação sobre a qualidade do produto. (p. 84)

No mesmo sentido é a posição de Álvaro Melo Filho (1996):

> Cumpre repontar que a proliferação descriteriosa de cursos e Faculdades de Direito, aliada à má qualidade do ensino jurídico brasileiro comprometeram o diploma em Direito como documento exteriorizador e atestador de aptidão e qualificação profissionais [...]. (p. 107)

Roberto Armando Aguiar (1999) ainda ressalta:

> *Frases do tipo 'na prática a teoria é outra', muito ouvidas no mundo do Direito, além de ser infelizes, demonstram uma clivagem entre a doutrina aprendida e as práticas desenvolvidas.*
> *Se a prática não corresponde à teoria ou vice-versa, a razão está no fato de a teoria não ser boa, não dar conta do fenômeno. Uma teoria que não compreende o fenômeno e continua a ser reproduzida tem outra finalidade para além da carência. Ela deve ter um papel ideológico de justificar certas práticas ou sustentar algum fundamento importante para a manutenção de uma ordem vigente.* As teorias inadequadas só se mantêm se interesses dos poderes hegemônicos são por elas garantidos ou sustentados. Para ilustrar essa afirmação, basta lembramos que Galileu teve de abjurar suas teorias em virtude de o geocentrismo sustentar a cosmogonia católica. (p.92) (Grifos do autor)

Quanto ao aumento crescente de cursos e concluintes do curso de Direito, cumpre nos observar que, conforme Pedro Paulo Filho (1997) não é fato recente:

> A evolução histórica que marcou o fim do Império e o advento da República demonstrou o crescente aumento da participação política dos diplomados em Direito, a saber:

	1826	1886
Advogados	1%	12,0%
Bacharéis	8%	46,4%
Magistrados	27%	6.4%
Militares	29%	1,6%
Padres	23%	3,2%

E continua o autor (1997) observando:

> Na Colônia, esses bacharéis eram 'os filhos de Portugal', estando inseridos — observou Stuart Schartz —, em um reduzido número de lugares sócio-ocupacionais, especificamente jurídicos.
>
> Os egressos dominantes das escolas superiores portuguesas eram quase exclusivamente constituídos de bacharéis. Entre 1776 e 1830, em 522 diplomados, 389 (78,7%) eram bacharéis em Direito;
>
> Durante o período colonial, Edmundo Lima de Arruda Jr. Revelou que os diplomados em Direito, mais do que uma profissão, possuíam um estatuto de funcionários do Estado, parte de uma elite identificada às classes dirigentes.
>
> Inexistia a profissão em seu tipo clássico, liberal e autônomo.
>
> Cooptados pelas elites portuguesas para funções públicas restritas, 'o título de diplomado em Direito era a chave para uma carreira a serviço do rei e a formação em Coimbra era um processo de socialização destinado a criar um senso de lealdade e obediência ao rei. (p. 33)

Pedro Paulo Filho (1997) relaciona o Estado desenvolvimentista brasileiro com a crise na formação jurídica:

> Após 1930, marco inicial da industrialização brasileira, assinalou Paulo Luiz Neto Lobo, o bacharel em Direito passou a perder os espaços na burocracia estatal para os tecnocratas, acentuando-se o fenômeno com a opção desesenvolvimentista do final da década de 50 e com a tecnoburocracia militar após 64.
>
> Desde então, a proliferação dos cursos jurídicos, de qualidade discutível, passou a servir os interesses da nova ordem, de se formarem, sem grandes investimentos públicos, profissionais

burocráticos, destinados a função subalterna do processo de gigantismo estatal.

> A desqualificação profissional, decorrente da indiscriminada criação de cursos jurídicos, sofreu o badejo da pressão da classe média em busca da ascensão social, proporcionada pelas faculdades na obtenção do diploma universitário. (p. 74–75)

Acerca da criação da OAB, em 1930, o autor (1997) esclarece que, antes da sua existência, os bacharéis registravam seus diplomas junto aos tribunais, mas não havia o cuidado de verificar sua autenticidade e procedência (p. 75–76). Para Lobo (apud Pedro Paulo Filho, 1997), qualquer um, "sem título e vergonha, enfrentava o pretório com descarada rabulice" (p. 75).

A falta de qualificação adequada obtida nesses cursos de qualidade duvidosa pode ser percebida quando da realização do Exame de Ordem, como o promovido pela seccional de São Paulo, em que a taxa de reprovação chegou aos inacreditáveis 81% (oitenta e um por cento), conforme matéria publicada no jornal Folha de S. Paulo, de 25 de setembro de 2005.

Mas o que esperar de instituições de qualidade duvidosa, e até daquelas que desejam funcionar, por incrível que pareça, entre 4 e 7 horas da manhã, como informa Reginaldo Castro (apud Jadson Dias Correia, 2002)?

> O Presidente da OAB, Reginaldo Castro, em entrevista concedida ao jornal OAB Nacional, declarou que possui denúncias sobre a implantação de universidades em locais inadequados, como antigas fábricas de tecido. Há também pedido para implantação de um curso de Direito no Piauí que deverá se realizar das 4 às 7 horas da manhã.

A respeito de Instituições de Educação Superior mais preocupadas com o lucro do que com a formação de seus alunos, consultar Carlos Benedito Martins (1989) e Fábio Konder Comparato (1987).

Em artigo publicado no jornal A Tarde, de 19 de julho de 2002, Saul Quadros Filho apresenta dados estarrecedores do resultado do Exame de Ordem na Bahia:

> O resultado do último EXAME DE ORDEM, realizado pela Seccional da Bahia, como já se esperava, não trouxe nenhuma surpresa. Serviu, mais uma vez, para atestar o baixo nível dos Cursos de Direito no Brasil.
> Setecentos e vinte e seis jovens bacharéis em Direito, desejosos de se inscreverem como advogados, na Ordem dos Advogados do Brasil, submeteram-se a provas de conhecimento nos diversos ramos do direito.
> Dos 726 que fizeram provas, 553 formaram-se em Universidades do nosso Estado, tendo sido aprovados 288, num percentual de 52,1% e reprovados 265, num percentual de 47,9%. Das Universidades dos outros Estados da Federação, 173 foram os bacharéis que se submeteram àquele exame, dos quais apenas 23 foram aprovados, num percentual de 13,3% e 150 reprovados, num percentual de 86,7%.
> Dentre as Universidades do nosso Estado o maior contingente de aprovados concluíram o seu curso na Universidade Católica do Salvador, com 148 bacharéis, seguida pela Universidade Federal da Bahia, com 69. Foram também os bacharéis em Direito da UCSal que obtiveram as notas mais elevadas.
>
> As 13 notas DEZ atribuídas, 8 foram de Bacharéis que concluíram seu curso na UCSal, e 5 da UFBa. Registraram-se 43 notas NOVE, das quais 27 foram de alunos da UCSal, 15 da UFBa e 1 da Unifacs. Em compensação, foi a UFBa, que percentualmente mais aprovou, 67%, seguida da UNIFACS com 60%, cabendo o terceiro lugar à UCSal, com 52%.
>
> O índice geral de aprovação foi de apenas 42,84%, porquanto 57,16% foram reprovados!

O governo federal deveria dar mostras de preocupação com a política educacional, notadamente na educação superior. Como defender a redução do curso jurídico para três anos, da formação daquele que é "[...] essencial à administração da justiça [...]", diante de quadro tão degradante?

A esse respeito, citamos novamente Saul Quadros Filho (2002):

> É que, recentemente, o Ministério de Educação escorado em proposição da Câmara de Ensino Superior do Conselho Nacional de Educação (Parecer CES/CNE nº 146/2002), alterou profundamente as diretrizes curriculares dos cursos jurídicos no Brasil, para permitir que o seu tempo de duração se reduza de cinco para três anos, dispensando do currículo, inclusive, matérias profissionalizantes, transformando a monografia de conclusão do curso em atividade didática opcional, e não mais exigindo um acervo bibliográfico mínimo, por unidade escolar.
> Será o caos para o ensino do Direito! Um desserviço para a Nação! Um desrespeito para o funcionamento da Justiça! Um atentado para o exercício da cidadania!
> Quando se pretende o aperfeiçoamento, e a qualificação do ensino jurídico no Brasil, atenta-se contra ele!
> Quando se pretende oferecer à sociedade profissionais dotados de todas as condições para o exercício das atividades relacionadas com a Justiça: Advogados, Magistrados, integrantes do Ministério Público, Procuradores, Assessores Jurídicos, Delegados, procura-se criar mais uma figura em nosso meio: o 'bacharel meia sola', uma vergonha!
> Não pode a ORDEM DOS ADVOGADOS DO BRASIL admitir ou concordar com tal situação, sabendo-se, como se sabe, que o profissional mal formado, quase sempre, é um descompromissado com a qualidade do serviço jurídico que prestará à sociedade e com a ética no exercício da profissão, seja como Advogado, seja como Magistrado, seja como integrante do Ministério Público.

Muitas foram as lutas, até que as diretrizes referidas, e que aparecem em anexo neste livro, terminaram por cair. Entretanto, é preocupante o grande número de reprovações no Exame de Ordem das diversas seccionais. Há seccionais, como a de São Paulo, em que, em 2004, chegou-se a apenas 8% (oito por cento) de aprovações. Algumas questões ficam sem resposta: Será que após cinco anos de estudos os bacharelandos não têm domínio mínimo para lograr aprovação? Será que não conseguem responder a, no mínimo, 50 questões objetivas corretas na primeira fase e tirar nota 6 respondendo a duas questões subjetivas, com consulta, relativas ao ramo do direito previamente escolhido por eles, candidatos, e fazer uma peça, como uma petição ou um parecer, num período de quatro horas? Em conversa com o juiz do trabalho do Tribunal Regional do Trabalho da 5ª Região, Dr. Antônio Carlos Oliveira, ouvi a seguinte colocação a respeito do Exame de Ordem de Direito do Trabalho, em 2002: "Este último Exame foi muito difícil. Se fosse no meu tempo, eu, recém-formado, não passaria".

4 A ÉTICA NA ADVOCACIA

Juris praecepta sunt haec honeste vivere,
alterum non laedere suum cique tribuere.
Ulpiano.
Quod non vetat lex, hoc vetat fieri pudor.

É senso comum reconhecer a crise ética pela qual passa o Brasil, que para Charles de Gaulle não era "[...] um país sério".

Entretanto, o país do jeitinho, da lei de Gérson, vem procurando tornar-se "sério". Atualmente, há a preocupação do habitante em também ser cidadão, o que engendra grandes transformações na sociedade.

Discutir acerca da ética na advocacia é questão prioritária para uma sociedade mais democrática. Afinal, como ter democracia sem que o cidadão possua consciência da garantia de seus direitos e deveres, sem que consiga acesso à justiça?

Reginaldo Oscar de Castro (2000) argumenta que "o afrouxamento dos costumes e o declínio da moralidade pública constituem sinais evidentes da crise de valores que grassa na sociedade contemporânea" (p. XI).

Aristóteles (apud Reginaldo Oscar de Castro, 2000) já lembrava a diferença entre saber o que é a virtude e a sua prática: "Não é para saber o que é virtude, em sua essência, que este trabalho foi empreendido, mas para tornar-nos virtuosos" (p. XIV).

Pode-se fazer referência ainda a Lima Barreto e ao seu conto "O homem que sabia javanês": Castelo exerceu cargos, tornou-se cônsul do Brasil em Havana, ficou famoso etc. sem saber uma única palavra em javanês. Por acaso (?), Castelo era bacharel em direito...

Sergio Ferraz (2000) alerta para alguns dos requisitos do advogado:

> [...] podem ser reconhecidos como inafastáveis: a honra, a nobreza e a dignidade da profissão e do advogado; a independência, o destemor, a lealdade, o decoro, a boa-fé, a honestidade e a veracidade; o permanente aperfeiçoamento da personalidade e da profissão; o culto superior à ideia e ao ideal da Justiça; o decer do sigilo profissional; a publicidade discreta e moderada; o tratamento polido e escorreito ao público, aos colegas, às autoridades, às partes, aos funcionários. (p. 4)

Aristóteles relaciona a vida da maioria dos homens com a dos animais, numa busca frenética pelo prazer:

> [...] A julgar pela vida que os homens levam, estes, em sua maioria e os mais vulgares entre eles, parecem (não sem certo fundamento) identificar o bem ou a felicidade com o prazer, e por isso amam a vida agradável. Pode-se dizer, com efeito, que existem três tipos principais de vida: a vida que acabamos de mencionar, a vida política, e a vida contemplativa. A grande maioria dos homens se assemelha a escravos, preferindo uma vida comparável à dos animais, contudo encontram certa justificação para pensar assim no fato de muitas pessoas altamente colocadas compartilharem os gostos de Sardanapalo. (p. 21)

Cabem alguns esclarecimentos acerca do termo 'ética', que vem do grego *ethike*, significando ciência da moral. Para os gregos, segundo Robison Baroni (1999):

> [...] a ética se subordinava à ideia de felicidade da vida presente e do soberano bem. Entendiam que o objetivo supremo da moral era 'encontrar uma definição desse bem, de tal maneira que o sábio baste a si mesmo; isto é, que dependa dele mesmo para ser feliz, ou que a felicidade esteja ao alcance de todo homem racional. (p. 23)

Para Antonio Lopes de Sá (1996, p.15) a ética:

> [...] *tem sido entendida como a ciência da conduta humana perante o ser e seus semelhantes.*
> Envolve, pois, os estudos de aprovação ou desaprovação da ação dos homens e a consideração de valor como equivalente de uma medição do que é real e voluntarioso no campo das ações virtuosas.
>
> Encara a virtude como prática do bem e esta como a promotora da felicidade dos seres, quer individualmente, quer coletivamente, mas também avalia os desempenhos humanos em relação às normas comportamentais pertinentes.
> Analisa a vontade e o desempenho virtuoso do ser em face de suas intenções e atuações, quer relativos à própria pessoa, quer em face da comunidade em que se insere. (p. 15) (Grifos no original)

Nicolau Maquiavel (1469–1527; apud Robison Baroni, 1999) via uma distinção entre ética e política. Segundo ele: "Um príncipe prudente não pode, nem deve manter a palavra, quando isso lhe é prejudicial". E continua: "Um príncipe não precisa possuir todas as qualidades, o que precisa é parecer possuí-las" (p. 25).

Já para Norberto Bobbio (apud Robison Baroni, 1999) a ética se distingue da política pelos imperativos: "Faça o que deve, aconteça o que acontecer – este é o imperativo da ética, enquanto o imperativo da política é: 'Faça de acordo com o que você deseja que aconteça'" (p. 25).

Salienta Paulo Luiz Netto Lôbo (1996) que:

> A ética profissional não parte de valores absolutos ou atemporais, mas consagra aqueles que são extraídos do senso comum profissional, como modelares para a reta conduta do advogado. São tópicos ou topoi na expressão aristotélica, ou seja, lugares comuns que se captam objetivamente, nas condutas qualificadas como exemplares; não se confundem com juízes subjetivos de valor.
> Quando a ética profissional passa a ser objeto de regulamentação legal, os topoi convertem-se em normas jurídicas definidas, obrigando a todos os profissionais. No caso da advocacia brasi-

> leira, a ética profissional foi objeto de detalhada normatização destinada aos deveres dos advogados, no Estatuto anterior e no Código de Ética Profissional, este datado de 25 de junho de 1934. Agora, o novo Estatuto preferiu concentrar toda a matéria no Código de Ética e Disciplina, editado pelo Conselho Federal da OAB. (p. 136)

Neste capítulo, refletiremos acerca da importância da ética do advogado, bem como de outros operadores jurídicos e, em especial, do estudante de Direito, que, bem orientado, poderá tornar-se não apenas um profissional competente, mas sobretudo ético.

Acerca da deontologia profissional e da deontologia forense, em particular, esclarece José Renato Nalini (1999) que se aplica um princípio fundamental:

> [...] agir segundo ciência e consciência. Essa a ideia-força a inspirar todo o comportamento profissional.
>
> Ciência, a significar o conhecimento técnico adequado, exigível a todo profissional. O primeiro dever ético do profissional é dominar as regras para um desempenho eficiente na atividade que exerce. Para isso, precisará ter sido um aprendiz aplicado, seja no processo educacional formal, seja mediante inserção direta no mercado de trabalho, onde a experiência é forma de aprendizado. Além da formação adequada, o profissional deverá manter um processo próprio de educação continuada. Os avanços e as novas descobertas influem decisivamente em seu trabalho. Profissões tradicionais deixam de existir e outras surgem para substituí-las. O ser humano precisa estar preparado para novas exigências do mercado. Estar intelectualmente inativo não representa apenas paralisação. É retrocesso que distancia o profissional das conquistas em seu ramo de atuação.
>
> Mas além da ciência, ele deverá atuar com consciência. Existe uma função social a ser desenvolvida em sua profissão. Ele não pode estar dela descomprometido, mas reclama-se-lhe empenho em sua concretização. (p. 174)

O papa Paulo VI (apud José Renato Nalini, 1999) escreve sobre a importância da consciência na vida humana:

> Ouve-se frequentemente repetir, como aforismo indiscutível, que toda a moralidade do homem deve consistir no seguir a própria consciência. Pois bem, ter por guia a própria consciência não é só coisa boa, mas coisa obrigatória. Quem age contra a consciência está fora da reta via. (p. 175)

Não se pode esquecer a questão social, como corrobora Melillo Dinis *apud* José Ernanne Pinheiro et al. (1997):

> As crises profundas e as dívidas sociais cruéis da realidade brasileira questionam a administração da justiça, explicitam as contradições de um poder marcado pelo distanciamento da sociedade. Por um lado, a crise do judiciário é parte da própria crise do Estado brasileiro. Mas, também é uma crise específica, por sua incapacidade de corresponder às demandas sociais. (p. 233)

E continua:

> No contexto social brasileiro é grave o sentimento de impunidade. É uma trágica realidade que gera ainda mais impunidade, num círculo de violência e autoritarismo. E aqui atenção: ninguém imagina que o juiz, só e solerte, resolva toda a problemática. O chamado sistema de segurança e justiça (Polícias, Ministério Público, Poder Judiciário, Penitenciárias, Legislações) é uma sucessão de equívocos. Não há, nessa área, políticas públicas consistentes e coerentes. Beira à irresponsabilidade. E, pior, por vários motivos não faz parte do debate público, de forma tal que se possa apontar os problemas e construir soluções conjuntas.
>
> Duas questões assustadoras: a morosidade e o acesso à justiça. A demora dos processos é infinitamente dolorosa para aquele que busca a justiça. E certamente vale a pena discutirmos quanto ganham com a lentidão processual. Largos estratos da advocacia organizam e rentabilizam sua atividade com base (e não apesar da) demora dos processos. Mas não somente estes, infelizmente.

> O acesso à justiça tem obstáculos excludentes. O custo dos litígios é muito dispendioso. O Estado não tem uma assistência jurídica que corresponda e dê consequência à ampla demanda por justiça. O mito do 'pobre na forma da lei', ao meu ver, é uma brincadeira de mau gosto. O afastamento histórico da burocracia judiciária de um serviço público realmente a serviço do público, principalmente dos mais pobres, privatizou a justiça para poucos beneficiários. (p. 234).

Lembra Josaphat Marinho (apud José Ernanne Pinheiro et al. (1997) acerca do dever do Estado que este:

> [...] deveria ser a força de correção das desigualdades. Começou a desenvolver esse papel sobretudo depois da Primeira Grande Guerra e até o início da década de 90. O neoliberalismo mutilou esse processo e tem enfraquecido o poder do Estado, em benefício da liberdade econômica, ou seja, do capitalismo privado. No Brasil, a emersão dessa tendência tem perturbado a execução regular da Constituição de 1988, estrangulando algumas de suas diretrizes essenciais à redução das disparidades, que se acumulam aqui, e em quase todo o universo. (p. 126)

E reforça:

> Para que se resista a esse processo crescente de diferenciação de poder entre os povos, com reflexos danosos às populações dos mais fracos, é indispensável estancar a tendência de amolecimento da autoridade democrática do Estado. Sem vigilância do poder público, dentro da lei, não há condições para distribuição de justiça. Sem esse pressuposto, dificilmente prevalecerá procedimento ético no confronto entre as pessoas e seus interesses contrapostos, pela inexistência de freios ao arbítrio e à ganância. (p.127)

Para conhecer uma pessoa ética, basta lembrar a afirmação do juiz Potter Stewart (apud Robison Baroni, 1999): "Uma pessoa ética frequentemente escolhe fazer mais do que a lei exige e menos do que a lei permite" (p. 26).

4.1 ÉTICA E O PROFISSIONAL DO DIREITO

Nesta seção, será enfocada a ética profissional dos operadores jurídicos, a saber: o advogado, o juiz e o promotor.

4.1.1 O ADVOGADO

A advocacia, segundo José Renato Nalini (1999) "[...] é das profissões que primeiro se preocuparam com sua ética, a parte da moral disciplinadora da moralidade dos atos humanos" (p. 215).

Rafael Bielsa (apud Ruy de Azevedo Sodré, 1967) é bastante enfático quanto à importância da ética na profissão de advogado: "O atributo do advogado é sua moral. É o *substratum* da profissão. A advocacia é um sacerdócio; a reputação do advogado se mede por seu talento e por sua moral" (p. 3).

À advocacia pode-se aplicar, conforme Henri Robert (1997), "[...] com exatidão, a expressão de Esopo: 'É ao mesmo tempo a melhor e a pior das coisas'. A melhor "[...] porque não há profissão mais bela e apaixonante"; a pior, porque "Não há existência mais fatigante que a do advogado, nem que mais monopolize o cérebro e o tempo de quem se dedica a ela" (p. 39).

O artigo 2°, parágrafo único do Código de Ética e Disciplina da OAB aponta como deveres do advogado:

> I. preservar, em sua conduta, a honra, a nobreza e a dignidade da profissão, zelando pelo seu caráter de essencialidade e indispensabilidade;
> II. atuar com destemor, independência, honestidade, decoro, veracidade, lealdade, dignidade e boa-fé;
> III. velar por sua reputação pessoal e profissional;
> IV. empenhar-se, permanentemente, em seu aperfeiçoamento pessoal e profissional;
> V. contribuir para o aprimoramento das instituições, do Direito e das leis;

VI. estimular a conciliação entre os litigantes, prevenindo, sempre que possível, a instauração de litígios;
VII. aconselhar o cliente a não ingressar em aventura judicial;
VIII. abster-se de:

a. utilizar de influência indevida, em seu benefício ou do cliente;
b. patrocinar interesses ligados a outras atividades estranhas à advocacia, em que também atue;
c. vincular o seu nome a empreendimentos de cunho manifestamente duvidoso;
d. emprestar concurso aos que atentem contra a ética, a moral, a honestidade e a dignidade da pessoa humana;
e. entender-se diretamente com a parte adversa que tenha patrono constituído, sem o assentimento deste.
f. pugnar pela solução dos problemas da cidadania e pela efetivação dos seus direitos individuais, coletivos e difusos, no âmbito da comunidade.

O Código de Ética dedica todo um capítulo à ética do advogado, destacando-se: a independência com que deve exercer a profissão, não tendo receio de desagradar a magistrado ou qualquer autoridade (art. 31); a responsabilidade pelos atos que praticar, no exercício profissional, com dolo ou culpa (art. 32); a obrigação de cumprir o Código de Ética (art. 33).

Caso o Código não seja cumprido, o Capítulo IX, arts. 34 *usque* 43, estipula sanções disciplinares às infrações cometidas.

A probidade marca a profissão de advogado. Afinal, assinala Sodré (1967) que a probidade "[...] é mais que dever. É condição essencial, inerente mesmo à pessoa do advogado. A probidade, na reza da Ordenação L.LI, título 48, § 1°, consiste na boa fama e consciência, 'além das letras e suficiência'" (p. 178).

Não se pode esquecer de destacar outros atributos que o advogado deve possuir: 1) ser delicado e discreto, visto que quem o procura geralmente está numa situação de angústia ou desespero; 2) dominar o idioma, pois a palavra é a força-motriz do advogado; se não dominá-la, como poderá defender adequadamente o seu cliente?; 3) velar pelo princípio do desinteresse, pois, como reza o Código de Ética Profissional do Instituto dos Advogados de São Paulo, art. 24 (apud José Renato Nalini, 1999): "Manda a ética que se estimem os honorários profissionais com moderação, tendo-se em vista que a advocacia é ramo de administração pública e não comércio para fazer dinheiro" (p. 220); 4) ter paciência com o cliente, para ouvir-lhe os fatos, ainda que contados várias vezes, acerca do direito líquido e certo que julga possuir, pois como afirma José Renato Nalini (1999): "Quando atingir um estágio em que o cliente o aborreça ou cause irritação, deverá renunciar ao mandato" (p. 222); 5) deixar de patrocinar causas que atentem contra "[...] à ética, à moral ou à validade de ato jurídico que tenha colaborado, orientado ou conhecido em consulta" (p.222); e 6) "Declinar seu impedimento ético quando tenha sido convidado pela outra parte, se esta lhe houver revelado segredos ou obtido seu parecer" (p.222).

Cabe lembrar, também, ainda mencionando José Renato Nalini, outros princípios éticos que o advogado deve possuir: 1) conduta ilibada; 2) dignidade e decoro profissional; 3) incompatibilidade; 4) correção profissional; 5) coleguismo; 6) diligência; 7) desinteresse; 8) confiança; 9) fidelidade; 10) independência profissional; 11) reserva; 12) lealdade e verdade; 13) discricionaridade; 14) informação; 15) solidariedade; 16) cidadania; 17) residência; 18) localização; 19) efetividade e continuidade; 20) probidade profissional; 21) liberdade profissional; 22) função social da profissão; 23) severidade para consigo mesmo; 24) defesa das prerrogativas profissionais; 25) clareza, pureza e persuasão na linguagem; e 26) moderação e tolerância (p. 176–194).

Também são impedimentosdo advogado, conforme Robison Baroni (1999):

- angariar direta ou indiretamente, serviços ou causas ('entrepenerial lawyer');
- insinuar (inculcar-se) para prestar serviços, ou oferecê-los;
- anunciar seus serviços imoderadamente, admitidos apenas: indicação de títulos, especialidade, sede do escritório e correspondentes;
- solicitar, provocar ou sugerir publicidade que importe propaganda de seus merecimentos ou atividades;

- estabelecer convênios jurídicos sem autorização da OAB. (p. 44)

Isso posto, cabe perguntar, como o faz Robison Baroni (1999): "Quais as principais causas de infrações éticas?" É o próprio autor quem responde:

a. número muito grande de advogados inscritos na OAB-SP, na faixa de 150 mil;
b. aumento da potencialidade de demanda de serviços, em face de uma população urbana em expansão;
c. escassez de demanda de serviços qualificados de Advocacia empresarial e internacional, em face da proliferação de sociedades de advogados nesse setor, organizados nos moldes norte-americanos ('law-firms');
d. efetiva necessidade de serviços, em face da formação de relações sociais fundadas na Cidadania;
e. novos direitos constitucionalmente conquistados ou confirmados, como direitos coletivos, direitos difusos, direitos de minorias, direitos da mulher, direitos do menor, ampliação dos direitos individuais;
f. insistência da mídia, embora contrariando o Código de Ética da profissão, em veicular propaganda do advogado, única profissão que ainda não se quedou ao 'glamour' dos grandes anúncios;
g. oportunismo dos escritórios de auditorias contábeis e tributárias, empregadores de advogados, anunciando a prestação de serviços jurídicos, mediante assessoria ou consultoria;
h. a péssima formação acadêmica, inexistindo na grande maioria das Faculdades de Direito a cadeira de Ética Geral e Profissional;
i. atuação indiscriminada e aviltante de ex-magistrados e outros aposentados (Ministério Público, Delegados, Procuradores do Estado) que, recebendo a justa remuneração pela aposentadoria, se lançam no mercado em bancas desordenadas e a granel, oferecendo serviços advocatícios à margem das Tabelas de Honorários;

a tentativa de criação dos denominados 'convênios jurídicos', com as mais diversas fachadas, em frontal contrariedade aos dispositivos éticos da classe;

j. a tentativa de defesa de consumidores através de entidades formadas com o fim de lucro no exercício da advocacia;

k. a tentativa de respostas jurídicas por telefone tarifado, com quebra do princípio da pessoalidade. (p. 45)

4.1.2 O JUIZ

Ao juiz cabe dizer o direito. E para que ele possa fazer isso, deve possuir alguns deveres éticos, conforme José Renato Nalini (1999), tais como: 1) presteza; 2) coragem; 3) estudo permanente; 4) frequência a cursos de atualização; 5) residir na comarca; 6) desinteresse; 7) dedicação exclusiva; 8) abstenção política (p. 262–263).

Afirma Albuquerque Rocha (citado por Manfredo Oliveira, apud Pinheiro et al., 1997):

> 'A jurisdição é justamente a instância que realiza a função de interpretar e aplicar, coativamente, as normas jurídicas de modo terminal, garantindo a certeza e a segurança jurídicas, valores imprescindíveis à estabilidade social', ou seja, ela é um poder, cuja função específica é interpretar e aplicar o direito em vista de sua efetivação na vida humana. (p. 86–87)

E prossegue Manfredo Oliveira (apud José Ernanne Pinheiro et al., 1997):

> [...] o juiz é um servidor público, situado numa carreira administrativa organizada em graus e classes a que correspondem diferentes salários e vantagens. Sua ascensão funcional se dá através de promoções na base de apreciações dos membros dos tribunais das diferentes justiças com exceção das promoções por antiguidade. Este procedimento põe o juiz sob a dependência administrativa dos tribunais, o que pode diminuir, enormemente, sua autonomia

na interpretação da lei e da realidade social, dada sua submissão ao controle dos órgãos mais elevados na estrutura organizacional. Este modelo de organização pode levá-lo ao carreirismo ou, por medo, ao conformismo em relação às orientações vindas de cima. (p. 88)

Como ressalta Márcio Oliveira Puggina (apud José Ernanne Pinheiro et al., 1997):

> Nossa tradição jurídica acadêmica, de índole estritamente dogmática, não aceita o julgamento *contra legem*, nem mesmo sob a justificativa de fazer-se justiça. (De alguma maneira, introjetaram em nossas cabeças ser muito perigoso, isto de fazer justiça.)
> Com frequência, o juiz, para fugir da pecha de não científico, ou de assistêmico, acaba amortecendo a sua consciência e aliena de si a responsabilidade ética pelo resultado de seu julgamento. Passa a ser talvez o único profissional com álibi perfeito para cometer injustiças: a culpa não é sua, mas do legislador; a lei justa é questão ética que se impõe ao legislador, não ao julgador.
> Pelo mesmo álibi, passam as justificativas doutrinárias e filosóficas que atrelam o juiz à letra fria da lei.
> Certo de que a lei justa é responsabilidade ética do legislador, mas a *sentença justa ou injusta é inalienável responsabilidade ética do juiz*. (p. 164) (Grifos no original)

Poder-se-ia perguntar, como João Baptista Herkenhoff (apud José Ernanne Pinheiro et al., 1997): que juiz se quer? É o próprio autor quem responde:

> A nosso ver, um juiz que esteja a serviço, um juiz que não ocupe apenas um cargo, mas desempenhe uma missão. Um juiz sem prerrogativas e vantagens pessoais. O oposto disso: um juiz que carregue nos ombros um fardo, mas que carregue um fardo com alegria porque vocacionado para serviço dos seus semelhantes, para o serviço do bem público.

> Um juiz que seja um misto de juiz e poeta, não com o sentido pejorativo que se desse a essa fusão. Mas com o verdadeiro sentido que há em ver como atributos da justiça a construção da beleza, obra do artista, e a construção do bem, obra do homem que procura trilhar o caminho da virtude.
>
> [...]
>
> Um juiz ético. Um juiz menos técnico e mais ético.
> A tábua de valores de uma comunidade, de um povo, não está apenas na lei. A lei como instrumento de limitação do poder é, sem dúvida, um avanço da cultura humana. É justamente a limitação do poder pela lei que caracteriza o Estado de Direito.
> Mas a tábua de valores de uma comunidade, de um povo, não está apenas na lei. Está sobretudo no estofo moral dos aplicadores da lei. Não há arquitetura política, sistema de freios do poder, concepção de instâncias superpostas a permitir a utilização de recursos contra despachos e sentenças, não há enfim engenharia processual e judiciária que assegure a um povo tranquilidade e justiça se os juízes forem corruptos, preguiçosos, egoístas, estreitos, sem abertura para o social, ciosos apenas de seus privilégios e de suas vaidades. (p. 177–179)

José Renato Nalini (1999) sintetiza os deveres éticos do juiz no processo: "[...] o juiz deve procurar manter a imparcialidade, empenhar-se na busca da verdade real, zelar pelo efetivo cumprimento dos prazos e atuar, enfim, com devotamento" (p. 271).

Não é por estar encarregado de dizer o direito que o juiz encontra-se imune às sanções disciplinares. José Renato Nalini (1999) esclarece:

> O juiz pode ser punido com advertência, censura, remoção compulsória, disponibilidade com vencimentos proporcionais ao tempo de serviço, aposentadoria compulsória com vencimentos proporcionais ao tempo de serviço e demissão. A aplicação dessas penas dependerá da gravidade da infração cometida. (p. 277)

Como se nota, apesar de estar entre partes e acima delas, o juiz também é passível de punições quando não corresponde aos anseios de tão nobre função.

Mas como formar, então, o juiz? A esse respeito, esclarece João Batista Herkenhoff (apud José Ernanne Pinheiro et al., 1997): 1) destinar os estudantes às boas escolas de direito, que se encarregarão de formar bons juízes; 2) reformular os currículos dos cursos jurídicos, dando-lhes maior abertura e universalidade; 3) permitir o acesso democrático às escolas da magistratura; 4) escolher com muito cuidado o corpo docente das escolas; 5) alimentar a diversidade de ideias e não a uniformidade de pensamento; 6) exigir conhecimentos de outras áreas do saber humano, e não apenas do direito; 7) conhecer a ética geral, a deontologia jurídica e os direitos humanos; 8) Construir discursos inovadores, com visões alternativas, ainda que à margem do pensamento dominante; 9) acabar com o nepotismo, o afilhadismo, promovendo concursos para ingresso na magistratura honestos e transparentes; 10) convidar examinadores alheios aos quadros dos tribunais; 11) proporcionar um estágio probatório que possibilite uma segunda seleção; e 12) instituir, na promoção por merecimento, concursos que possam premiar a operacionalidade, o estudo, enfim a seriedade profissional e ética no exercício da função (p. 182–187).

Desse modo, cabe ao juiz não apenas fazer cumprir o direito, aproximando-o da justiça, mas, sobretudo, dar o exemplo pelos seus atos, sua honra, sua dignidade, seu esforço na construção de uma sociedade em que todos tenham acesso aos seus direitos e deveres.

4.1.3 O PROMOTOR

O promotor, conforme José Renato Nalini (1999), "é o mais independente dentre os operadores jurídicos" (p. 247). Isso acontece porque:

> Ele tem o poder de iniciativa, tem o dever de impulsionar a Justiça, está sob sua responsabilidade aperfeiçoar a prestação jurisdicional, transformar a sociedade e realizar a pacificação social. Os promotores nunca desconheceram tal singularidade de sua fun-

ção: 'No drama judiciário, o papel do Promotor é eminentemente dinâmico. Enquanto o Juiz se mantém estático na sua cátedra decisória à espera de que o solicitem, o Promotor está sempre em ação. Daí aquele designativo aplicado ao membro do Parquet, na França: Magistrat debout (Magistrado de pé). (p. 248)

Como se observa, relevantes são as atribuições do promotor, bem como as consequências éticas delas decorrentes.

Para o bom desempenho do seu papel, o promotor deve se preocupar em observar o Decálogo do Promotor, elaborado por César Salgado e aprovado em 1956 no II Congresso Interamericano do Ministério Público:

I – Ama a Deus acima de tudo e vê no homem, mesmo desfigurado pelo crime, uma imagem e semelhança do Criador.
II – Sê digno de tua grave missão. Lembra-te de que falas em nome da lei, da justiça e da liberdade.
III – Sê probo. Faze de tua consciência profissional um escudo invulnerável às paixões e aos interesses.
IV – Sê sincero. Procura a verdade e confessa-a, em qualquer circunstância.
V – Sê justo. Que teu parecer dê a cada um o que é seu.
VI – Sê nobre. Não convertas a desgraça alheia em pedestal para teus êxitos e cartaz para a tua vaidade.
VII – Sê bravo. Arrosta os perigos com destemor, sempre que tiveres um dever a cumprir, venha o atentado de onde vier.
VIII – Sê cortês. Nunca te deixes transportar pela paixão. Conserva a tua dignidade e compostura que o decoro de tuas funções exige.
IX – Sê leal. Não macules tuas ações com o emprego de meios condenados pela ética dos homens de honra.
X – Sê independente. Não te curves a nenhum poder, nem aceites outra soberania senão a da lei.

Desse modo, pautado numa conduta ilibada, coibindo irregularidades, defendendo a instauração dos direitos de todos, o promotor estará cumprindo com dignidade o seu importante papel social.

Como bem assinala José Renato Nalini (1999):

> O verdadeiro promotor de justiça, aquele que promove justiça efetiva, não encara com enfado ou mesmo com irritação essa missão institucional. No convívio diuturno com o comarcano, o promotor aprende a conhecer a comunidade e se torna o para-raios jurídico da população. Enfrenta os poderosos, resolve questões, pacifica os contendores, desarma os espíritos. Realiza a justiça concreta. Evita lides. Descongestiona o Judiciário. (p. 254)

4.2 A ÉTICA E O ESTUDANTE DE DIREITO

Para se tornar um profissional não apenas competente, mas sobretudo ético, o estudante de Direito deve se preocupar com o certo e o errado. Como declara José Renato Nalini (1999): "Ele tem responsabilidade mais intensificada, diante dos estudantes destinados a outras carreiras, de conhecer o que é moralmente certo e o que vem a ser eticamente reprovável" (p. 196).

É o mesmo autor que assinala com muita propriedade:

> Todo o sistema ético está centrado na sabedoria prática. As tendências, apetites e desejos devem estar num justo meio-termo, no equilíbrio que deriva da prudência. A ideia de moderação, ou do justo meio 'consiste em fazer o que se deve, quando se deve, nas devidas circunstâncias, em relação às pessoas às quais se deve, para o fim devido e como é devido'. (p. 200)

São outros atributos da ética do estudante de Direito, ainda segundo José Renato Nalini (1999): 1) conhecer seu colega, participando de sua vida, partilhar suas angústias; 2) ter solidariedade, onde o coleguismo possa ser expresso; 3) prestar atenção aos ensinamentos ministrados por seus professores; 4) proporcionar à sociedade o produto de seu aprendizado, participando ativamente das questões políticas; e 5) despertar para a miséria que a grande maioria da população brasileira passa, contribuindo para aliviar esse sofrimento (p. 201–206).

Com relação ao estagiário, quais seriam os seus limites funcionais? Robison Baroni (1999) responde:

> Constitui função privativa do advogado e/ou do estagiário inscrito na OAB a retirada de autos em cartório, sob carga, uma vez que a função de estagiário está prevista no art. 3°, § 2°, do Estatuto da Advocacia, atribuindo-lhe função privativa de advogado, desde que em conjunto e sob a responsabilidade daquele. (p. 170)

Pode-se também perguntar: está isento o estagiário de penalidades? Ou, como pergunta Robison Baroni (1999): "Onde é estabelecida a sanção disciplinar ao estagiário que praticar ato excedente de sua habilitação"? É o próprio autor quem esclarece:

> Todo estagiário está sujeito ao EAOAB, Código de Ética e Disciplina e Regulamento Geral. A legislação do advogado prevê pena de censura nos casos de infrações definidas nos incisos I a XVI e XXIX do Estatuto. Evidentemente o estagiário e quem determinou a participação no ato estarão sujeitos ao dano a que houverem dado causa. (p. 170)

São tarefas dos estagiários para seus advogados, segundo Henri Robert (1997):

> [...] se apresentam por ele nas chamadas para audiências a que não pode comparecer.
>
> Também recebem os clientes quando o 'patron' é forçado a ir advogar no interior, ou ainda fazem pesquisas de jurisprudência para os processos dele, estudam as questões de direito ou mesmo preparam para a argumentação no tribunal anotações que o 'patron' só terá de rever, retocar, completar, assimilando-as e, por assim dizer, colocando nelas sua marca pessoal.

> Mas se os secretários prestam serviços ao 'patron', certos 'patrons' prestam mais serviço a seus secretários. Estes, de alguma forma, beneficiam-se com o prestígio do 'mestre'. O brilho do gabinete célebre ao qual estão ligados reflete-se um pouco neles.
> Já não são mais o pequeno estagiário sem nome, perdido na multidão incógnita de seus semelhantes; são 'o secretário do Dr. X ou do Dr. Y', e tal título já é como um certificado de jovem talento, como uma promessa e quase uma garantia de uma bela posição futura.
> Completam assim em boa escola sua instrução técnica; assimilam o estilo dos grandes advogados. (p. 73–74)

Como se observa, muitos são os deveres éticos do estudante de Direito e, dentre eles, um se destaca: o de estudar com afinco e boa vontade, a fim de trilhar o caminho do conhecimento, sem esquecer seu compromisso moral.

4.3 ÉTICA, JUSTIÇA E DIREITO

Ética, justiça e direito devem andar harmoniosamente, para o bem da sociedade e o acesso dos cidadãos às suas garantias constitucionais.

Assim, escreve Josaphat Marinho (apud José Ernanne Pinheiro et al., 1997) com muita propriedade:

> Sem dúvida, não é fácil definir ou determinar o ético e o justo, na sociedade de contradições abusivas. Mas a coexistência pressupõe regulação, disciplina do procedimento de cada um e de todos, de sorte que a vida entrelaçada seja pacífica, e não constantemente em ebulição e divergência. Esse relacionamento que se impõe à vontade de cada ser há de fundar-se em critérios sociais, que se afirmem permanentes e razoáveis. Daí a exigência de ação consciente e delimitada. Por isso, como observa lucidamente Henri Hude, 'antes de fazer, é preciso decidir. Optar razoavelmente é preferir o melhor ou o menor mal, aplicando corretamente

critérios de escolha razoáveis. Esses critérios podem ser formulados. Essas fórmulas são julgamentos de valor: X é bom, Y é mau, Y é melhor que W. Uma ação razoável é, pois, a que recolhe julgamentos de valor fundados em razão como critérios de escolha, e que decide corretamente de acordo com esses critérios'. Depois de distinguir 'valores de conservação' e 'valores de progresso', conclui Hude: 'Decidir razoavelmente é, pois, reconhecer a existência e o valor de valores constituindo uma escala, e que existem independentemente de nós, qualquer que seja essa existência'. Logo, compreenda-se, valores sociais. Embora admita que há fontes de inspiração de uma 'moral humana' e uma 'moral social', assim extremando o individual e o coletivo, proclama que 'a força de uma sociedade advém sobretudo da adesão de seus membros'. E assinala que estes, paradoxalmente, num certo 'bonheur de liberté', acabam por ajustar-se 'à ordem por amor da liberdade, e às leis, pela satisfação de consenti-las'. (p. 128–129)

Mas não se pode esquecer a importante função do Estado, lembrada pelo autor:

A ideia e a projeção de uma e de outra, da ética e da justiça, variam em cada povo, com sua estrutura social e político-jurídica e seus costumes. Não obstante isso, o Estado, como instituição superior da sociedade, deve agir, por seus dirigentes, no propósito de dar efetividade aos critérios de ética e de justiça, que sejam geradores de comum respeito e bem-estar. É a forma adequada de proceder, que vale como padrão para todo o corpo social. A Constituição brasileira estimula ou recomenda tal procedimento quer ao declarar instituído o Estado democrático de Direito (art. 1°), quer ao considerar 'objetivos fundamentais da República Federativa' a redução das desigualdades sociais e regionais e a construção de uma 'sociedade livre, justa e solidária' (art. 3°). Básico é que este comportamento se generalize, como prova de civilização. (p. 130)

O problema fundamental em relação aos direitos do homem, conforme Norberto Bobbio (apud José Ernanne Pinheiro et al., 1977) é um problema político, não filosófico.

Deve-se lembrar, também, o que já defendia o papa Paulo VI na *Populorum Progressio* (apud José Ernanne Pinheiro et al., 1997):

> Nos desígnios de Deus, cada homem é chamado a desenvolver-se, porque toda a vida é vocacão. É dado a todos, em germe, desde o nascimento, um conjunto de aptidões e de qualidades para que possam render: desenvolvê-las será fruto da educação recebida do meio ambiente e do esforço pessoal, e permitirá a cada um orientar-se para o destino que lhe propõe o Criador. Dotado de inteligência e de liberdade, cada um é responsável tanto pelo seu crescimento como pela sua salvação. Ajudado, e por vezes constrangido, por aqueles que o educam e rodeiam, cada um, sejam quais forem as influências que sobre ele se exerçam, permanece o artífice principal do seu êxito ou do seu fracasso: apenas com o esforço da inteligência e da vontade, pode cada homem crescer em humanidade, valer mais, ser mais. (p. 260)

Afinal, como pondera Olinto A. Pegoraro (1995):

> [...] as teorias éticas mais importantes sustentam uma resposta comum nos seguintes termos: alcança-se o bem humano pela prática da justiça. Neste sentido, ética é a prática da justiça, ou, comportamento ético é, antes de tudo, comportamento segundo a justiça.
>
> [...]
>
> Somente a justiça é virtude que relaciona o indivíduo com outros. Somente a justiça abre a pessoa à comunidade; ninguém é justo para si, mas em relação aos outros. A justiça é a virtude da cidadania que regula toda a convivência política. (p. 13).

Continua o autor:

> Da ordem, emana também a justiça que consiste em respeitar o lugar de cada coisa. Daí, deriva também a ética, da qual só o homem é capaz. Só o homem entende a ordem e só ele é capaz de respeitá-la conscientemente ou violá-la propositalmente. Portanto, só o homem tem condições de ser ético ou aético.
>
> A ética centra-se em três atitudes humanas. A primeira é uma atitude de dominação dos seres inferiores a ele (animais, vegetais e materiais); a segunda é de respeito aos seres que possuem idêntica natureza e, portanto, idêntica posição *scala rerum*. Isto é, o homem deve respeito a outro ser humano. Finalmente, pela terceira atitude o homem presta culto ao ser superior e divino. Nisto se concentra toda a ética natural. Portanto, a ética natural não se refere só aos seres humanos ou aos viventes de outras espécies, abrange a totalidade da *scala rerum*. Numa palavra, a síntese da ética é a justiça como princípio objetivo de respeito à ordem cósmica (*scala rerum*) e como virtude subjetiva que leva o homem ao respeito de si, do seu semelhante e de toda a natureza. Toda forma de violência contra o ser humano é injustiça. (p. 127)

Fica, portanto, claro que uma sociedade mais democrática não pode prescindir da ética, do direito e da justiça.

5 RESPONSABILIDAE CIVIL DO ADVOGADO NA JURISPRUDÊNCIA

A triste ciência [...] se refere a um domínio que por tempos imemoriais foi considerado o específico da filosofia, porém, desde a transformação desta em método, caiu no desprezo intelectual, na arbitrariedade das sentenças e afinal no esquecimento: a doutrina da vida correta.

ADORNO

Reclamatória trabalhista. Ajuizamento contra pessoa errada. Responsabilidade do advogado caracterizada.

Ação de reparação de danos morais e material causado pelo aforamento de reclamatória trabalhista contra condomínio por errônea indicação do reclamante aos seus advogados. A sociedade civil de prestação de serviço de advocacia obriga-se a desenvolver os meios necessários para cumprimento da obrigação, sendo-lhe imputável por negligência a culpa pela inclusão no pólo passivo de quem ali não devia permanecer. (Lei nº 8.078, de 11 de setembro de 1990; CDC, art. 14, P. 4º; Lei nº 8.906, de 04 de julho de 1990; Estatuto da Advocacia e a OAB, arts. 15, 17 e 32). Verificada a culpa, responde pelos danos materiais causados à parte. (TJRS – Ap. Cív. 596181057. – 4a. Câm. Cív. – Rel. Des. João Aymoré Barros Costa – J. em 09 de outubro de 1996. Fonte: DJRS, 06 de dezembro de 1996, p. 23)

Exercício ilegal da profissão. LCP, art. 47. Configuração. Advogado eliminado do quadro da OAB. Pena de multa. Incabimento. Maus antecedentes. Prática anterior de estelionato.

I – Advogado que, após ser eliminado do quadro da ordem dos Advogados do Brasil, persiste indevidamente no exercício da profissão, enquadra-se no tipo contravencional do art. 47 da LCP. II – Não é adequada pena de multa a agente que ostenta em sua folha de antecedentes criminais reiteradas condutas ilícitas de estelionato e exercício ilegal da profissão de advogado – demonstrando ser a falsidade uma constante de sua personalidade distorcida –, pois que não será suficiente para reprovação e prevenção de sua tendência criminosa. (TACrim./RJ – Ap. 53.129/94. Comarca do Rio de Janeiro – Ac. Unân. – 3ª. Câm. Crim. – Rel. Juiz José Cralos Watzl – J. em 10 de novembro de 1994 – Fonte: DO/RJ III, 29 de março de 1995, p. 239)

Direito civil – Dano moral – Indenização – Advogado – Excesso – Inaplicabilidade da *imunidade profissional* deferida pelo Estatuto da Advocacia e da OAB – Precedentes – Recurso desacolhido. A imunidade profissional, garantida ao advogado pelo novo Estatuto da Advocacia e da OAB, não alberga os excessos cometidos pelo profissional em afronta à honra de qualquer das pessoas envolvidas no processo, seja o magistrado, a parte, o membro do Ministério Público, o serventuário ou o advogado da parte contrária. Segundo firme jurisprudência da Corte, a imunidade conferida ao advogado no exercício da sua bela e árdua profissão não constitui um *bill of indemnity*. A indenização por dano moral dispensa a prática de crime, bastando a aferição da ocorrência do dano pela atuação do réu. (4ª T., Resp. 151.840–MG, rel. Min. Sálvio de Figueiredo Teixeira, RSTJ 124/361)

Responsabilidade civil do advogado – Ofensa moral assacada contra o juiz da causa – Conduta não amparada pela inviolabilidade profissional. Não há direito sem limites, mesmo no respeitante às garantias, inviolabilidades e imunidades constitucionais. Tanto é assim que a própria Constituição, se por um lado confere ao advogado inviolabilidade por seus atos e manifestações no exercício da profissão, por outro assegura a todos a inviolabilidade da honra, da imagem, da intimidade e da vida privada. Resulta daí não constituir prerrogativa do advogado atingir a honra do magistrado, ainda que o faça no exercício do seu edificante mister.

Ademais, sendo independente a responsabilidade criminal da civil, a imunidade penal prevista no art. 7º, p. 2º, da Lei nº 8.906/94, não tem nenhuma repercussão sobre o dever de indenizar do advogado pela prática de ato ilícito no exercício de sua atividade profissional. (TJRJ, EInfrs. 306/96 na Ap. cível 8.343/95 – 2ª Gr. Cs., rel. Des. Sergio Cavalieri Filho)

Responsabilidade Civil – Advogado – Indenizatória ajuizada contra escritório de advocacia por cliente que perdeu demanda – Pretensão ao ressarcimento do prejuízo sofrido com a sucumbência sob a alegaçao de que houve erro inescusável do causídico ao não arguir prescrição da ação – Acolhimento – Indenizatória procedente – Sentença mantida – voto vencido (1º TACSP – 2ª C. – Ap. – Rel. Jobina Rabello – JTACSP – RT 123/45).

Responsabilidade civil – Advogado – Negligência na atuação profissional. Caracterização. Ação trabalhista proposta só após o decurso do prazo de prescrição. Impossibilidade, entretanto, de avaliar o direito do reclamante. Indenização pela perda da chance de ver o pleito examinado pelo Judiciário. Modalidade de dano moral. Recurso provido para julgar procedente a ação (1º TACIVIL – 8ª C.; Ap. n.º 680.655-1 Martinópolis; Rel. Juiz José Araldo da Costa Teles; j. 23.10.1996)

Advogado. Transação. Renúncia de parte substancial de crédito do cliente sem o seu consentimento. Responsabilidade pelo dano. Indenização que deve corresponder à diferença entre o montante recebido e o que teria direito o autor – "A desobediência às instruções do constituinte, seja variando as que foram traçadas, seja excedendo os poderes ou utilizando os concedidos em sentido prejudicial ao cliente é fonte de responsabilidade do advogado". (TJSP – 14ª C. – Ap. Rel. Ruiter Oliva – j. 13.6.95 – JTJ-LEX 172/9)

Responsabilidade civil. Dano moral. Reparação. Imputação a advogado de procedimento desonroso. Procedência. A imputação a advogado de retenção de valor levantado através de alvará, provocando com isto a instauração de procedimento administrativo pela OAB, constitui fato desonroso, ensejando a reparação civil. No caso, evidencia-se que o réu não empenhou-se em receber do advogado a importância levantada por desconfiar da sua conduta, pois que supunha que o valor era muito maior do que aquele que lhe foi revelado, aliás, ínfimo. Em se tratando de sentença condenatória, a base de cálculo dos honorários é o valor da condenação, e não o da causa. Provimento parcial. (TJRJ – Ap.Cív. 8122/97 – Reg.24/03/98 – Fls.8422/8434 – Unân. – Des.CARLOS FERRARI – Julg.: 08/01/98)

Ação de indenização. Mau desempenho do mandato outorgado a advogado. Processo de arrolamento de bens parado, cerca de 13 anos, em poder da advogada contratada e que recebera as custas e honorários. Prejuízos ocasionados ao cliente. Obrigação de indenizar. (TJRJ – Ap. Cív. 4891 /96 – Reg. 14/02/97 – Fls.2027/2031–Unân. – DES. MARIANNA PEREIRA NUNES – Julg.: 05/11/96)

Estagiário de direito. Defesa técnica. Inadmissibilidade. Ato privativo de advogado regularmente inscrito na OAB.

A defesa feita por estagiário, além de vedada pelo estatuto da OAB, poderá ter acarretado prejuízo ao réu, a considerar-se que, ao invés de condenado havia a possibilidade de resultar absolvido se patrocinado por advogado. Ordem concedida. (STF – Rec. de Habeas Corpus 66.305-2 – Ac. Unân. da 2ª. Turma – J. em 07 de junho de 1988 – Rel. Min. Francisco Rezek – Impte.: Pedro Carlos Palma – Impdo.: Adelino Cordeiro da Silva)

Responsabilidade civil do advogado – Embargos de declaração e apelações interpostas fora do prazo legal – Descumprimento do dever de diligência – Perda de prazos – Não conhecimento dos recursos – Dano – Existência – Forma de liquidação – Ação procedente. O advogado tem o dever de manifestar recurso ordinário *oportuno tempore*, respondendo por sua interposição intempestiva. A perda de prazo, como ensina José Aguiar Dias, 'constitui erro grave, a respeito do qual não é possível escusa, uma vez que os prazos são de direito expresso e não se tolera que o advogado os ignore' (*Da responsabilidade civil*, v.1, p. 348, Forense – 1987 – 8ª edição). O prejuízo da parte consiste na perda da possibilidade de ver apreciado o mérito da causa na instância superior. Não se configurando qualquer causa de exclusão de *responsabilidade civil* do advogado, impõe-se a procedência do pedido indenizatório, com fixação da indenização através de arbitramento em liquidação de sentença, levando-se em conta que o dano corresponde apenas a *perda de uma chance*. (TJPR –

Acórdão: 833 – Apelação Cível – Rel. Des. Carlos Hoffmann – 5ª Câmara Cível – 22-4-96)

Responsabilidade civil – advogado – Contrato de prestação de serviço – Relação de consumo – CDC (Lei nº 8.078/90) – Aplicabilidade. A prestação de serviço por advogado, profissional liberal autônomo, em favor de cliente que o contratou se enquadra como relação de consumo e é regida pelo Código de Defesa do Consumidor, ainda que a responsabilizaçao do profissional liberal dependa de prova de sua culpa. (2ª TACSP – AI 606.407-00/5, 14-12-99, 5ª Câmara – Rel. Juiz Pereira Calças)

Revelia – Justificativa tardia – Responsabilidade do advogado por negligência comprovada no desempenho do mandato judicial – Tardia alegação de doença de filho, feita só no apelo, não justifica devolução de prazo para contestar, mormente quando já houvera anterior devolução concedida em primeiro grau, fundada em doença de outro parente, e faz a advogada, em causa própria, carga dos autos, em meio ao prazo devolvido de 15 dias de que dispunha para contestar, retendo-os indevidamente por mais de quatro meses, só os devolvendo mediante mandado de busca e apreensão, sem nenhuma justificativa. Negligência comprovada da advogada constituída, deixando fluir em branco prazo assinado para falar nos autos, e com isso ocasionando o deferimento de pedido de imissão de posse da parte contrária no imóvel residencial ocupado pela constituinte, gera, de acordo com o art. 159, do CC, a responsabilidade civil da profissional, já penalizada administrativamente pelo Tribunal de Ética e Disciplina da classe, sujeitando-a a indenizar as perdas e danos causados. (TJDF – Processo: Apelação Cível 469.689-7 DF – Ac.: 102.850 – 4ª T. Cível – Rel. Mário Machado – 9-2-98)

Indenização – Advogado – Negligência – Responsabilidade civil – Demonstrado nos autos que o advogado se houve com negligência no patrocínio da causa a ele confiada, verificando-se, inclusive, o desaparecimento de documento essencial ao desate da demanda, caracteriza-se a culpa grave, cumprindo-lhe indenizar seu cliente pelos prejuízos advindos. (TAMG – Processo: 237.399–3/00 – Apelação (CV) – 4ª Câmara Cível – Rel. Juiz Celio César Paduani – 25-6-97)

Mandato – Indenização – Advogado – Ajuizamento pelo mandante – Desídia e culpa comprovada quanto ao mau exercício da função por negligência, imprudência ou imperícia – Cabimento. O contrato de prestação de serviços profissionais, no caso de advocacia, subordina-se ao Código de Defesa do Consumidor, e seu mau exercício, por negligência, imprudência ou imperícia, configura ato ilícito por culpa indenizável ao lesado, nada importando que na avenca esteja previsto poder para transigir. Contratantes que ficam, embora tenham procurado por muitas vezes saber, desinformados por mais de ano sobre o andamento do feito. Acordo realizado em juízo, sem a presença, anuência e conhecimento dos contratantes, que, cumprido, não lhes foi repassado. (2ª TACSP – Ap. c/Ver. 685.670-00/4, 27-11-2001, 1ª Câmara – Rel. Linneu de Carvalho)

Mandato – Responsabilidade civil – Advogado (artigos 159 e 1300, do Código Civil, artigo 32 da Lei nº 8.906/94) – Prova – Ausência – Descabimento. Não há culpa por negligência do advogado que não recorre de sentença desfavorável, se foi induzido por informações incorretas do cliente a promover ação temerária, cujo direito, prova irrefutável comprova inexistir. Inteligência do art. 17 do Código de Processo Civil combinado com o artigo 31 e parágrafo único do artigo 32 da Lei nº 89.806/94. Sentença reformada. (2º TACSP – Ap. c. Rev. 520.828, 22-6-98, 2ª Câmara – Rel. Felipe Ferreira)

Indenização – Dano moral – Não ajuizamento tempestivo de demanda trabalhista para a qual o mandatário havia sido contratado – Hipóteses de perda da chance para o cliente – Desídia profissional – Caracterização – Admissibilidade. A conduta desidiosa do advogado que, por deixar de promover a ação judicial para a qual foi contratado, permite que prescreva o direito do cliente, caracteriza a figura da 'perda de uma chance', ensejando indenização de natureza moral. (2º TACSP – Ap. c/ Rev. 606.170-00/5, 31-10-2001, 5ª Câmara – Rel. Luís de Carvalho)

5.1 JURISPRUDÊNCIA SOBRE RESPONSABILIDADE CIVIL DE OUTROS PROFISSIONAIS COM IGUAL OBRIGAÇÃO DE MEIO

Responsabilidade civil – Erro médico – Anestesia – Ausência de exames pré-anestésicos e do medicamento eficaz contra a crise de hipertermia maligna, simultaneidade de atendimento a mais de um paciente – Teoria da perda da chance – Solidariedade passiva do hospital – Recurso provido, por maioria. 1. É responsável pelo dano o anestesiologista que deixa de exercer o seu poder de decisão quanto ao tipo de anestesia a ser empregada em cirurgia que não precisava necessariamente ser com anestesia geral; que não realiza os exames pré-anestésicos possíveis, ainda que mínimos; que se ausenta da sala de cirurgia para atender a outro paciente, ainda que por intervalo curto de tempo, porém durante a crise que já se evidenciava; e nao dispõe do medicamento Dantrolenc, único eficaz no tratamento da hipertermia maligna, que vitimou a paciente. 2. O hospital responde solidariamente, na forma de responsabilidade objetiva, embora com menor parcela de culpa, por não dispor dos medicamentos que seriam indispensáveis para tratar de eventuais complicações durante ou após o procedimento cirúrgico e por admitir como corriqueiro o atendimento simultâneo, pelo anestesista, de mais de um paciente. 3. Ainda que não se pudesse afirmar com absoluta certeza que, de outra forma, a paciente se salvaria, indeniza-se, ainda que de forma minimizada, a perda da chance, por não se terem esgotado todos os meios possíveis para o tratamento da doença e que estavam ao alcance dos réus. (TAPR – Ap. Cível 137002300, 15-10-99, 7ª Câmara Cível – Rel. Eduardo Fagundes)

Indenização – Médico – Obrigação de meio e não de resultado – Inexistência, ademais, de conduta culposa do réu – Escolha do melhor/ método que deve ficar a cargo do profissional. (TJSP – Matéria: Indenização – Responsabilidade Civil – Recurso: AC 177.280-1 – Piracicaba – Órgão: CCIV 7 – Rel. Souza Lima – 11-11-92)

Responsabilidade civil. Cirurgia estética. Não ofende a lei o acórdão que atribui ao médico a responsabilidade pelos danos causados à paciente, por ter assumido o risco de realizar operação de resultado absolutamente inconfiável. Recurso não conhecido. (STJ – Acórdão Resp. 326.014/RJ (200.100.709.813) RE 409.363, 28-8-2001, 4ª Turma – Rel. Min Ruy Rosado de Aguiar) [VENOSA, 2003, p. 91]

Civil e processual – Cirurgia estética ou plástica – Obrigação de resultado (responsabilidade contratual ou objetiva) – Indenização – Inversão do ônus da prova. I – Contratada a realização da cirurgia estética embelezadora, o cirurgião assume obrigação de resultado (responsabilidade contratual ou objetiva), devendo indenizar pelo não cumprimento da mesma, decorrente de eventual deformidade ou de alguma irregularidade. II – Cabível a inversão do ônus da prova. III – Recurso conhecido e provido. (STJ – Acórdão Resp. 81.101/PR (199.500.631.709) RE 266.614, 13-4-99, 3ª Turma – Rel. Min. Waldemar Zveiter)

Código de Defesa do Consumidor – Competência – Responsabilidade do fornecedor de serviços – Médico – A ação de responsabilidade por dano decorrente da prestação de serviço médico pode ser proposta no foro de domicílio do autor (art. 101, I, do CDC), ainda que a responsabilidade do profissional liberal dependa da prova de sua culpa (art. 14, § 4º, do CDC). Recurso não conhecido. (STJ – Acórdão: Resp. 80.276/SP – Resp. – Decisão: por unanimidade, não conhecer do recurso – 4ª T. – Rel. Ministro Ruy Rosado de Aguiar – 12-2-96) [VENOSA, 2003, p. 93]

5.2 LITIGÂNCIA DE MÁ-FÉ

Litigância de má-fé. O dever de indenizar, decorrente da litigância de má-fé, é inerente à qualidade de parte da relação jurídica processual, não se aplicando, pois, aos patronos da causa. Ademais, a Lei nº 8.906, de 04.07.94, ao admitir a responsabilidade solidária do advogado, no caso da lide temerária, demanda a verificação da existência de conluio entre este último e o cliente, com o objetivo de lesar a parte contrária, a ser apurado em ação própria (art. 32, parágrafo único, do citado diploma legal). Portanto, impossível atribuir-se responsabilidade solidária aos patronos do reclamante, sem a verificação dos pressupostos que a caracterizam, através da ação própria, onde será assegurado o contraditório e a amplitude de defesa. (TRT – 23ª R – TP – Ac. nº 2.036/97 – Rel. Juiz Alexandre Furlan – DJMT 03.07.97 – pág. 9)

Litigante de má-fé – Aplicação com responsabilidade solidária do advogado da parte Ofensa ao princípio do devido processo legal – Afastamento. O novo Estatuto da Advocacia e Ordem dos Advogados do Brasil (Lei nº 8.906/94) trouxe novas luzes às relações singulares estabelecidas pelo advogado no exercício da profissão. Relações estas que se materializam não só com o cliente, mas também com a parte diversa, o colega, e, ainda, com o próprio Estado, na medida em que este realiza sua exclusiva atividade jurisdicional por meio do Poder Judiciário. Dá-se especial relevo, não só pela novidade, mas pelas repercussões e implicações do art. 32 da referida Lei, o qual imputou a responsabilidade solidária entre advogado e o cliente nos casos de lide temerária. Todavia, a simples leitura do artigo suso nos revela que para o reconhecimento da solidariedade são necessários dois requisitos: primeiro é haver coligação, conluio entre o advogado e o cliente com intenção de lesar a parte adversa e, segundo, é que tal apuração se dê em ação própria. O escopo do legislador, certamente, foi assegurar o devido processo legal (art. 5º, inc. LV, CF). Desatendidos esses requisitos, afronta-se a Constituição Federal. (TRT – 15ª R. – 5ª T. – Ac. nº 3.194/97 – Rel. Sotero da Silva – DJSP 31.03.97 – p. 43)

Litigância de má-fé – Responsabilidade solidária do advogado – Ofensa ao devido processo legal e ao princípio constitucional da ampla defesa. A parte final, do parágrafo único, do art. 32, da Lei nº 8.906/94, dispõe expressamente que apenas em ação própria poderá o advogado da parte ser responsabilizado solidariamente com cliente condenado a indenizar a parte contrária por lide temerária. (TRT 1ª R. – 3ª T. – RO nº 1086/96 – Rel. Juiz Sérgio Neto Claro – DJRJ 27.07.98 – p. 177)

Advogado – Responsabilidade solidária. A Lei nº 8.906/94, em seu art. 32 e parágrafo único, prevê a possibilidade de o advogado constituído pela parte vir a ser declarado solidariamente responsável pelos atos que praticar no processo com dolo e culpa. O mencionado dispositivo legal é plenamente aplicável ao Processo do Trabalho e, interpretando-o à luz dos princípios da celeridade e da economia processual, é manifesta a competência da Justiça do Trabalho para declarar nos próprios autos da reclamação trabalhista a solidariedade do advogado, no caso de litigância de má-fé. Todavia, se dos autos não se extrai a existência de lide temerária, na forma preconizada no parágrafo único do art. 32 da Lei nº 8.906/94, deve ser excluída a condenação solidária do procurador da parte. (TRT – 3ª R. – 1ª T. – RO nº 18433/96 – Rel. José Roberto Pimenta – DJMG 27.06.97 – p. 8) [IDEM]

Advogado – Atuação imprescindível para a administração da Justiça. O advogado, indispensável à administração da Justiça, é defensor do Estado democrático de Direito, da cidadania, da moralidade pública, da justiça e da paz social, subordinando a atividade do seu Ministério privado à elevada função pública que exerce, e tem como deveres: preservar, em sua conduta, a honra, a nobreza e a dignidade da profissão, zelando pelo seu caráter de essencialidade e indispensabilidade; atuar com destemor, independência, honestidade, decoro, veracidade, lealdade, dignidade e boa-fé; velar por sua reputação pessoal e profissional (art. 2º e parágrafo único do Código de Ética do Advogado). (TRT – 12ª R. – 3ª T. – Ac. nº 1.264/2002 – Relª. Ione Ramos – DJSC 7.2.2002 – p. 173) (RDT 03/02, p. 50)

Advocacia – Exercício em outra seção da OAB Falta de comunicação. O não cumprimento do disposto no § 2º do artigo 56 da Lei nº 4.215/63 pelo advogado que exerce atividade profissional em seção diversa daquela na qual tem inscrição, não impede necessariamente o conhecimento de recurso, constituindo apenas infração disciplinar, conforme entendimento jurisprudencial firmado neste Tribunal. Revista conhecida e provida. (TST – 4ª T. – Ac. nº 8.824/97 – Rel. Min. Leonaldo Silva – DJ 10.10.97 – p. 51.294)

Advogado – Exercício em seção diversa da inscrição na OAB. "Advogado. Atuação fora da seção da OAB onde o advogado está inscrito. Ausência de comunicação. (Lei nº 4.215/63, § 2º, art. 56). Infração disciplinar. Não importa nulidade". (OJ-07). (TST – 3ª T. – RR nº 210.597/95-7 – Rel. José Zito Calasãs – DJ 17.04.98 – p. 486)

Advogado – Atuação fora da seção da OAB – Regularidade de representação. 1. "a atuação fora da seção da OAB onde o advogado está inscrito, quanto à ausência de comunicação (Lei nº 4.215/63, § 2º, art. 56), caracteriza apenas infração disciplinar, não importando em nulidade", nao se configurando, pois, em irregularidade de representação. 2. Embargos conhecidos e providos. (TST – SBDI1 – ERR nº 150.803/94-4 – Rel. Min. Nélson Daiha – DJ 21.08.98 – p. 314) (RDT 9/98, p.. 43)

Não conhecimento do apelo. Inexistindo nos autos instrumento procuratório ao advogado subscritor do recurso e não tendo ele participado de audiência durante a instrução, não se conhece do apelo por irregularidade de representação. (TRT – 13ª R. – Ac. nº 20.752 – Rel. Juiz Aluísio Rodrigues – DJPB 25.04.95 – p. 11)

Caracteriza imperícia profissional a atitude de advogado que expressamente comunica que não comparecerá à audiência de instrução e julgamento e tampouco seu cliente, por entender ser a matéria controversa unicamente de direito, quando há matéria fática controversa e, em virtude da ausência na audiência é aplicada ao seu cliente a pena de confissão ficta. (TRT – 14ª R – Ac. nº 007/96 – Rel. Juiz Carlos A. Gomes Lobo – DJRO 22.01.96 – p. 19)

Advogado – Linguagem – Limites éticos. A imparcialidade é o mais importante pressuposto processual subjetivo, vinculado à pessoa do magistrado, cuja ausência autoriza inclusive a rescisão da coisa julgada. Não se pode confundir combatividade e independência com achincalhes despropositados. A imunidade profissional assegurada pelo estatuto dos advogados, no que se refere aos crimes contra a honra, não legitima a prática de atentados à dignidade de órgãos jurisdicionais. Nessa hipótese, deve o juiz submeter a questão ao exame da Ordem dos Advogados do Brasil, para eventual adoção das providências administrativas cabíveis (art. 7º, § 2º, da

Lei nº 8.906/94). Agravo conhecido e desprovido. (TRT – 10ª R – 3ª T – AP nº 1.050/98 – Rel. Juiz Douglas Alencar Rodrigues – DJDF 02.07.99 – p. 36)

Advogado – Participação obrigatória nos processos judiciais – *Jus postulandi*. A instituição do contraditório em todo o processo judicial (CF, art. 5º, LV), em confronto com a sua existência anterior exclusivamente na instrução criminal (CF de 1969, arts. 15 e 16), resulta na obrigatoriedade da participação do advogado em qualquer processo judicial, de sorte que não haverá contraditório e ampla defesa sem um profissional técnico para exercê-los. A defesa judicial – ataque e contra-ataque – somente pode ser exercida validamente por profissional habilitado e com conhecimento técnico-jurídico. (TRT – 12ª R. – 1ª T. – Ac. nº 11307/96 – Rel. Juiz Facioli Chedid – DJSC 18.12.96 – p. 183)

Jus postulandi. A instituição do contraditório em todo o processo judicial (CF, art. 5º, LV), em confronto com sua existência anterior exclusivamente na instrução criminal (CF de 1969, arts. 15 e 16), resulta na obrigatoriedade da participação do advogado em qualquer processo judicial, de sorte que não haverá contraditório e ampla defesa sem um profissional técnico para exercê-los. A defesa judicial – ataque e contra-ataque – somente pode ser exercida validamente por profissional habilitado e com conhecimento técnico-jurídico. (TRT – 12ª R. – 1ª T. – Ac. nº 005.543/95 – Rel. Juiz C. Chedid – DJSC 09.08.95 – p. 99)

Jus postulandi. A instituição do contraditório em todo processo judicial (CF, art. 5º, LV), em confronto com sua existência anterior exclusivamente na instrução criminal (CF de 1969, arts. 15 e 16), resulta na obrigatoriedade da participação do advogado em qualquer processo judicial, de sorte que não haverá contraditório e ampla defesa sem um profissional técnico para exercê-los. A defesa judicial – ataque e contra-ataque – somente pode ser exercida validamente por profissional habilitado e com conhecimento técnico-jurídico. A repristinar esta interpretação constitucional declarou o legislador da Lei nº 8.906/94 ser privativo de advogado o *jus postulandi*, donde decorre logicamente a adoção do princípio da sucumbência em qualquer processo judicial, ab-rogando regras específicas da Lei nº

5.584/70. (TRT – 12ª R. – 1ª T. – Ac. nº 000716/95 – Rel. Juiz F. Chedid – DJ 17.03.95 – p. 55)

Advogados – Renúncia ao mandato. Ao renunciar ao mandato o procurador responderá pelos atos processuais a serem praticados nos dez dias subsequentes, pois a renúncia não enseja a devolução de prazos à parte. (TRT – 12ª R. – 1ª T. – Ac. nº 12.657/98 – Relª. Juíza Licélia Ribeiro – DJSC 18.12.98 – p. 176) (RDT 1/99, p. 52)

6 DA FORMAÇÃO À DEFORMAÇÃO: CRISE NO ENSINO JURÍDICO

A educação, direito de todos e dever do Estado
e da família, será promovida e incentivada
com a colaboração da sociedade, visando
ao pleno desenvolvimento da pessoa,
seu preparo para o exercício da cidadania
e sua qualificação para o trabalho.
ART.5º, CF/88.

Parece-nos relevante relacionar a responsabilidade civil do advogado com a crise pela qual passa o ensino jurídico. Eis o porquê deste capítulo.

Nos anexos D, E, F, G, H, I, J, K, L e M o leitor encontrará legislação *lato sensu* sobre o ensino jurídico brasileiro.

Adilson Gurgel Castro (2000) destaca o incremento sem precedentes do número de cursos jurídicos no Brasil, passando dos dois originários há mais de 170 anos para mais de quatrocentos cursos atualmente, o que representa uma taxa de 20.000% (vinte mil por cento) de aumento. Se nos atermos aos dados de 2001, chegaremos a estratosféricos 25.000% (vinte e cinco mil por cento):

> As faculdades de Direito foram criadas no Brasil há mais de 170 anos, através da Lei de 11 de agosto de 1827, decretada pela Assembleia Geral e sancionada pelo Imperador D. Pedro I. Inicialmente, tivemos os cursos de Olinda (PE) e São Paulo (SP). O objetivo imediato seria a formação de bacharéis em Direito para suprir

> as necessidades do Império, evitando assim que os nossos jovens tivessem que atravessar o Oceano Atlântico para buscar, na Europa, uma educação universitária.
>
> Daqueles 'embriões' iniciais, chegamos hoje a um número superior aos 400 (quatrocentos) cursos, com aproximadamente 300.000 (trezentos mil) estudantes. Dentre eles e de um lado, temos cursos com vestibular para apenas 80 (oitenta) alunos por ano; enquanto de outro lado, alguns que ousam abrir 1.000 (mil) vagas (ou mais), em cada um desses concursos. Se volvermos os olhos para os Estados Unidos, com praticamente uma centena de milhão de habitantes a mais do que o Brasil e apenas 190 (cento e noventa) cursos de Direito, passamos (no mínimo) a meditar sobre a necessidade ou não de novos cursos por aqui.
>
> No âmbito profissional, a OAB já registra em seus quadros mais de 500.000 (quinhentos mil) advogados inscritos e os estagiários já devem superar a marca dos 50.000 (cinquenta mil) bacharelandos. (p. 11–12)

No ano de 2005, segundo dados do próprio Ministério da Educação, existem mais de setecentos cursos de Direito, o que denota um crescimento de cerca de 40% (quarenta por cento) somente nos últimos quatro anos (2001–2005) e de 35.000% (trinta e cinco mil por cento) desde 1827.

Apresentamos a seguir os Quadros 1, 2 e 3, elaborados conforme dados do próprio Ministério da Educação, dando-nos uma ideia precisa do crescimento dos cursos jurídicos no Brasil:

QUADRO Nº1 — EVOLUÇÃO DO NÚMERO DE CURSOS JURÍDICOS, NO BRASIL - 1995–2001

Ano	Quantidade
1995	235
1996	262

Ano	Quantidade
1997	280
1998	303
1999	362
2000	442
2001	505

Fonte: MEC/Inep/Daes

QUADRO Nº 2 – EVOLUÇÃO DO NÚMERO DE CONCLUINTES DO CURSO JURÍDICO NO BRASIL – 1995–2001

Ano	Concluintes em direito	Total de concluintes	Percentual
1995	27.198	245.887	11,06%
1996	29.122	254.401	11,44%
1997	31.976	260.224	12,28%
1998	35.433	274.384	12,91%
1999	41.857	324.734	12,88%
2000	44.202	352.305	12,83%
2001	44.202	352.305	12,83%

Fonte: MEC/Inep/Daes

QUADRO Nº3 – EVOLUÇÃO DO NÚMERO DE VAGAS OFERECIDAS NO CURSO DE DIREITO NO BRASIL – 1995–2001

Ano	Vagas em direito	Total de vagas	Percentual
1995	55.706	610.355	9,12%
1996	59.701	634.236	9,41%
1997	74.772	699.198	9,35%
1998	89.080	776.031	11,48%
1999	105.401	894.390	18,33%
2000	133.272	1.216.287	10,95%
2001	138.195	1.265.175	10,92%

Fonte: MEC/Inep/Daes

Cabe-nos ainda destacar que, durante as décadas de 70 e 80, o Brasil teve um número estagnado de cerca de 1,5 milhão de universitários. O leitor desejoso de maiores informações sobre o seletivo acesso à educação superior brasileira ao longo dos séculos pode consultar Luiz Antonio Cunha (1988a, 1988b, 1989), Carlos Benedito Martins (1991) e Wanderley Ribeiro (1994).

Reconhecemos que o ensino jurídico passa por uma grave crise, o que acarreta prejuízos na formação do futuro bacharel/advogado, que por sua vez poderá trazer prejuízos ao prestar serviços à sociedade, porque profissional sem a devida e necessária qualificação.

Entretanto, parece ser mais fácil tornar os Exames de Ordem mais difíceis, dificultando o acesso à categoria de advogados àqueles que passaram cinco longos e penosos anos na faculdade preparando-se para tanto.

Melho Filho (1996) sintetiza em quadro as principais distinções entre a Portaria MEC nº 1.886/94 e a Resolução CFE nº 03/72, que traziam as diretrizes curriculares para o curso de Direito:

Portaria MEC nº 1.886/94	Resolução CFE nº 03/72
a) Duração: mínimo 8 anos letivos Horas de atividades: no mínimo 3.300.	a) Duração: mínima 4 e máxima 7 anos letivos. Horas de atividades: no mínimo 2.700.
b) Curso noturno é referido para que se observe o mesmo padrão de desempenho e qualidade do curso diurno, além de limitar-se a um máximo de 4 horas diárias de atividades didáticas.	b) Curso noturno não é objetivo de disciplinamento, e, na *praxis*, o seu padrão de desempenho e qualidade era diverso do curso diurno.
c) Abrange e prevê o desenvolvimento de atividades de ensino, pesquisa e extensão, interligadas e obrigatórias.	c) Centra-se, exclusivamente, em derredor de matérias e atividades de ensino.
d) Agrega matérias voltadas para a formação fundamental, sociopolítica e prática do bacharel em Direito.	d) Condensa matérias desenvolvidas em três categorias: básicas, obrigatórias e opcionais.

e) As matérias fundamentais e profissionalizantes perfazem um total de 15, prevendo-se a observância da interdisciplinaridade.	e) As matérias básicas e profissionais correspondem a 13 no total, sem qualquer interdisciplinaridade.
f) Reserva, obrigatoriamente, de 5% a 10% da carga horária total para pesquisa, extensão, seminários, simpósios, congressos, conferências, monitorias, iniciação científica e disciplinas não previstas no currículo pleno.	f) Desconsidera e não inclui na carga horária total do curso jurídico as atividades complementares.
g) Prevê, expressamente, que as áreas de especialização ofertadas absorvem os emergentes e novos direitos e atendem às peculiaridades, vocações, demandas sociais e mercado de trabalho de cada curso.	g) Não cogita no seu texto de novos direitos nem se preocupa com as necessidades de mercado de trabalho na oferta das disciplinas jurídicas das áreas de especialização.
h) O Estágio da Prática Jurídica torna-se obrigatório e integrante do currículo pleno com, no mínimo, 300 horas de atividades práticas simuladas ou reais desenvolvidas pelo aluno no Núcleo de Prática Jurídica.	h) A Prática Forense, sob forma de Estágio Supervisionado, transfundiu-se em disciplinas de "Teoria da Prática Forense" (Civil, Penal, Trabalhista, etc.) impossível de propiciar um treinamento efetivo das atividades jurídicas.
i) Impõe que cada curso tenha um acervo bibliográfico atualizado de, no mínimo, 10.000 livros, periódicos e obras jurídicas de referência.	i) Omite qualquer exigência para que o curso jurídico tenha um acervo bibliográfico mínimo e atualizado nos planos legal, doutrinário jurisprudência.
j) Exige, para conclusão do curso, a obrigatória apresentação e defesa de monografia jurídica perante banca examinadora, com tema e orientador escolhidos pelo aluno.	j) Inexige qualquer trabalho ou monografia como condição essencial para conclusão do curso jurídico.

Fonte: Melo Filho (1996, p. 18)

O Parecer nº146/02 (ver Anexo G) provocava o esfacelamento do curso de Direito, propondo, entre outras coisas, a diminuição da sua duração de seus atuais cinco anos para três anos, além da exclusão da monografia como atividade obrigatória e de iniciação à pesquisa, ainda na graduação. Este parecer tem recebido inúmeras críticas de diferentes setores da sociedade civil organizada, inclusive a impetração de Mandado de Segurança (MS) pelo Conselho Federal da Ordem (Anexo M).

A Ajufe (Associação dos Juízes Federais), em 13 de setembro de 2002, em notícia colhida na Internet, na figura de seu presidente, juiz Paulo Sérgio Domingues, posicionou-se contra o Parecer CES/CNE nº 146/02, por nada contribuir para o aprimoramento dos cursos jurídicos no Brasil:

> Ao contrário, ao permitir que eles possam ser concluídos em três anos, diminuir a exigência de acervo bibliográfico mínimo das novas faculdades e abolir a obrigatoriedade de apresentação de monografia de conclusão de curso, a medida somente levaria ao agravamento da crise do ensino jurídico no Brasil.

O MS foi concedido, em função do que se explicita a seguir, conforme informações colhidas na Internet:

> O Superior Tribunal de Justiça derrubou os efeitos de ato do Ministério da Educação sobre a duração do curso de Direito no Brasil. O ministro Franciulli Netto, da Primeira Seção do STJ, atendeu o pedido de liminar em mandado de segurança impetrado pelo Conselho Federal da Ordem dos Advogados do Brasil contra a homologação do Parecer nº 146/2002 e das minutas de resolução sobre o curso de Direito.
>
> Em despacho publicado em 13 de maio de 2002 no Diário Oficial da União, a ministra de Estado da Educação interina, Maria Helena Guimarães de Castro, homologou o Parecer n.º 146/2002, da Câmara de Educação Superior do Conselho Nacional de Educação, instituindo novas Diretrizes Curriculares Nacionais e aprovando as minutas de resolução que o acompanham para revogar o currículo

mínimo do curso de Direito e possibilitar a redução de sua duração para três anos. Atualmente, os cursos de Direito têm cinco anos.

A OAB afirma que o ato viola as determinações da Lei nº 9.131/95, uma vez que o Parecer e o projeto de resolução a respeito das diretrizes curriculares para o curso de Direito, "são de tal modo vagos que permitem, em verdade, que os estabelecimentos de ensino definam, como quiserem, o conteúdo do curso de Direito, cada qual estabelecendo quais são suas matérias profissionalizantes, quais as matérias da dogmática que ministrarão".

O curso de Direito está incluído dentre aqueles que se submetem à avaliação nacional, com base nos conteúdos mínimos estabelecidos.

O ministro Franciulli Netto concedeu a liminar considerando que é evidente a plausibilidade do direito invocado pelo Conselho Federal da OAB. De acordo com o ministro, tanto a legislação infraconstitucional como as determinações da Constituição Federal caminham no sentido de garantir a qualidade dos cursos jurídicos, diante da sua importância para a proteção dos direitos individuais e sociais do povo brasileiro.

'Nunca se pode olvidar, pois, da importância da figura do advogado e dos demais profissionais da área jurídica na sociedade contemporânea, circunstância que acarreta, necessariamente, sensível aumento na demanda por cursos jurídicos, mas que não pode servir de mote para se prestigiar a quantidade em lugar da qualidade', ressaltou Franciulli Netto.

Defendemos o repensar do ensino jurídico. Um ensino jurídico mais prático e próximo do dia a dia do aluno. Um ensino jurídico crítico, formativo e formador e não apenas um ensino fundamentado no que Paulo Freire (1971) denominou como pedagogia bancária.

Defendemos um ensino jurídico no qual o aluno tenha vez e voz, pois como exigir-lhe tais características após formado, se durante sua formação deveria aceitar tudo passivamente?

Álvaro Melo Filho (2000) denomina "aula conferência" à metodologia utilizada pelos professores de direito, em sua grande maioria, como única forma de ensinar-aprender o direito, em que apenas passividade para aceitar as "verdades do professor, que tudo sabe" e a reprodução de conteúdos por parte do aluno, "que nada sabe, é uma *tabula rasa*, e por isso deve calar para ouvir quem sabe". Das vinte e quatro sugestões apontadas pelo referido autor (2000) como desafios ao novo ensino jurídico, destacamos as que se seguem:

> a) os métodos de ensino devem aguçar o raciocínio jurídico e desenvolver a autonomia intelectual, para que o aluno não se converta num 'robô jurídico', ou seja, despreparado para pensar juridicamente desprovido de instrumentos para conviver com o imprevisível, com as diversidades temporal e espacial, com o novo direito da mundialização e com o poder metaestatal que se ampliam todos os dias;
>
> [...]
>
> c) há necessidade de 'ensinar o aluno a pensar os códigos e os fatos juridicamente relevantes, nunca a pensar apenas com os códigos', evitando o desvalioso ensino 'cosmético' e 'piedosamente superficial' de um direito que é 'dado' e não 'construído', e, onde o professor acaba por 'penumbrar ou opacizar a realidade' ao entronizar 'no lugar dos fatos, a versão, no lugar da teoria, a opinião e no lugar do modelo epistemológico, o senso comum';
>
> e) o exclusivismo da aula expositiva ou do monólogo estereotipado deve ceder espaço às aulas dialogadas, às técnicas audiovisuais e aos recursos teleinformáticos, sem descurar dos seminários e debates para que haja a produção reflexiva do conhecimento jurídico e não apenas a mera 'reprodução' de conteúdos petrificados, no comodismo da rotina e no temor da novidade;

j) o exclusivismo das aulas expositivas de Direito levou Rui Barbosa a asseverar que 'aquele que existe entre nós não é um método de ensino, é, ao contrário, o método de não aprender'. Na mesma linha, Paulo Baptista já alertava que 'o ensino do Direito reduzido simplesmente aos textos de lei sem exame de suas razões e de seu espírito, é erro calamitosos e deplorável; afugenta os talentos que querem aprender raciocinando e desenvolvendo a inteligência, sujeitando-os unicamente ao trabalho estéril e fastidioso de decorar'. Por isso é de suma relevância que as figuras do *professor-formador* e *aluno-ouvinte* sejam substituídas pelo *professor-animador* e *aluno-pesquisador*, pois, o problema fundamental da pedagogia jurídica é muito mais uma questão de consciência do que de *conhecimento*;

[...]

n) ao invés de cultivar métodos de ensino onde, de um lado, os 'míopes' alunos são compelidos à repetição mecânica de 'verdades escravas' e à memorização de normas positivas, e, de outro, os professores fazem uso do 'pedantismo livresco, do dogmatismo petulante e do cientismo feito de eloquência devaneadora', há de privilegiar-se a liberdade de aprender e ensinar num contexto de abertura e debate permanentes, pois, de acordo com Karl Popper, no domínio das ciências humanas, só possui natureza científica aquilo que for refutável;

[...]

p) ensinar direito não é sofisticar, ensinar direito é simplificar, pois, no magistério de Nelson Hungria 'o Direito que deve ser ensinado e aprendido não é o que se contenta com o eruditismo e a eloquência impecável das teorias, mas o que, de preferência buscar encontrar-se com a verdade da vida e do homem, para o conhecimento dec todas as fraquezas e misérias, de todas as infâmias e putrilagens, de todas as cóleras e negações, e para a tentativa, jamais desesperada, de contê-las e corrigi-las na medida da justiça terrena';

[...]

t) a discussão livre de temas e problemas jurídicos atuais deve ter '*habitat*' em qualquer tipologia de aula, instigando nos alunos o espírito dialético e a capacidade de argumentação, a participação mais intensa e a lógica intersubjetiva, a habilidade de tomada de decisão e de refutação das objeções alheias, os poderes de persuasão e de improvisação, além do re4speito pelas diferentes opiniões dos outros;

[...]

w) o Direito, como acentuava Windscheid, 'menos que uma ciência que se possa ensinar, é mais uma arte que se deve conquistar', cabendo ao aluno vencer a natural inibição e insegurança, tornando-se 'escultor de seu próprio cérebro', ao conscientizar-se que a opinião do professor é apenas uma opinião, pois, no mundo jurídico, as questões podem ser tanto 'dogmáticas' (visam a possibilitar uma decisão e orientar uma ação, o que as faz *finitas*), quanto 'zetéticas' (dissolvem meras opiniões, pondo-as em dúvida, o que as torna *infinitas;*

x) o mundo do Direito não comporta homogeneização e nem pensamento único e mumificado, daí porque o método do ensino jurídico deve, com criatividade e o quanto possível, coadunar três momentos: exposição (*lectio*), discussão (*disputatio*) de problema colocado pelo professor e analisado pelos alunos, cabendo ao docente, após sopesar os argumentos pró e contra, indicar uma solução (*determinatio*), o que assegura um certo equilíbrio entre o valor da autoridade (*auctoritas*) e o valor dos direitos da razão (*ratio*);

z) é urgente elidir a 'folia verbal' e sepultar o deletério ensino 'nocionístico' do Direito, responsável por 'mutilados' formandos 'em estado de indigência jurídica', incapazes de equacionar divergências jurídicas ou de criar soluções extrajudiciais harmônicas com as demandas de uma sociedade cada vez mais diferenciada, complexa e competitiva, e que, ao mesmo tempo, aspira ser pluralista, fraterna e justa. (p. 43–49) (Grifos no original)

José Wilson Ferreira Sobrinho (1997) descreve tipos de professor na área jurídica, destacando-se o que denomina de professor paraquedista: "O *paraquedismo universitário* é o instrumento que possibilita a manutenção da *cátedra hereditária*, isto é, a transmissão da condição de professor universitário de pai para filho, de sogro para genro e outros similares" (p. 117–135) (Grifos no original).

João Ribeiro Júnior (2001) argumenta:

> Ontem, como hoje, o ensino do Direito nada mais faz do que acumular informações. É um simplificador da realidade. É caracterizado pela transmissão da cultura jurídica positiva, cujo tradicional processo didático-pedagógico é muito simples – dir-se-ia até inexistente –, e que consiste na *arte da exposição*: nada mais do que uma forma de oratória, na qual a metodologia de ensino predominante é a *aula expositiva e o código comentado.*
>
> O método de abordagem é, principalmente, o *dedutivo*, aparecendo, em alguns momentos, o *indutivo*. A argumentação jurídica dedutiva, em que a premissa maior é a norma jurídica, a premissa menor é o fato, e a conclusão é a solução de direito para o caso concreto, é um dos principais métodos utilizados. Contudo, não se pode reduzir todo raciocínio jurídico à dedução, uma vez que a própria escolha das premissas do raciocínio dedutivo implica valoração e outras considerações relativas às circunstâncias concretas de cada caso. Quanto ao método indutivo, a complexidade dos fatos sociais constitui uma primeira dificuldade à sua utilização, que exige presença, ausência ou variação de um único fator, na constância ou na diversidade de todos os demais.

> O corpo docente é, regra geral, formado por profissionais competentes, porém horistas e sem o devido preparo para o exercício do magistério (há casos gritantes de insatisfação: professor malformado, mal remunerado, carga horária excessiva, pouco tempo para reciclagem e lazer). E mais ainda. Pode-se dizer que o Direito que se ensina aparece como um dos instrumentos que, dentro de uma sociedade plural, complexa e em crise, busca omitir e encobrir as diferenças sociais, econômicas, políticas e culturais existentes. Ou seja, o Direito é utilizado para legitimar, por meio de normas positivas e de procedimentos formais, embasados retoricamente na igualdade, a existência de uma sociedade desigual, injusta e autoritária, que se esconde atrás de uma palavra estereotipada chamada democracia. (p. 22–23)

João Ribeiro Júnior (2001) apresenta problemas que podem ser resolvidos pelo diretor:

> 1. existência ou desarticulação entre as atividades de docência, pesquisa e extensão; urgência inadiável na implantação de atividades de extensão formativa, a cargo da própria Faculdade de Direito, em razão da evidente especificidade técnica dos seus temas;
>
> 2. metodologia de avaliação dos alunos tendente a apreciar apenas a memorização, abandonando a dúvida, a crítica, a pesquisa e a oportunidade ímpar que ela oferece para orientar os estudos;
>
> 3. despreparo didático evidente e inexistência de mecanismos de aperfeiçoamento e avaliação de professores; aliás, o desempenho pedagógico de certos mestres e doutores não se diferencia, na média, do que constitui a regra geral das Faculdades de Direito;
>
> 4. priorização do estudo da norma no texto — exegismo acríti-

co, positivismo ingênuo e análises meramente semânticas da norma jurídica, em soporíferas tertúlias gramaticais sobre os artigos dos códigos —, em detrimento de sua problematização no contexto;

5. mera reprodução de saber dogmático e autossuficiente, em detrimento das problematizações e da formação real do saber;

6. insistência no academicismo estéril, resultante de abstrações inteiramente sem referência à aplicação prática; enfoque apenas nas noções das disciplinas lecionadas, sem se preocupar com a interdisciplinaridade e com a transdisciplinaridade;

7. mudança nos programas das disciplinas. Há um ementário de grandes temas, caracterizado pelo anacronismo na divisão de cargas horárias e de matérias a serem tratadas em cada disciplina. Uma codificação dessas ementas conduz necessariamente à conclusão de que são urgentes a sua reforma e a elaboração de reais programas de estudos, tendo em vista a realidade concreta. (p. 66–67)

Defende João Ribeiro Júnior (2001) a mudança na qualidade do ensino jurídico. Para tanto, destaca:

1. foco centrado no aluno;
2. visão estratégica (valores, missão e objetivos) claramente definida e disseminada;
3. plano político-pedagógico oriundo de sua visão estratégica e definido por consenso de sua equipe de trabalho;
4. forte espírito de equipe;
5. equipe de trabalho consciente do papel que desempenha na organização e em suas atribuições;
6. equipe de trabalho capacitada e treinada para melhor desempenhar suas atividades;

7. planejamento, acompanhamento e avaliação sistemáticos dos processos;
8. preocupação constante com inovações e mudanças. (p. 74)

Leandro Molhano Ribeiro (2001) argumenta acerca da não necessidade de títulos para atuar na Educação Superior, como ocorreu recentemente na conceituada Universidade de Berkeley, Estados Unidos:

> Em outubro de 2000, uma das mais renomadas universidades norte-americanas publicou no *New York Review of Books* (19/10) anúncio que seria impensável, nos dias de hoje, no Brasil. A Universidade de Berkeley procurava um poeta para contratar. Ora, nenhuma universidade brasileira recruta poetas para ensinar como escrever poesia na faculdade, muito menos com garantia de emprego. Notem, não se exigiu nenhum mestrado ou doutorado ao poeta, apenas pediu-se-lhe que apresentasse a obra e as referências, e que demonstrasse capacidade de ensinar alunos da graduação. Reparem, graduação não profissionalizante, ensino universitário genérico, com concentração nesta ou naquela área. (p. 16–17)

A título de conclusão deste capítulo, apresentamos o Quadro 4, em conformidade com Álvaro Melo Filho (2000), comparando a aula expositiva e a aula dialogada:

QUADRO Nº4 — COMPARAÇÃO DA AULA EXPOSITIVA COM A AULA DIALOGADA

AULA EXPOSITIVA	AULA DIALOGADA
1) *Monólogo* repetitivo. Estabelece relação dominação/autoridade. Ação unilateral resultando em *distanciamento.*	1) *Diálogo* construtivo. Estabelece relação de integração/liberdade. Ação bilateral, implicando em *relacionamento.*
2) Centrada no professor. Utilitarismo *egocêntrico* do professor.	2) Centrada no aluno. Utilitarismo *altruísta* do professor.

3) Alunos passivos, dependentes e induzidos à *aceitação* que passam a pensar o Direito com a cabeça do professor.	3) Alunos ativos, autônomos e estimulados à *participação* que passam a pensar o Direito por si mesmos.
4) Professor é o dono da verdade.	4) A verdade não tem proprietário.
5) Resulta no acúmulo de conhecimentos pela *memória*.	Desperta o *raciocínio jurídico*.
6) Inexistência de crítica e perda de qualquer poder criador para resolver problemas. Aguça apenas a *visão* e *audição*.	Oportuniza a visão crítica e reforça nos alunos a capacidade de resolver problemas. Motiva a *reflexão crítica*.
7) Uniformidade metodológico própria das sociedades homogêneas gerando uma *escravidão* mental dos alunos.	7) Diversidades metodológicas própria das sociedades heterogêneas, *libertando* os alunos para a criatividade jurídica.
8) Embasa-se numa visão formal e *dogmática* do Direito.	8) Apoia-se numa visão *experiencial* e *pragmática* do Direito.
9) Ênfase demasiada na *teoria jurídica*.	9) Enseja conciliar-se *teoria* e *prática* jurídicas
10) Direito é apresentado como algo *estático* e *imutável* (conhecimento *fechado*).	10) Direito é apresentado como algo *dinâmico* e *mutável* (conhecimento aberto).
11) Induz a uma dimensão *retrospectiva* ou reprodução do Direito.	11) Propicia uma dimensão *prospectiva* ou produção do Direito.
12) Centra-se na *retórica* de Aristóteles.	Utiliza-se da *dialética* de Platão.
13) Estabelece um fosso entre professor/alunos, condenando os discentes à inércia e paralisia mental e a pensar o Direito com a cabeça do professor.	13) Permite o enriquecimento mútuo onde até o professor "corre o risco" de aprender e os alunos passam a pensar Direito por si mesmos.
14) Detém uma pretensão informativa, enciclopédica e exaustiva dos temas jurídicos, onde o professor regra geral impõe seu ponto de vista com lastro no *passado*.	14) Despe-se da obrigação de exaurir a temática jurídica pois "o mestre não deve ensinar pensamentos, mas ensinar a pensar" vislumbrando e projetando o *futuro*.
15) As pautas ou normas de comportamento do docente e alunos são *formais* e *rígidas*, sugerindo a mantença do *status quo*.	15) As pautas e normas de ações do professor e alunos são *informais* e *flexíveis*, incitando um processo de mudança.

Fonte: Álvaro Melo Filho (2000, p. 40–41) (Grifos no original)

7 CONCLUSÕES

Liberdade e legalidade,
eis as tábuas de salvação do advogado.
Nelas se encerra, para ele, a síntese
de todos os mandamentos.
RUY BARBOSA.

Procuramos demonstrar, com este modesto trabalho, a importância do advogado. Justamente por essa importância, elevada à categoria constitucional de "indispensável à administração da justiça", é que não podemos conceber patronos sem a devida preparação ético-profissional, possibilitando-lhe defender e velar pelos interesses do cliente como se fossem seus.

Afinal, a OAB pretende, como salienta Jadson Dias Correia (2002), "[...] reduzir o número de processos disciplinares por má conduta profissional, que eleva-se à casa de quarenta mil em todo território nacional, ou seja, dez por cento dos quatrocentos mil advogados registrados nas Seccionais, segundo estimativa da OAB Nacional". Não é demais lembrar fato degradante descrito por esse autor:

> Em Sergipe, temos notícia de que um advogado responde a cerca de vinte representações por infração disciplinar e continua a exercer a profissão pela lentidão no julgamento dos processos e pelo corporativismo que corrói a instituição, também a nível nacional.

Essa situação precisa ser urgentemente repensada, pois, como lembra o autor, "[...] um advogado, quando fere um princípio ético, atinge toda a classe".

Edson Nunes, André Magalhães Nogueira e Leandro Molhano Ribeiro (2001) argumentam que:

> [...] As corporações profissionais têm buscado influir no sistema de ensino, procurando barrar a expansão atual de cursos superiores. Isso ocorre, em grande medida, porque as corporações profissionais antecedem, no Brasil, a ideia de universidade. Inicialmente treinadas na Europa, as corporações — de médicos e de advogados, por exemplo — afirmaram-se como foco de poder e saber no Brasil antes que a universidade, a qual lhes dá origem, estivesse constituída. Além disso, as corporações profissionais têm direito à criação de barreiras de entradas à ação de novos entes educacionais. A lógica corporativa é, como a governamental, ambígua. Sócia do governo quando pretende os benefícios corporativos que lhes dão vida e direito à participação, hostiliza o mesmo quando este age em latitudes que as corporações desaprovam.
>
> Nesse sentido, estrutura-se uma luta entre as corporações e o Estado — que lhes dá origem — em torno da legitimidade e do monopólio da profissão. Aqui a ambigüidade se renova. Caberia às corporações a regulação da barreira de entrada no exercício da profissão, e não no acesso à sua aprendizagem. (p. 74)

É importante ainda perceber a relevância da ética no dia a dia das pessoas e, em especial, dos advogados e demais operadores jurídicos.

Cumprindo-se o Código de Ética, bem como o Estatuto da OAB, a CF e pautando sua vida pessoal de forma coerente com sua vida profissional, o advogado estará participando ativamente da construção de uma sociedade mais ética, justa e democrática.

O advogado que não tem o devido cuidado ético está relegando sua profissão, gerando conflitos e causando prejuízos à categoria, devendo, por isso, sofrer sanções disciplinares, para o seu próprio bem e o da classe.

Ética é assunto não apenas para advogados, demais operadores jurídicos e graduados de um modo geral, mas também para os cidadãos como um todo e, em particular, para o estudante de Direito, a fim de que possa começar a trilhar o caminho da pacificação social, da justiça.

Unindo a teoria à prática, o conhecer com o agir, o dever com o poder, o advogado estará praticando a missão de defensor da justiça e, acima de tudo, de estar com a consciência tranqüila do dever cumprido.

Desse modo, como indispensável à administração da justiça, o advogado, ao pôr em prática o seu saber, aliado aos preceitos éticos, estará não apenas cumprindo o seu papel com dignidade, honestidade, presteza e desenvoltura, mas contribuindo para a consecução de uma sociedade mais democrática, porque fundamentada na ética, na justiça e no direito.

Logicamente, um tema tão relevante e apaixonante como é a responsabilidade civil do advogado merece mais, maiores e mais aprofundados estudos. Eis aqui a nossa modesta contribuição.

BIBLIOGRAFIA

ACADEMIA BRASILEIRA DE LETRAS JURÍDICAS. *Dicionário jurídico.* 9. ed. Rio de Janeiro: Forense Universitária, 2004. 932p.

ADEODATO, João Maurício. Ensino jurídico e capacitação docente. In: *OAB ensino jurídico:* novas diretrizes curriculares. Brasília, 1996, p. 75–87.

AGUIAR, Roberto Armando Ramos de. *A crise da advocacia no Brasil*: diagnóstico e perspectivas. 3. ed. São Paulo: Alfa-Omega, 1991. 166p.

AGUIAR, Roberto Armando Ramos de. A contemporaneidade e o perfil do advogado. In: *OAB ensino jurídico:* novas diretrizes curriculares. Brasília, 1996, p. 129–141.

ALMEIDA, Guilherme Assis de; CHRISTMANN, Martha Ochsenhofer. *Ética e direito:* uma perspectiva integrada. São Paulo: Atlas, 2002. 159p.

ARANHA, Maria Lúcia de Arruda; MARTINS, Maria Helena Pires. *Filosofando:* introdução à filosofia. 2. ed. rev. ampl. São Paulo: Moderna, 2003. 395p.

ARISTÓTELES. *Ética a Nicômaco.* São Paulo: Martin Claret, 2001. 240p.

ASSIS, Jesus de Paula. Dialética da fraude. *Ciência Hoje*, Rio de Janeiro, v. 32 n. 192, p. 32–39, abr. 2003.

BARBOSA, Carlos Cezar. *Responsabilidade civil do Estado e das instituições privadas nas relações de ensino.* Rio de Janeiro: Forense Universitária, 2004. 140p.

BARBOSA, Rui. *Oração aos moços*. Rio de Janeiro: Ediouro, s/d. 120p.

BARONI, Robison. *Cartilha de ética profissional do advogado.* São Paulo: LTR, 1999. 272p.

BASTOS, Aurélio Wander. O novo currículo e as tendências do ensino jurídico no Brasil. In: *OAB ensino jurídico:* novas diretrizes curriculares. Brasília, 1996, p. 115–128.

BITTAR, Eduardo C. B. *Direito e ensino jurídico:* legislação educacional. São Paulo: Atlas, 2001. 235p.

BOCATO, Raquel. Universitários compram tarefa escolar pela Internet. *Folha de S. Paulo,* São Paulo, 5 jun. 2005. Caderno Empregos, p. 1 e p. 10.

CARNELUTTI, Francesco. *Metodologia do direito.* Tradução Frederico A. Paschoal. Campinas: Bookseller, 2002. 78p.

CARNELUTTI, Francesco. *Arte do direito.* Tradução Hebe A. M. Caletti Marenco. São Paulo: Edicamp, 2001. 111p.

CASTRO, Adilson Gurgel. Pela melhoria dos cursos jurídicos. In: *OAB ensino jurídico:* balanço de uma experiência. Brasília, 2000, p. 9–36.

CASTRO, Reginaldo Oscar de. *O direito de discordar.* Rio de Janeiro: Forense, 2001. 212p.

CAVALIERI FILHO, Sergio. *Programa de responsabilidade civil.* 3. ed. rev. aum. atual. São Paulo: Malheiros, 2002. 503p.

COMPARATO, Fábio Konder. *Educação, Estado e poder.* São Paulo: Brasiliense, 1987. 121p.

BIBLIOTECA virtual CONSULEX. Brasília: Consulex, 2002. 1 CD-ROM. Windows 98.

CORREIA, Jadson Dias. Responsabilidade civil do advogado. *Jus Navigandi*, n. 36. Disponível em: http://www1.jus.com.br/doutrina/texto.asp?id=662. Acesso em: 12 out. 2002.

COSTA JÚNIOR, Paulo José da. *A missão do advogado*. São Paulo: Editora Jurídica Brasileira, 1999. 82p.

CONSULTOR JURÍDICO (CONJUR). Ajufe opina: entidade não quer redução no tempo dos cursos jurídicos. *Conjur*. São Paulo, set. 2002. Seção Notícias. Disponível em: http://conjur.uol.com.br/view.cfm?id=13344&ad=c Acesso em 22 abr. 2003.

COUTURE, Eduardo. *Os mandamentos do advogado*. Tradução Ovídio A. Baptista da SIlva e Carlos Otávio Athayde. Porto Alegre: Sergio Antonio Fabris, 1979. 78p.

CUNHA, Mauro. *Elogio do advogado*. Porto Alegre: Sergio Antonio Fabris, 1989. 79p.

CUNHA, Luiz Antonio. *A universidade temporã*. Rio de Janeiro: Francisco Alves,1988. 290p.

CUNHA, Luiz Antonio. *A universidade reformanda*. Rio de Janeiro: Francisco Alves, 1988. 280p.

CUNHA, Luiz Antonio. *A universidade crítica*. Rio de Janeiro: Francisco Alves, 1983. 270p.

DIAS, José de Aguiar. *Da responsabilidade civil*. Rio de Janeiro: Forense, 1979. v. 1. 417p.

DIAS, José de Aguiar. *Da responsabilidade civil*. Rio de Janeiro: Forense, 1979. v. 2. 606p.

DIAS, Sérgio Novais. *Responsabilidade civil do advogado*: perda de uma chance. São Paulo: LTR, 1999. 109p.

DINIZ, Maria Helena. *Curso de direito civil brasileiro*: responsabilidade civil. 11.ed. atual. aum. São Paulo: Saraiva, 1997. v. 7.560p.

DONI JÚNIOR, Geraldo. *Responsabilidade civil do advogado & a ética no exercício da profissão*. Curitiba: Juruá, 2001. 139p.

DUVERGER, Maurice. *Ciência política:* teoria e método. Tradução Heloísa de Castro Lima; adaptação Themistocles Brandão Cavalcanti; rev. Á. G. Miranda Neto. Rio de Janeiro: Zahar Editores, 1962.

FERRAZ, Sergio. Regras deontológicas. In: FERRAZ Sergio; MACHADO, Alberto de Paula. *Ética na advocacia*. Rio de Janeiro: Forense, 2000, p. 1–33.

FERRAZ, Sergio; MACHADO, Alberto de Paula (Coords.). *Ética na advocacia*. Rio de Janeiro: Forense, 2000. 274p.

FERREIRA SOBRINHO, José W. *Metodologia do ensino jurídico e avaliação em direito.* Porto Alegre: Sergio Antonio Fabris, 1997. 175p.

FRAGALE FILHO, Roberto. OAB Recomenda: como integrar as diversas dimensões da avaliação dos cursos jurídicos. In: *OAB recomenda:* um retrato dos cursos jurídicos. Brasília, 2001, p. 113–133.

FREIRE, Paulo. *Pedagogia do oprimido.* Rio de Janeiro: Paz e Terra, 1971. 184p.

GOMES, Orlando. *Introdução ao direito civil.* 6.ed. Rio de Janeiro: Forense, 1979. 460p.

GONÇALVES, Carlos Roberto. *Responsabilidade civil.* São Paulo: Saraiva, 1995. 109p.

INEP. Educação Superior, evolução 19801998. *INEP*. Brasília, abr. 2003. Seção Educação Superior. Disponível em: http://www.inep.org.br/ Acesso em 22 abr. 2003.

KELSEN, Hans. *O problema da justiça.* Tradução João Baptista Machado. 3.ed. São Paulo: Martins Fontes, 1998. 149p.

KNELLER, George F. *A ciência como atividade humana.* Tradução Antonio José de Souza. Rio de Janeiro: Zahar; São Paulo: USP, 1980. 210p.

LANGARO, Luiz Lima. *Curso de deontologia jurídica.* 2.ed. atual. São Paulo: Saraiva, 1996. 113p.

LEWENKOPF, Caio. Erros, fraudes e acertos. *Ciência Hoje,* Rio de Janeiro, v.32, n. 192, p. 40–41, abr. 2003.

LIMA BARRETO. *O homem que sabia javanês e outros contos.* 2.ed. Rio de Janeiro: Ediouro, 1996. 109p.

MACHADO, Rubens Approbato. O presidente é um imperador. São Paulo, *Isto É,* n.1.638, 21 fev. 2.001, p. 7–11.

MADEIRA, Hélcio Maciel F. *História da advocacia:* origens da profissão de advogado no direito romano. São Paulo: Revista dos Tribunais, 2002. 151p.

MARTINS, Carlos Benedito. *Ensino pago*: um retrato sem retoques. 2. ed. São Paulo: Cortez, 1989.

MELO FILHO, Álvaro. *Metodologia do ensino jurídico.* 2. ed.Rio de Janeiro: Forense, 1979.

MELO FILHO, Álvaro. *Reflexões sobre o ensino jurídico.* Rio de Janeiro: Forense, 1986. 125p.

MELO FILHO, Álvaro. *Inovações no ensino jurídico e no Exame de Ordem:* doutrina, legislação, modelos e portarias. Belo Horizonte: Del Rey, 1996. 267p.

MELO FILHO, Álvaro. Juspedagogia: ensinar direito o direito. In: *OAB ensino jurídico:* balanço de uma experiência. Brasília, 2000, p. 37–49.

MELO FILHO, Álvaro. Currículos jurídicos: novas diretrizes e perspectivas. In: *OAB ensino jurídico:* novas diretrizes curriculares. Brasília, 1996, p. 17–45.

MINOGUE, Kenneth. *O conceito de universidade.* Tradução Jorge Eira Garcia Vieira. Brasília: Editora Universidade de Brasília, 1981. 220p.

MONTENEGRO, Antônio Lindbergh C. *Ressarcimento de danos*. 5. ed. São Paulo: Lumen Juris, 1998. 210p.

NALINI, José Renato. *Ética geral e profissional.* 3. ed. rev. ampl. São Paulo: Revista dos Tribunais, 1999. 360p.

NUNES, Edson; NOGUEIRA, André Magalhães; RIBEIRO, Leandro Molhano. *Futuros possíveis, passados:* selo da OAB, Provão e avaliação do ensino superior. Rio de Janeiro: Garamond, 2001. 108p.

OAB. *OAB ensino jurídico:* balanço de uma experiência. Brasília, 2000. 240p.

OAB. *OAB ensino jurídico*: novas diretrizes curriculares. Brasília, 1996, 237p.

OAB. *Ensino jurídico OAB:* 170 anos de cursos jurídicos no Brasil. Brasília, 1997, 216p.

OAB. *OAB recomenda:* um retrato dos cursos jurídicos. Brasília, 2001. 238p.

ORWELL, George. *A revolução dos bichos*. Tradução Heitor Aquino Ferreira. São Paulo: Globo, 2002. 120p.

PAIVA, Mario Antonio Lobato. *A supremacia do advogado face ao* jus postulandi. São Paulo: LED, 2000. 120p.

PAULO FILHO, Pedro. *O bacharelismo brasileiro:* da Colônia à República. Campinas: Bookseller, 1997. 655p.

PEGORARO, Olinto A. *Ética e justiça.* Petrópolis: Vozes, 1995. 136p.

PEREIRA, Caio Mário da Silva. *Responsabilidade civil.* 9. ed. Rio de Janeiro: Forense, 2001. 432p.

PEREIRA, Caio Mário da Silva. *Direito civil:* alguns aspectos da sua evolução. Rio de Janeiro: Forense, 2001. 322p.

PERELMAN, Chaïm. *Ética e direito.* Tradução Maria Ermantina Galvão. São Paulo: Martins Fontes, 1996. 722p.

PINHEIRO, José Ernanne *et al. Ética, justiça e direito:* reflexões sobre a reforma do judiciário. 2. ed. Petrópolis: Vozes, 1997. 309p.

PONTES DE MIRANDA, Francisco Cavalcanti. *Tratado de direito privado.* São Paulo: Revista dos Tribunais, 1984. 980p.

QUADROS FILHO, Saul. O Exame de Ordem e os cursos de direito. Salvador, *A Tarde*, 19 jul. 2002.

RAMOS FILHO, Irineu (coord.). *Exame de Ordem:* aspectos institucionais, legais e constitucionais, prova objetiva e prático-profissional. Florianópolis: OAB, 2002. 423p.

RIBEIRO, Wanderley. *A monografia no curso de direito:* anotações para a sua produção. Rio de Janeiro: Forense, 2002. 90p.

RIBEIRO, Wanderley. *Municipalização:* os conselhos municipais de educação. Rio de Janeiro: DP&A, 2004. 120p.

RIBEIRO, Wanderley. *LDB e conhecimentos pedagógicos:* questões comentadas. Brasília: Vestcon, 2004. 136p.

RIBEIRO, Wanderley. *Educação em jornais:* artigos para discussão. Salvador: EUA, 1995. 88p.

RIBEIRO, Wanderley. *Vestibular classificatório:* como, por que e para quem? Salvador: EUA, 1994. 40p.

RIBEIRO, Wanderley. *Conselhos municipais de educação e a descentralização da gestão educacional, na Bahia.* Salvador – Universidade Federal da Bahia (Dissertação de mestrado), 117p.

RIBEIRO JÚNIOR, João. *A formação pedagógica do professor de direito.* Campinas: Papirus, 2001. 80p.

RODRIGUES, Horácio Wanderlei. *Novo currículo mínimo dos cursos jurídicos.* São Paulo: Revista dos Tribunais, 1995. 128p.

ROSAS, Roberto (coord.). *Exame de Ordem:* doutrina, jurisprudência e casos concretos de Exame de Ordem. Brasília: Editora Brasília Jurídica, 1999. 280p.

SÁ, Antonio Lopes. *Ética profisisonal.* São Paulo: Atlas, 1996. 264p.

SANTOS, Boaventura de Sousa. *Pela mão de Alice:* o social e o político na pós-modernidade. 8. ed. São Paulo: Cortez, 2001. 348p.

81% são reprovados em exame da OAB-SP. *Folha de S. Paulo.* São Paulo, 25 set. 2002.

SILVA FILHO, Artur Marques. Responsabilidade civil por fato do produto ou do serviço. In: BITTAR, Carlos Alberto (coord.). *Responsabilidade civil por danos aos consumidores.* São Paulo: Saraiva, 1992.

SODRÉ, Ruy de Azevedo. *A ética profissional e o estatuto do advogado.* 4.ed. São Paulo: LTR, 1991. 663p.

STOCCO, Rui. *Tratado de responsabilidade civil:* com comentários ao novo Código Civil. 6. ed. São Paulo: Revista dos Tribunais, 2004. 2203p.

VALLE, Gabriel. *Ética e direito.* Porto Alegre: Sínteses, 1999. 225p.

VANDEVELDE, Kenneth J. *Pensando como um advogado:* uma introdução ao raciocínio jurídico. Tradução Gilson César Cardoso de Souza. São Paulo: Martins Fontes, 2000. 331p.

VENOSA, Sílvio de Salvo. *Direito civil:* responsabilidade civil. Atualizado de acordo com o novo Código Civil. Estudo comparado com o Código Civil de 1916. 3. ed. São Paulo: Atlas, 2003. v. 4. 245p.

VITRAL, Waldir. *Deontologia do magistrado, do promotor de justiça e do advogado:* decálogo, mandamentos, preces, máximas e pensamentos. Rio de Janeiro: Forense, 1992. 432p.

ANEXOS

ANEXO A — ESTATUTO DA ADVOCACIA E DA OAB

LEI Nº 8.906, DE 04 DE JULHO DE 1994

Dispõe sobre o Estatuto da Advocacia e a Ordem dos Advogados do Brasil – OAB

O PRESIDENTE DA REPÚBLICA

Faço saber que o Congresso Nacional decreta e eu sanciono a seguinte Lei:

TÍTULO I
DA ADVOCACIA

CAPÍTULO I
DA ATIVIDADE DE ADVOCACIA

Art. 1º. São atividades privativas da advocacia:

I – a postulação a qualquer órgão do Poder Judiciário e aos juizados especiais;

II – as atividades de consultoria, assessoria e direção jurídicas.

§ 1º. Não se inclui na atividade privativa da advocacia a impetração de *habeas corpus* em qualquer instância ou Tribunal.

§ 2º. Os atos e contratos constitutivos de pessoas jurídicas, sob pena de nulidade, só podem ser admitidos a registro, nos órgãos competentes, quando visados por advogados.

§ 3º. É vedada a divulgação de advocacia em conjunto com outra atividade.

Art. 2º. O advogado é indispensável à administração da justiça.

§ 1º. No seu ministério privado, o advogado presta serviço público e exerce função social.

§ 2º. No processo judicial, o advogado contribui, na postulação de decisão favorável ao seu constituinte, ao convencimento do julgador, e seus atos constituem múnus público.

§ 3º. No exercício da profissão, o advogado é inviolável por seus atos e manifestações, nos limites desta Lei.

Art. 3º. O exercício da atividade de advocacia no território brasileiro e a denominação de advogado são privativos dos inscritos na Ordem dos Advogados do Brasil — OAB.

§ 1º. Exercem atividade de advocacia, sujeitando-se ao regime desta Lei, além do regime próprio a que se subordinem, os integrantes da Advocacia Geral da União, da Procuradoria da Fazenda Nacional, da Defensoria Pública e das Procuradorias e Consultorias Jurídicas dos Estados, do Distrito Federal, dos Municípios e das respectivas entidades de administração indireta e fundacional.

§ 2º. O estagiário de advocacia, regularmente inscrito, pode praticar os atos previstos no artigo 1º., na forma do Regulamento Geral, em conjunto com advogado e sob responsabilidade deste.

Art. 4º. São nulos os atos privativos de advogado praticados por pessoa não inscrita na OAB, sem prejuízo das sanções civis, penais e administrativas.

Parágrafo único. São também nulos os atos praticados por advogado impedido — no âmbito do impedimento —, suspenso, licenciado ou que passar a exercer atividade incompatível com a advocacia.

Art. 5º. O advogado postula, em juízo ou fora dele, fazendo prova do mandato.

§ 1º. O advogado, afirmando urgência, pode atuar sem procuração, obrigando-se a apresentá-la no prazo de quinze dias, prorrogável por igual período.

§ 2º. A procuração para o foro em geral habilita o advogado a praticar todos os atos judiciais, em qualquer juízo ou instância, salvo os que exijam poderes especiais.

§ 3º. O advogado que renunciar ao mandato continuará, durante os dez dias seguintes à notificação da renúncia, a representar o mandante, salvo se for substituído antes do término desse prazo.

CAPÍTULO II
DOS DIREITOS DO ADVOGADO

Art. 6º. Não há hierarquia nem subordinação entre advogados, magistrados e membros do Ministério Público, devendo todos tratar-se com consideração e respeito recíprocos.

Parágrafo único. As autoridades, os servidores públicos e os serventuários da justiça devem dispensar ao advogado, no exercício da profissão, tratamento compatível com a dignidade da advocacia e condições adequadas ao seu desempenho.

Art. 7º. São direitos do advogado:

I – exercer, com liberdade, a profissão em todo o território nacional;

II – ter respeitada, em nome da liberdade de defesa e do sigilo profissional, a inviolabilidade de seu escritório ou local de trabalho, de seus arquivos e dados, de sua correspondência e de suas comunicações, inclusive telefônicas ou afins, salvo caso de busca ou apreensão determinada por magistrado e acompanhada de representante da OAB;

III – comunicar-se com seus clientes, pessoal e reservadamente, mesmo sem procuração, quando estes se acharem presos, detidos ou recolhidos em estabelecimentos civis ou militares, ainda que considerados incomunicáveis;

IV – ter a presença de representante da OAB, quando preso em flagrante, por motivo ligado ao exercício da advocacia, para lavratura do laudo respectivo, sob pane de nulidade e, nos demais casos, a comunicação expressa à seccional da OAB;

V – não ser recolhido preso, antes de sentença transitada em julgado, senão em sala de Estado Maior, com instalações e comodidades condignas, assim reconhecidas pela OAB, e, na sua falta, em prisão domiciliar;

VI –ingressar livremente:

a) nas salas de sessões dos tribunais, mesmo além dos cancelos que separam a parte reservada aos magistrados;

b) nas salas e dependências de audiência, secretarias, cartórios, ofícios de justiça, serviços notariais e de registro, e, no caso de delegacias e prisões, mesmo fora da hora de expediente e independentemente da presença de seus titulares;

c) em qualquer edifício ou recinto em que funcione repartição judicial ou outro serviço público onde o advogado deva praticar ato ou colher prova ou informação útil ao exercício da atividade profissional, dentro do expediente ou fora dele, e ser atendido, desde que se ache presente qualquer servidor ou empregado;

d) em qualquer assembleia ou reunião de que participe ou possa participar o seu cliente, ou perante a qual este deva comparecer, desde que munido de poderes especiais;

VII – permanecer sentado ou em pé e retirar-se de quaisquer locais indicados no inciso anterior, independentemente de licença;

VIII – dirigir-se diretamente aos magistrados nas salas e gabinetes de trabalho, independentemente de horário previamente marcado ou outra condição, observando-se a ordem de chegada;

IX – sustentar oralmente as razões de qualquer recurso ou processo, nas sessões de julgamento, após o voto do relator, em instância judicial ou administrativa, pelo prazo de quinze minutos, salvo se prazo maior for concedido;

X – usar da palavra, pela ordem, em qualquer juízo ou tribunal, mediante intervenção sumária, para esclarecer equívoco ou dúvida surgida em relação a fatos, documentos ou afirmações que influam no julgamento, bem como para replicar acusação ou censura que lhe forem feitas;

XI – reclamar, verbalmente ou por escrito, perante qualquer juízo, tribunal ou autoridade, contra a inobservância de preceito de lei, regulamento ou regimento;

XII – falar, sentado ou em pé, em juízo, tribunal ou órgão de deliberação coletiva da Administração Pública ou do Poder Legislativo;

XIII – examinar, em qualquer órgão dos Poderes Judiciário e Legislativo, ou da Administração Pública em geral, autos de processo findos ou em andamento, mesmo sem procuração, quando não estejam sujeitos a sigilo, assegurada a obtenção de cópias, podendo tomar apontamentos;

XIV – examinar em qualquer repartição policial, mesmo sem procuração, autos de flagrante e de inquérito, findos ou em andamento, ainda que conclusos à autoridade, podendo copiar peças e tomar apontamentos;

XV – ter vistas dos processos judiciais ou administrativos de qualquer natureza, em cartório ou na repartição competente, ou retirá-los pelos prazos legais;

XVI – retirar autos de processos findos, mesmo sem procuração, pelo prazo de 10 (dez) dias;

XVII – ser publicamente desagravado, quando ofendido no exercício da profissão ou em razão dela;

XVIII – usar os símbolos privativos da profissão de advogado;

XIX – recusar-se a depor como testemunha em processo no qual funcionou ou deva funcionar, ou sobre fato relacionado com pessoa de quem seja ou foi advogado, mesmo quando autorizado ou solicitado pelo constituinte, bem como sobre fato que constitua sigilo profissional;

XX – retirar-se do recinto onde se encontre aguardando pregão para ato judicial, após trinta minutos do horário designado e ao qual ainda não tenha comparecido a autoridade que deva presidir a ele, mediante comunicação protocolizada em juízo.

§ 1º. Não se aplica o disposto nos incisos XV e XVI:

1) aos processos sob regime de segredo de justiça;

2) quando existirem nos autos documentos originais de difícil restauração ou ocorrer circunstância relevante que justifique a permanência dos auto no cartório, secretaria ou repartição, reconhecida pela autoridade em despacho motivado, proferido de ofício, mediante representação ou a requerimento da parte interessada;

3) até o encerramento do processo, ao advogado que houver deixado de devolver os respectivos autos no prazo legal, e só o fizer depois de intimado.

§ 2º. O advogado tem imunidade profissional, não constituindo injúria, difamação ou desacatos puníveis qualquer manifestação de sua parte, no exercício de sua atividade, em juízo ou fora dele, sem prejuízo das sanções disciplinares perante a OAB, pelos excessos que cometer.

§ 3º. O advogado somente poderá ser preso em flagrante, por motivo de exercício da profissão, em caso de crime inafiançável, observado o disposto no inciso IV deste artigo.

§ 4º. O poder Judiciário e o Poder Executivo devem instalar, em todos os juizados, fóruns, tribunais, delegacias de polícia e presídios, salas especiais permanentes para os advogados, com uso e controle assegurados à OAB.

§ 5º. No caso de ofensa a inscrito na OAB, no exercício da profissão ou de cargo ou função de órgão da OAB, o conselho competente deve promover o desagravo público do ofendido, sem prejuízo da responsabilidade criminal em que incorrer o infrator.

CAPÍTULO III
DA INSCRIÇÃO

Art. 8º. Para inscrição como advogado é necessário:

I – capacidade civil;

II – diploma ou certidão de graduação em Direito, obtido em instituição de ensino oficialmente autorizada e credenciada;

III – título de eleitor e quitação do serviço militar, se brasileiro;

IV – aprovação em exame de Ordem;

V – não exercer atividade incompatível com a advocacia;

VI – idoneidade moral;

VII – prestar compromisso perante o Conselho.

§ 1º. O Exame de Ordem é regulamentado em provimento do Conselho Federal da OAB.

§ 2º. O estrangeiro ou brasileiro, quando não graduado em Direito no Brasil, deve fazer prova do título de graduação, obtido em instituição estrangeira, devidamente revalidado, além de atender aos demais requisitos previstos neste artigo.

§ 3º. A inidoneidade moral, suscitada por qualquer pessoa, deve ser declarada mediante decisão que obtenha no mínimo dois terços dos votos de todos os membros do conselho competente, em procedimento que observe os termos do processo disciplinar.

§ 4º. Não atende ao requisito de idoneidade moral aquele que tiver sido condenado por crime infamante, salvo reabilitação judicial.

Art. 9º. Para inscrição como estagiário é necessário:

I – preencher os requisitos mencionados nos incisos I, III, V, VI e VII do artigo 8º;

II – ter sido admitido em estágio profissional de advocacia;

§ 1º. O estágio profissional de advocacia, com duração de dois anos, realizados nos últimos anos do curso jurídico, pode ser mantido pelas respectivas instituições de ensino superior, pelos conselhos da OAB, ou por setores, órgãos jurídicos e escritórios de advocacia credenciados pela OAB, sendo obrigatório o estudo deste Estatuto e do Código de Ética e Disciplina.

§ 2º. A inscrição do estagiário é feita no Conselho Seccional em cujo território se localize seu curso jurídico.

§ 3º. O aluno de curso jurídico que exerça atividade incompatível com a advocacia pode freqüentar o estágio ministrado pela respectiva instituição de ensino superior, para fins de aprendizagem, vedada a inscrição na OAB.

§ 4º. O estágio profissional poderá ser cumprido por bacharel em Direito que queira se inscrever na Ordem.

Art. 10. A inscrição principal do advogado deve ser feita no Conselho Seccional em cujo território pretende estabelecer o seu domicílio profissional, na forma do regulamento em geral.

§ 1º. Considera-se domicílio profissional a sede principal da atividade de advocacia, prevalecendo, na dúvida, o domicílio da pessoa física do advogado.

§ 2º. Além da principal, o advogado deve promover a inscrição suplementar nos Conselhos Seccionais em cujos territórios passar a exercer habitualmente a profissão, considerando-se habitualidade a intervenção judicial que exceder de cinco causas por ano.

§ 3º. No caso de mudança efetiva de domicílio profissional para outra unidade federativa, deve o advogado requerer a transferência de sua inscrição para o Conselho Seccional correspondente.

§ 4º. O Conselho Seccional deve suspender o pedido de transferência ou de inscrição suplementar, ao verificar a existência de vício ou ilegalidade na inscrição principal, contra ela representando ao Conselho Federal.

Art. 11. Cancela-se a inscrição do profissional que:

I – assim o requerer;

II – sofrer penalidade de exclusão;

III – falecer;

IV – passar a exercer, em caráter definitivo, atividade incompatível com a advocacia;

V– perder qualquer um dos requisitos necessários para inscrição.

§ 1º. Ocorrendo uma das hipóteses dos incisos II, III e IV, o cancelamento deve ser promovido, de ofício, pelo Conselho competente ou em virtude de comunicação por qualquer pessoa.

§ 2º. Na hipótese de novo pedido de inscrição — que não restaura o número de inscrição anterior — deve o interessado fazer prova dos requisitos dos incisos I, V, VI e VII do art. 8º.

§ 3º. Na hipótese do inciso II deste artigo, o novo pedido de inscrição também deve ser acompanhado de provas de reabilitação.

Art. 12. Licencia-se o profissional que:

I – assim o requerer, por motivo justificado;

II – passar a exercer, em caráter temporário, atividade incompatível com o exercício da advocacia;

III – sofrer doença mental considerada curável.

Art. 13. O documento de identidade profissional, na forma prevista no Regulamento Geral, é de uso obrigatório no exercício da atividade de advogado ou de estagiário e constitui prova de identidade civil para todos os fins legais.

Art. 14. É obrigatória a indicação do nome e do número de inscrição em todos os documentos assinados pelo advogado, no exercício de sua atividade.

Parágrafo único. É vedado anunciar ou divulgar qualquer atividade relacionada com o exercício da advocacia ou o uso da expressão "escritório de advocacia", sem indicação expressa do nome e do número de inscrição dos advogados que o integrem ou o número de registro da sociedade de advogados na OAB.

CAPÍTULO IV
DA SOCIEDADE DE ADVOGADOS

Art. 15. Os advogados podem reunir-se em sociedade civil de prestação de serviço de advocacia, na forma disciplinada nesta Lei e no Regulamento Geral.

§ 1º. A sociedade de advogados adquire personalidade jurídica com o registro aprovado dos seus atos constitutivos no Conselho Seccional da OAB em cuja base territorial tiver sede.

§ 2º. Aplica-se à sociedade de advogados o Código de Ética e Disciplina, no que couber.

§ 3º. As procurações devem ser outorgadas individualmente aos advogados e indicar a sociedade de que façam parte.

§ 4º. Nenhum advogado pode integrar mais de uma sociedade de advogados, com sede ou filial na mesma área territorial do respectivo Conselho Seccional.

§ 5º. O ato de constituição de filial deve ser averbado no registro da sociedade e arquivado junto ao Conselho Seccional onde se instalar, ficando os sócios obrigados a inscrição suplementar.

§ 6º. Os advogados sócios de uma mesma sociedade profissional não podem representar em juízo clientes de interesses opostos.

Art. 16. Não sao admitidas a registro, nem podem funcionar, as sociedades de advogados que apresentem forma ou características mercantis, que adotem denominação de fantasia, que realizem atividades estranhas à advocacia, que incluam sócio não inscrito como advogado ou totalmente proibido de advogar.

§ 1º. A razão social deve ter, obrigatoriamente, o nome de pelo menos um advogado responsável pela sociedade, podendo permanecer o de só cio falecido, desde que prevista tal possibilidade no ato constitutivo.

§ 2º. O licenciamento do sócio para exercer atividade incompatível com a advocacia em caráter temporário deve ser averbado no registro da sociedade, não alterando sua constituição.

§ 3º. É proibido o registro, nos cartórios de registro civil de pessoas jurídicas e nas juntas comerciais, de sociedade que inclua, entre outras finalidades, a atividade de advocacia.

Art. 17. Além da sociedade, o sócio responde subsidiária e ilimitadamente pelos danos causados aos clientes por ação ou omissão no exercício da advocacia, sem prejuízo da responsabilidade disciplinar em que possa incorrer.

CAPÍTULO V
DO ADVOGADO EMPREGADO

Art. 18. A relação de emprego, na qualidade de advogado, não retira a isenção técnica nem reduz a independência profissional inerentes à advocacia.

Parágrafo único. O advogado empregado não está obrigado à prestação de serviços profissionais de interesse pessoal dos empregadores, fora da relação de emprego.

Art. 19. O salário mínimo profissional do advogado será fixado em sentença normativa, salvo se ajustado em acordo ou convenção coletiva de trabalho.

Art. 20. A jornada de trabalho do advogado empregado, no exercício da profissão, não poderá exceder a duração diária de quatro horas contínuas e a de vinte horas semanais, salvo acordo ou convenção coletiva ou em caso de dedicação exclusiva.

§ 1º. Para efeitos deste artigo, considera-se como períodos de trabalho o tempo em que o advogado estiver à disposição do empregador, aguardando ou executando ordens, no seu escritório ou em atividades externas, sendo-lhe reembolsadas as despesas feitas com transporte, hospedagem e alimentação.

§ 2º. As horas trabalhadas que excederem a jornada normal são remuneradas por um adicional não inferior a cem por cento sobre o valor da hora normal, mesmo havendo contrato escrito.

§ 3º. As horas trabalhadas no período das vinte horas de um dia até às cinco horas do dia seguinte são remuneradas como noturnas, acrescidas do adicional de vinte e cinco por cento.

Art. 21. Nas causas em que for parte o empregador, ou pessoa por este representada, os honorários de sucumbência são devidos aos advogados empregados.

Parágrafo único. Os honorários de sucumbência, percebidos por advogado empregado de sociedade de advogados, são partilhados entre eles e a empregadora, na forma estabelecida em acordo.

CAPÍTULO VI
DOS HONORÁRIOS ADVOCATÍCIOS

Art. 22. A prestação de serviço profissional assegura aos inscritos na OAB o direito aos honorários convencionados, aos fixados por arbitramento judicial e aos de sucumbência.

§1º. O advogado, quando indicado para patrocinar causa de juridicamente necessitado, no caso de impossibilidade da Defensoria Pública no local da prestação de serviço, tem direito aos honorários fixados pelo juiz, segundo tabela organizada pelo Conselho Seccional da OAB, e pagos pelo Estado.

§ 2º. Na falta de estipulação ou de acordo, os honorários são fixados por arbitramento judicial, em remuneração compatível com o trabalho e o valor econômico da questão, não podendo ser inferiores aos estabelecidos na tabela organizada pelo Conselho Seccional da OAB.

§ 3º. Salvo estipulação em contrário, um terço dos honorários é devido no início do serviço, outro terço até a decisão de primeira instância e o restante no final.

§ 4º. Se o advogado fizer juntar aos autos o seu contrato de honorários antes de expedir-se o mandato de levantamento ou precatório, o juiz deve determinar que lhe sejam pagos diretamente, por dedução da quantia a ser recebida pelo constituinte, salvo se este provar que já os pagou.

§ 5º. O disposto neste artigo não se aplica quando se tratar de mandato outorgado por advogado para defesa em processo oriundo de ato ou omissão praticada no exercício da profissão.

Art. 23. Os honorários incluídos na condenação, por arbitramento ou sucumbência, pertencem ao advogado, tendo este direito autônomo para executar a sentença nesta parte, podendo requerer que o precatório, quando necessário, seja expedido em seu favor.

Art. 24. A decisão judicial que fixar ou arbitrar honorários e o contrato escrito que os estipular são títulos executivos e constituem crédito privilegiado na falência, concordata, concurso de credores, insolvência civil e liquidação extrajudicial.

§ 1º. A execução dos honorários pode ser promovida nos mesmos autos da ação em que tenha atuado, se assim lhe convier.

§ 2º. Na hipótese de falecimento ou incapacidade civil do advogado, os honorários de sucumbência, proporcionais ao trabalho realizado, são recebidos por seus sucessores ou representantes legais.

§ 3º. É nula qualquer disposição, cláusula, regulamento ou convençao individual ou coletiva que retire do advogado o direito ao recebimento dos honorários de sucumbência.

§ 4º. O acordo feito pelo cliente do advogado e a parte contrária, salvo aquiescência do profissional, não lhe prejudica os honorários, quer os convencionados, quer os concedidos por sentença.

Art. 25. Prescreve em cinco anos a ação de cobrança de honorários de advogado, contado o prazo:

I – do vencimento do contrato, se houver;

II – do trânsito em julgado, da decisão que os fixar;

III – da ultimação, do serviço extrajudicial;

IV – da desistência ou transação;

V – da renúncia ou revogação do mandato.

Art. 26. O advogado substabelecido, com reserva de poderes, não pode cobrar honorários sem a intervenção daquele que lhe conferiu o substabelecimento.

CAPÍTULO VII
DAS INCOMPATIBILIDADES E IMPEDIMENTOS

Art. 27. A incompatibilidade determina a proibição total, e o impedimento, a proibição parcial do exercício da advocacia.

Art. 28. A advocacia é incompatível, mesmo em causa própria, com as seguintes atividades:

I – chefe do Poder Executivo e membros da Mesa do Poder Legislativo e seus substitutos legais;

II – membros de órgãos do Poder Judiciário, do Ministério Público, dos tribunais e conselhos de contas, dos juizados especiais, da justiça de paz, juízes classistas, bem como de todos os que exerçam função de julgamento em órgãos de deliberação coletiva da administração pública direta ou indireta;

III – ocupantes de cargos ou funções de direção em órgãos da Administração Pública direta ou indireta, em suas fundações e em suas empresas controladas ou concessionárias de serviço público;

IV -- ocupantes de cargos ou funções vinculados direta ou indiretamente a qualquer órgão do Poder Judiciário e os que exercem serviços notariais e de registro;

V – ocupantes de cargos ou funções vinculados direta ou indiretamente a atividade policial de qualquer natureza;

VI – militares de qualquer natureza, na ativa;

VII – ocupantes de cargos ou funções que tenham competência de lançamento, arrecadação ou fiscalização de tributos e contribuições parafiscais;

VIII – ocupantes de funções de direção e gerência em instituições financeiras, inclusive privadas.

§ 1º. A incompatibilidade permanece mesmo que o ocupante do cargo ou função deixe de exercê-la temporariamente.

§ 2º. Não se incluem nas hipóteses do inciso III os que não detenham poder de decisão relevante sobre interesses de terceiro, a juízo do Conselho competente da OAB, bem como a administração acadêmica diretamente relacionada ao magistério jurídico.

Art. 29. Os Procuradores Gerais, Advogados Gerais, Defensores Gerais e dirigentes de órgãos jurídicos da Administração Pública direta, indireta e fundacional são exclusivamente legitimados para o exercício da advocacia vinculada à função que exerçam, durante o período da investidura.

Art. 30. São impedidos de exercer a advocacia:

I – os servidores da administração direta, indireta e fundacional, contra a Fazenda Pública que os remunere ou à qual seja vinculada a entidade empregadora;

II – os membros do Poder Legislativo, em seus diferentes níveis, contra ou a favor das pessoas jurídicas de direito público, empresas públicas, sociedades de economia mista, fundações públicas, entidades paraestatais ou empresas concessionárias ou permissionárias de serviço público.

Parágrafo único. Não se incluem nas hipóteses do inciso I os docentes dos cursos jurídicos.

CAPÍTULO VIII
DA ÉTICA DO ADVOGADO

Art. 31. O advogado deve proceder de forma que torne merecedor de respeito e que contribua para o prestígio da classe e da advocacia.

§ 1º. O advogado, no exercício da profissão, deve manter independência em qualquer circunstância.

§ 2º. Nenhum receio de desagradar a magistrado ou qualquer autoridade, nem de incorrer em impopularidade, deve deter o advogado no exercício da profissão.

Art. 32. O advogado é responsável pelos atos que, no exercício profissional, praticar com dolo ou culpa.

Parágrafo único. Em caso de lide temerária, o advogado será solidariamente responsável com seu cliente, desde que coligado com este para lesar a parte contrária, o que será apurado em ação própria.

Art. 33. O advogado obriga-se a cumprir rigorosamente os deveres consignados no Código de Ética e Disciplina.

Parágrafo único. O Código de Ética e Disciplina regula os deveres do advogado para com a comunidade, o cliente, o outro profissional e, ainda, a publicidade, a recusa do patrocínio, o dever de assistência jurídica, o dever geral de urbanidade e os respectivos procedimentos disciplinares.

CAPÍTULO IX
DAS INFRAÇÕES E SANÇÕES DISCIPLINARES

Art. 34. Constitui infração disciplinar:

I – exercer a profissão, quando impedido de fazê-lo ou facilitar, por qualquer meio, o seu exercício aos não inscritos, proibidos ou impedidos;

II – manter sociedade profissional fora das normas e preceitos estabelecidos nesta Lei;

III – valer-se de agenciador de causas, mediante participação nos honorários a receber;

IV – angariar ou captar causas, com ou sem a intervenção de terceiros;

V – assinar qualquer escrito destinado a processo judicial ou para fim extrajudicial que não tenha feito, ou em que não tenha colaborado;

VI – advogar contra literal disposição de lei, presumindo-se a boa fé quando fundamentado na inconstitucionalidade, na injustiça da lei ou em pronunciamento judicial anterior;

VII – violar, sem justa causa, sigilo profissional;

VIII – estabelecer entendimento com a parte adversa sem autorização do cliente ou ciência do advogado contrário;

IX – prejudicar, por culpa grave, interesse confiado ao seu patrocínio;

X – acarretar, conscientemente, por ato próprio, a anulação ou a nulidade do processo em que funcione;

XI – abandonar a causa sem justo motivo ou antes de decorridos dez dias da comunicação da renúncia;

XII – recusar-se a prestar, sem justo motivo, assistência jurídica, quando nomeado em virtude de impossibilidade da Defensoria Pública;

XIII – fazer publicar na imprensa, desnecessária e habitualmente, alegações forenses ou relativas a causas pendentes;

XIV – deturpar o teor de dispositivo de lei, de citação doutrinária ou de julgado, bem como de depoimentos, documentos e alegações da parte contrária, para confundir o adversário ou iludir o juiz da causa;

XV – fazer, em nome do constituinte, sem autorização escrita deste, imputação a terceiro de fato definido como crime;

XVI – deixar de cumprir, no prazo estabelecido, determinação emanada do órgão ou autoridade da Ordem, em matéria da competência desta, depois de regularmente notificado;

XVII – prestar concurso a clientes ou a terceiros para realização de ato contrário à lei ou destinado a fraudá-la;

XVIII – solicitar ou receber de constituinte qualquer importância para aplicação ilícita ou desonesta;

XIX – receber valores, da parte contrária ou de terceiro, relacionados com o objeto do mandato, sem expressa autorização do constituinte;

XX – locupletar-se, por qualquer forma, à custa do cliente ou da parte adversa, por si ou interposta pessoa;

XXI – recusar-se, injustificadamente, a prestar contas ao cliente de quantias recebidas dele ou de terceiros por conta dele;

XXII – reter, abusivamente, ou extraviar autos recebidos com vista ou em confiança;

XXIII – deixar de pagar as contribuições, multas e preços de serviços devidos à OAB, depois de regularmente notificado a fazê-lo;

XXIV – incidir em erros reiterados que evidenciem inépcia profissional;

XXV – manter conduta incompatível com a advocacia;

XXVI – fazer falsa prova de qualquer dos requisitos para inscrição na OAB;

XXVII – tornar-se moralmente inidôneo para o exercício da advocacia;

XXVIII – praticar crime infamante;

XXIX – praticar, o estagiário, ato excedente de sua habilitação.

Parágrafo único. Inclui-se na conduta incompatível:

a) prática reiterada de jogo de azar, não autorizado por lei;

b) incontinência pública e escandalosa;

c) embriaguez ou toxicomania habituais.

Art. 35. As sanções disciplinares consistem em:

I – censura;

II – suspensão;

III – exclusão;

IV – multa;

Parágrafo único. As sanções devem constar dos assentamentos do inscrito, após o trânsito em julgado da decisão, não podendo ser objeto de publicidade e de censura.

Art. 36. A censura é aplicável nos casos de:

I – infrações definidas nos incisos I a XVI e XXIX do art. 34º;

II – violação a preceito do Código de Ética e Disciplina;

III – violação a preceito desta Lei, quando para a infração não se tenha estabelecido sanção mais grave.

Parágrafo único. A censura pode ser convertida em advertência, em ofício reservado, sem registro dos assentamentos do inscrito, quando presente circunstância atenuante.

Art. 37. A suspensão é aplicável nos casos de:

I – infrações definidas nos incisos XVII a XXV do art. 34º;

II – reincidência em infração disciplinar;

§ 1º. A suspensão acarreta ao infrator a interdição do exercício profissional, em todo o território nacional, pelo prazo de trinta dias a doze meses, de acordo com os critérios de individualização previstos neste capítulo.

§ 2º. Nas hipóteses dos incisos XXI e XXIII do art. 34º, a suspensão perdura até que satisfaça integralmente a dívida, inclusive com correção monetária.

§ 3º. Na hipótese do inciso XXIV do art. 34º, a suspensão perdura até que preste novas provas de habilitação.

Art. 38. A exclusão é aplicável nos casos de:

I – aplicação, por três vezes, de suspensão;

II – infrações definidas nos incisos XXVI a XXVIII do art. 34º.

Parágrafo único. Para a aplicação da sanção disciplinar de exclusão é necessária a manifestação favorável de dois terços dos membros do Conselho Seccional competente.

Art. 39. A multa, variável entre o mínimo correspondente ao valor de uma anuidade e o máximo de seu décuplo, é aplicável cumulativamente com a censura ou suspensão, em havendo circunstâncias agravantes.

Art. 40. Na aplicação das sanções disciplinares são consideradas, para fins de atenuação, as seguintes circunstâncias, entre outras:

I – falta cometida na defesa de prerrogativa profissional;

II – ausência de punição disciplinar anterior;

III – exercício assíduo e proficiente de mandato ou cargo em qualquer órgão da OAB;

IV – prestação de relevantes serviços à advocacia ou à causa pública.

Parágrafo único. Os antecedentes profissionais do inscrito, as atenuantes, o grau de culpa por ele revelada, as circunstâncias e as consequências da infração são considerados para o fim de decidir:

a) sobre a conveniência da aplicação cumulativa da multa e de outra sanção disciplinar;

b) sobre o tempo de suspensão e o valor da multa aplicáveis.

Art. 41. É permitido ao que tenha sofrido qualquer sanção disciplinar requerer, um ano após seu cumprimento, a reabilitação, em face de provas efetivas de bom comportamento.

Parágrafo único. Quando a sanção disciplinar resultar da prática de crime, o pedido de reabilitação depende também da correspondente reabilitação criminal.

Art. 42. Fica impedido de exercer o mandato o profissional a quem forem aplicadas as sanções disciplinares de suspensão ou exclusão.

Art. 43. A pretensão à punibilidade das infrações disciplinares prescreve em cinco anos, contados da data da constatação oficial do fato.

§ 1º. Aplica-se a prescrição a todo processo disciplinar paralisado por mais de três anos, pendente de despacho ou julgamento, devendo ser arquivado de ofício, ou a requerimento da parte interessada, sem prejuízo de serem apuradas as responsabilidades pela paralisação.

§ 2º. A prescrição interrompe-se:

I – pela instauração de processo disciplinar ou pela notificação válida feita diretamente ao representado;

II – pela decisão condenatória recorrível de qualquer órgão julgador da OAB.

TÍTULO II
DA ORDEM DOS ADVOGADOS DO BRASIL

CAPÍTULO I
DOS FINS E DA ORGANIZAÇÃO

Art. 44. A Ordem dos Advogados do Brasil — OAB, serviço público, dotada de personalidade jurídica e forma federativa, tem por finalidade:

I – defender a Constituição, a ordem jurídica do Estado democrático de direito, os direitos humanos, a justiça social, e pugnar pela boa aplicação das leis, pela rápida administração da justiça e pelo aperfeiçoamento da cultura e das instituições jurídicas;

II – promover, com exclusividade, a representação, a defesa, a seleção e a disciplina dos advogados em toda a República Federativa do Brasil.

§ 1º. A OAB não mantém com órgãos da Administração Pública qualquer vínculo funcional ou hierárquico.

§ 2º. O uso da sigla "OAB" é privativo da Ordem dos Advogados do Brasil.

Art. 45. São órgãos da OAB:

I – o Conselho Federal;

II – os Conselhos Seccionais;

III – as Subseções;

IV – As Caixas de Assistência dos Advogados.

§ 1º. O Conselho Federal, dotado de personalidade jurídica própria, com sede na capital da República, é o órgão supremo da OAB.

§ 2º. Os Conselhos Seccionais, dotados de personalidade jurídica própria têm jurisdição sobre os respectivos territórios dos Estados membros, do Distrito Federal e dos Territórios.

§ 3º. As Subseções são partes autônomas do Conselho Seccional, na forma desta Lei e de seu ato constitutivo.

§ 4º. As Caixas de Assistência dos Advogados, dotadas de personalidade jurídica própria, são criadas pelos Conselhos Seccionais, quando estes contarem com mais de mil e quinhentos inscritos.

§ 5º. A OAB, por constituir serviço público, goza de imunidade tributária total em relação a seus bens, rendas e serviços.

§ 6º. Os atos conclusivos dos órgãos da OAB, salvo quando reservados ou de administração interna, devem ser publicados na imprensa oficial ou afixados no fórum, na íntegra ou em resumo.

Art. 46. Compete à OAB fixar e cobrar, de seus inscritos, contribuições preços de serviços e multas.

Parágrafo único. Constitui título executivo extrajudicial a certidão passada pela diretoria do Conselho competente, relativa a crédito previsto neste artigo.

Art. 47. O pagamento da contribuição anual à OAB isenta os inscritos nos seus quadros do pagamento obrigatório da contribuição sindical.

Art. 48. O cargo de conselheiro ou de membro de diretoria de órgão da OAB é de exercício gratuito e obrigatório, considerado serviço público relevante, inclusive para fins de disponibilidade e aposentadoria.

Art. 49. Os Presidentes dos Conselhos e das Subseções da OAB têm legitimidade para agir, judicial e extrajudicialmente, contra qualquer pessoa que infringir as disposições ou os fins desta Lei.

Parágrafo único. As autoridades mencionadas no *caput* deste artigo têm, ainda, legitimidade para intervir, inclusive como assistentes, nos inquéritos e processos em que sejam indiciados, acusados ou ofendidos os inscritos na OAB.

Art. 50. Para os fins desta Lei, os Presidentes dos Conselhos da OAB e das Subseções podem requisitar cópias de peças de autos e documentos a qualquer tribunal, magistrado, cartório e órgão da Administração Pública direta, indireta e fundacional.

CAPÍTULO II
DO CONSELHO FEDERAL

Art. 51. O conselho Federal compõe-se:

I – dos conselheiros federais, integrantes das delegações de cada unidade federativa;

II – dos seus ex-presidentes, na qualidade de membros honorários vitalícios.

§ 1º. Cada delegação é formada por três conselheiros federais.

§ 2º. Os ex-presidentes têm direito apenas a voz nas sessões.

Art. 52. Os presidentes dos Conselhos Seccionais, nas sessões do Conselho Federal, têm lugar reservado junto à delegação respectiva e direito somente a voz.

Art. 53. O Conselho Federal tem sua estrutura e funcionamento definidos no Regulamento Geral da OAB.

§ 1º. O Presidente, nas deliberações do Conselho, tem apenas o voto de qualidade.

§ 2º. O voto é tomado por delegação, e não pode ser exercido nas matérias de interesse da unidade que represente.

Art. 54. Compete ao Conselho Federal:

I – dar cumprimento efetivo às finalidades da OAB;

II – representar, em juízo ou fora dele, os interesses coletivos ou individuais dos advogados;

III – velar pela dignidade, independência, prerrogativas e valorização da advocacia;

IV – representar, com exclusividade, os advogados brasileiros nos órgãos e eventos internacionais da advocacia;

V – editar e alterar o Regulamento Geral, o Código de Ética e Disciplina, e os Provimentos que julgar necessários;

VI – adotar medidas para assegurar o regular funcionamento dos Conselhos Seccionais;

VII – intervir nos Conselhos Seccionais, onde e quando constatar grave violação desta Lei ou do Regulamento Geral;

VIII – cassar ou modificar, de ofício ou mediante representação, qualquer ato, de órgão ou autoridade da OAB, contrário a esta Lei, ao Regulamento Geral, ao Código de Ética e Disciplina e aos Provimentos, ouvida a autoridade ou o órgão em causa;

IX – julgar, em grau de recurso, as questões decididas pelos Conselhos Seccionais, nos casos previstos neste Estatuto e no Regulamento Geral;

X – dispor sobre a identificação dos inscritos na OAB e sobre os respectivos símbolos privativos;

XI – apreciar o relatório anual e deliberar sobre o balanço e as contas de sua diretoria;

XII – homologar ou mandar suprir relatório anual, o balanço e as contas dos Conselhos Seccionais;

XIII – elaborar as listas constitucionalmente previstas, para o preenchimento dos cargos nos tribunais judiciários de âmbito nacional ou interestadual, com advogados que estejam em pleno exercício da profissão, vedada a inclusão de nome de membro do próprio Conselho ou de outro órgão da OAB;

XIV – ajuizar açao direta de inconstitucionalidade de normas legais e atos normativos, ação civil pública, mandado de segurança coletivo, mandado de injunção e demais ações cuja legitimação lhe seja outorgada por lei;

XV – colaborar com o aperfeiçoamento dos cursos jurídicos, e opinar, previamente, nos pedidos apresentados aos órgãos competentes para criação, reconhecimento ou credenciamento desses cursos;

XVI – autorizar, pela maioria absoluta das delegações, a oneração ou alienação de seus bens imóveis;

XVII – participar de concursos públicos, nos casos previstos na Constituição e na lei, em todas as suas fases, quando tiverem abrangência nacional ou interestadual;

XVIII – resolver os casos omissos neste Estatuto.

Parágrafo único. A intervenção referida no inciso VII deste artigo depende de prévia aprovação por dois terços das delegações, garantido o amplo direito de defesa do Conselho Seccional respectivo, nomeando-se diretoria provisória para o prazo que se fixar.

Art. 55 . A diretoria do Conselho Federal é composta de um Presidente, de um Vice-Presidente, de um Secretário-Geral, de um Secretário-Geral Adjunto e de um Tesoureiro.

§ 1º. O Presidente exerce a representação nacional e internacional da

OAB, competindo-lhe convocar o Conselho Federal, presidi-lo, representá-lo ativa e passivamente, em juízo ou fora dele, promover-lhe a administração patrimonial e dar execução às suas decisões.

§ 2º. O Regulamento Geral define as atribuições dos membros da Diretoria e a ordem de substituição em caso de vacância, licença, falta ou impedimento.

§ 3º. Nas deliberações do Conselho Federal, os membros da diretoria votam como membros de suas delegações, cabendo ao Presidente, apenas, o voto de qualidade e o direito de embargar a decisão, se esta não for unânime.

CAPÍTULO III
DO CONSELHO SECCIONAL

Art. 56. O Conselho Seccional compõe-se de conselheiros em número proporcional ao de seus inscritos, segundo critérios estabelecidos no Regulamento Geral.

§ 1º. São membros honorários vitalícios os seus ex-presidentes, somente com direito a voz em suas sessões.

§ 2º. O Presidente do Instituto dos Advogados local é membro honorário, somente com direito a voz nas sessões do Conselho.

§ 3º. Quando presente às sessões do Conselho Seccional, o Presidente do Conselho Federal, os Conselheiros Federais integrantes da respectiva delegação, o Presidente da Caixa de Assistência dos Advogados e os Presidentes das Subseções, têm direito a voz.

Art. 57. O Conselho Seccional exerce e observa, no respectivo território, às competências, vedações e funções atribuídas ao Conselho Federal, no que couber e no âmbito de sua competência material e territorial, e as normas gerais estabelecidas nesta Lei, no Regulamento Geral, no Código de Ética e Disciplina, e nos Provimentos.

Art. 58. Compete privativamente ao Conselho Seccional:

I – editar seu Regimento Interno e Resoluções;

II – criar as subseções e a Caixa de Assistência dos Advogados;

III – julgar, em grau de recursos, as questões decididas por seu Presidente, por sua diretoria, pelo Tribunal de Ética e Disciplina, pelas diretorias das Subseções e da Caixa de Assistência dos Advogados;

IV – fiscalizar a aplicação da receita, apreciar o relatório anual e deliberar sobre o balanço e as contas de sua diretoria, das diretorias das Subseções e da Caixa de Assistência dos Advogados;

V – fixar a tabela de honorários, válida para todo o território estadual;

VI – realizar o Exame de Ordem;

VII – decidir os pedidos de inscrição nos quadros de advogados e estagiários;

VIII – manter cadastro de seus inscritos;

IX – fixar, alterar e receber contribuições obrigatórias, preços de serviços e multas;

X – participar da elaboração dos concursos públicos, em todas as suas fases, nos casos previstos na Constituição e nas leis, no âmbito do seu território;

XI – determinar, com exclusividade, critérios para o traje dos advogados, no exercício profissional;

XII – aprovar e modificar seu orçamento anual;

XIII – definir a composição e o funcionamento do Tribunal de Ética e Disciplina, e escolher seus membros;

XIV – eleger as listas, constitucionalmente previstas, para preenchimento dos cargos nos tribunais judiciários, no âmbito de sua competência e na forma do Provimento do Conselho Federal, vedada a inclusão de membros do próprio Conselho e de qualquer órgão da OAB;

XV – intervir nas Subseções e na Caixa de Assistência dos Advogados;

XVI – desempenhar outras atribuições previstas no Regulamento Geral.

Art. 59. A diretoria do Conselho Seccional tem composição idêntica e atribuições equivalentes às do Conselho Federal, na formado Regimento Interno daquele.

CAPÍTULO IV
DA SUBSEÇÃO

Art. 60. A Subseção pode ser criada pelo Conselho Seccional, que fixa sua área territorial e seus limites de competência e autonomia.

§ 1º. A área territorial da Subseção pode abranger um ou mais municípios, ou parte de município, inclusive da capital do Estado, contando com um mínimo de quinze advogados, nela profissionalmente domiciliados.

§ 2º. A Subseção é administrada por uma diretoria, com atribuições e composição equivalentes às da diretoria do Conselho Seccional.

§ 3º. Havendo mais de cem advogados, a Subseção pode ser integrada, também, por um Conselho em número de membros fixados pelo Conselho Seccional.

§ 4º. Os quantitativos referidos nos parágrafos primeiro e terceiro deste artigo podem ser ampliados, na forma do Regimento Interno do Conselho Seccional.

§ 5º. Cabe ao Conselho Seccional fixar, em seu orçamento, dotações específicas destinadas à manutenção das Subseções.

§ 6º. O Conselho Seccional, mediante o voto de dois terços de seus membros, pode intervir nas Subseções, onde constatar grave violação desta Lei ou do Regimento Interno daquele.

Art. 61. Compete à Subseção, no âmbito do seu território:

I – dar cumprimento efetivo às finalidades da OAB;

II – velar pela dignidade, independência e valorização da advocacia, e fazer valer as prerrogativas do advogado;

III – representar a OAB perante os poderes constituídos;

IV – desempenhar as atribuições previstas no Regulamento Geral ou por delegação de competência do Conselho Seccional;

Parágrafo Único. Ao Conselho da Subseção, quando houver, compete exercer as funções e atribuições do Conselho Seccional, na forma do Regimento Interno deste, e ainda:

a) editar seu Regimento Interno, a ser referendado pelo Conselho Seccional;

b) editar resoluções no âmbito da sua competência;

c) instaurar e instruir processos disciplinares, para julgamento pelo Tribunal de Ética e Disciplina;

d) receber pedido de inscrição nos quadros de advogado e estagiário, instruindo e emitindo parecer prévio, para decisão do Conselho Seccional.

CAPÍTULO V
DA CAIXA DE ASSISTÊNCIA DOS ADVOGADOS

Art. 62. A Caixa de Assistência dos Advogados, com personalidade jurídica própria, destina-se a prestar assistência aos inscritos no Conselho Seccional a que se vincule.

§ 1º. A Caixa é criada e adquire personalidade jurídica com a aprovação e registro de seu Estatuto pelo respectivo Conselho Seccional da OAB, na forma do Regulamento Geral.

§ 2º. A Caixa pode, em benefício dos advogados, promover a seguridade complementar.

§ 3º. Compete ao Conselho Seccional fixar contribuição obrigatória devida por seus inscritos, destinada à manutenção do disposto no parágrafo anterior, incidente sobre atos decorrentes do efetivo exercício da advocacia.

§ 4º. A diretoria da Caixa é composta de cinco membros, com atribuições definidas no seu Regimento Interno.

§ 5º. Cabe à Caixa a metade da receita das anuidades recebidas pelo Conselho Seccional, considerado o valor resultante após as deduções regulamentares obrigatórias.

§ 6º. Em caso de extinção ou desativação da Caixa, seu patrimônio se incorpora ao do Conselho Seccional respectivo.

§ 7º. O Conselho Seccional, mediante voto de dois terços de seus membros, pode intervir na Caixa de Assistência dos Advogados, no caso de descumprimento de suas finalidades, designando diretoria provisória, enquanto durar a intervenção.

CAPÍTULO VI
DAS ELEIÇÕES E DOS MANDATOS

Art. 63. A eleição dos membros de todos os órgãos da OAB será realizada na segunda quinzena do mês de novembro, do último ano do mandato, mediante cédula única e votação direta dos advogados regularmente inscritos.

§ 1º. A eleição, na forma e segundo os critérios e procedimentos estabelecidos no Regulamento Geral, é de comparecimento obrigatório para todos os advogados inscritos na OAB.

§ 2º. O candidato deve comprovar situação regular junto à OAB, não ocupar cargo exonerável *ad nutum*, não ter sido condenado por infração disciplinar, salvo reabilitação, e exercer efetivamente a profissão a mais de cinco anos.

Art. 64. Considerando-se eleitos os candidatos integrantes da chapa que obtiver a maioria dos votos válidos.

§ 1º. A chapa para o Conselho Seccional deve ser composta dos candidatos ao Conselho e à sua Diretoria e, ainda, à delegação ao Conselho Federal e à Diretoria da Caixa de Assistência dos Advogados para eleição conjunta.

§ 2º. A chapa para a Subseção deve ser composta com os candidatos à diretoria, e de seu conselho quando houver.

Art. 65. O mandato em qualquer órgão da OAB é de três anos, iniciando-se em primeiro de janeiro do ano seguinte ao da eleição, salvo o Conselho Federal.

Parágrafo único. Os conselheiros federais eleitos iniciam seus mandatos em primeiro de fevereiro do ano seguinte ao da eleição.

Art. 66. Extingue-se o mandato automaticamente, antes do seu término, quando:

I – ocorrer qualquer hipótese de cancelamento de inscrição ou de licenciamento do profissional;

II – o titular sofrer condenação disciplinar;

III – o titular faltar, sem motivo justificado, a três reuniões ordinárias consecutivas de cada órgão deliberativo do Conselho ou da diretoria da Subseção ou da Caixa de Assistência dos Advogados, não podendo ser reconduzido no mesmo período de mandato.

Parágrafo único. Extinto qualquer mandato, nas hipóteses deste artigo, cabe ao Conselho Seccional escolher o substituto, caso não haja suplente.

Art. 67. A eleição da Diretoria do Conselho Federal, que tomará posse no dia 1º de fevereiro, obedecerá às seguintes regras:

I – será admitido registro, junto ao Conselho Federal, de candidatura à presidência, desde seis meses até um mês antes da eleição;

II – o requerimento de registro deverá vir acompanhado do apoiamento de, no mínimo, seis Conselhos Seccionais;

III – até um mês antes das eleições, deverá ser requerido o registro da chapa completa, sob pena de cancelamento da candidatura respectiva;

IV – no dia 25 de janeiro, proceder-se-á, em todos os Conselhos Seccionais, à eleição da Diretoria do Conselho Federal, devendo o Presidente do Conselho Seccional comunicar, em três dias, à Diretoria do Conselho Federal, o resultado do pleito;

V – de posse dos resultados das Seccionais, a Diretoria do Conselho Federal procederá à contagem dos votos, correspondendo a cada Conselho Seccional um voto, e proclamará o resultado.

Parágrafo único. Com exceção do candidato a Presidente, os demais integrantes da chapa deverão ser conselheiros federais eleitos.

TÍTULO III
DO PROCESSO NA OAB

CAPÍTULO I
DISPOSIÇÕES GERAIS

Art. 68. Salvo disposição em contrário, aplicam-se subsidiariamente ao processo disciplinar as regras da legislação processual penal comum e, aos demais processos, as regras gerais do procedimento administrativo comum e da legislação processual civil, nessa ordem.

Art. 69. Todos os prazos necessários à manifestação de advogados, estagiários e terceiros, nos processos em geral da OAB, são de quinze dias, inclusive para interposição de recursos.

§ 1º. Nos casos de comunicação por ofício reservado, ou de notificação pessoal, o prazo se conta a partir do dia útil imediato ao da notificação do recebimento.

§ 2º. Nos casos de publicação na imprensa oficial do ato ou da decisão, o prazo inicia-se no primeiro dia útil seguinte.

CAPÍTULO II
DO PROCESSO DISCIPLINAR

Art. 70. O poder de punir disciplinarmente os inscritos na OAB compete exclusivamente ao Conselho Seccional em cuja base territorial tenha ocorrido a infração, salvo se a falta for cometida perante o Conselho Federal.

§ 1º. Cabe ao Tribunal de Ética e Disciplina, do Conselho Seccional competente, julgar os processos disciplinares, instruídos pelas Subseções ou por relatores do próprio Conselho.

§ 2º. A decisão condenatória irrecorrível deve ser imediatamente comunicada ao Conselho Seccional onde o representado tenha inscrição principal, para constar dos respectivos assentamentos.

§ 3º. O Tribunal de Ética e Disciplina do Conselho onde o acusado tenha inscrição principal pode suspendê-lo preventivamente, em caso de repercussão prejudicial à dignidade da advocacia, depois de ouvi-lo, em sessão especial para a qual deve ser notificado a comparecer, salvo se não atender à notificação. Neste caso, o processo disciplinar deve ser concluído no prazo máximo de noventa dias.

Art. 71. A jurisdição disciplinar não exclui a comum e, quando o fato constituir crime ou contravenção, deve ser comunicado às autoridades competentes.

Art. 72. O processo disciplinar instaura-se de ofício ou mediante representação de qualquer autoridade ou pessoa interessada.

§ 1º. O Código de Ética e Disciplina estabelece os critérios de admissibilidade da representação e os procedimentos disciplinares.

§ 2º. O processo disciplinar tramita em sigilo, até o seu término, só tendo acesso às suas informações as partes, seus defensores e a autoridade judiciária competente.

Art. 73. Recebida a representação, o Presidente deve designar relator, a quem compete a instrução do processo e o oferecimento de parecer preliminar a ser submetido ao Tribunal de Ética e Disciplina.

§ 1º. Ao representado deve ser assegurado amplo direito de defesa, podendo acompanhar o processo em todos os termos, pessoalmente ou por intermédio de procurador, oferecendo defesa prévia após ser notificado, razões finais após a instrução e defesa oral perante o Tribunal de Ética e Disciplina, por ocasião do julgamento.

§ 2º. Se, após a defesa prévia, o relator se manifestar pelo indeferimento liminar da representação, este deve ser decidido pelo Presidente do Conselho Seccional, para determinar seu arquivamento.

§ 3º. O prazo para defesa prévia pode ser prorrogado por motivo relevante, a juízo do relator.

§ 4º. Se o representado não for encontrado, ou for revel, o Presidente do Conselho ou da Subseção deve designar-lhe defensor dativo;

§ 5º. É também permitida a revisão do processo disciplinar, por erro de julgamento ou por condenação baseada em falsa prova.

Art. 74. O Conselho Seccional pode adotar as medidas administrativas e judiciais pertinentes, objetivando a que o profissional suspenso ou excluído devolva os documentos de identificação.

CAPÍTULO III
DOS RECURSOS

Art. 75. Cabe recurso ao Conselho Federal de todas as decisões proferidas pelo Conselho Seccional, quando não tenham sido unânimes ou, sendo unânimes, contrariem esta Lei, decisão do Conselho Federal ou de outro Conselho Seccional e, ainda, o Regulamento Geral, o Código de Ética e Disciplina e Provimentos.

Parágrafo único. Além dos interessados, o Presidente do Conselho Seccional é legitimado a interpor o recurso referido neste artigo.

Art. 76. Cabe recurso ao Conselho Seccional de todas as decisões proferidas por seu Presidente, pelo Tribunal de Ética e Disciplina, ou pela diretoria da Subseção ou da Caixa de Assistência dos Advogados.

Art. 77. Todos os recursos têm efeito suspensivo, exceto quando tratarem de eleições (arts. 63 e seguintes), de suspensão preventiva decidida pelo Tribunal de Ética e Disciplina, e de cancelamento da inscrição obtida com falsa prova.

Parágrafo único. O Regulamento Geral disciplina o cabimento de recursos específicos, no âmbito de cada órgão julgador.

TÍTULO IV
DAS DISPOSIÇÕES GERAIS E TRANSITÓRIAS

Art. 78. Cabe ao Conselho Federal da OAB, por deliberação de dois terços, pelo menos, das delegações, editar o Regulamento Geral deste Estatuto, no prazo de seis meses, contados da publicação desta Lei.

Art. 79. Aos servidores da OAB, aplica-se o regime trabalhista.

§ 1º. Aos servidores da OAB, sujeitos ao regime da Lei nº 8.112, de 11 de dezembro de 1990, é concedido o direito de opção pelo regime trabalhista, no prazo de noventa dias a partir da vigência desta Lei, sendo assegurado aos optantes o pagamento de indenização, quando da aposentadoria, correspondente a cinco vezes o valor da última remuneração.

§ 2º. Os servidores que não optarem pelo regime trabalhista serão posicionados no quadro em extinção, assegurado o direito adquirido ao regime legal anterior.

Art. 80. Os Conselhos Federal e Seccionais devem promover trienalmente as respectivas Conferências, em data não coincidente com o ano eleitoral, e, periodicamente, reunião do colégio de presidentes a eles vinculados, com finalidade consultiva.

Art. 81. Não se aplicam aos que tenham assumido originalmente o cargo de Presidente do Conselho Federal ou dos Conselhos Seccionais, até a data da publicação desta Lei, as normas contidas no Título II, acerca da composição desses Conselhos, ficando assegurado o pleno direito de voz e voto em suas sessões.

Art. 82. Aplicam-se as alterações previstas nesta Lei, quanto a mandatos, eleições, composição e atribuições dos órgãos da OAB, a partir do término do mandato dos atuais membros, devendo os Conselhos Federal e Seccionais disciplinarem os respectivos procedimentos de adaptação.

Parágrafo único. Os mandatos dos membros dos órgãos da OAB, eleitos na primeira eleição sob a vigência desta Lei, e na forma do Capítulo VI do Título II, terão início no dia seguinte ao término dos atuais mandatos, encerrando-se em 31 de dezembro do terceiro ano do mandato e em 31 de janeiro do terceiro ano do mandato, neste caso com relação ao Conselho Federal.

Art. 83. Não se aplica o disposto no art. 28º, inciso II, desta Lei, aos membros do Ministério Público que, na data de promulgação da Constituição, se incluam na previsão do art. 29º, § 3º, do seu Ato das Disposições Constitucionais Transitórias.

Art. 84. O estagiário, inscrito no respectivo quadro, fica dispensado do Exame de Ordem, desde que comprove, em até dois anos da promulgação desta Lei, o exercício e resultado do estágio profissional ou a conclusão, com aproveitamento do estágio de "Prática Forense e Organização Judiciária", realizado junto à respectiva faculdade, na formada legislação em vigor.

Art. 85. O Instituto dos Advogados Brasileiros e as instituições a ele filiadas têm qualidade para promover perante a OAB o que julgarem do interesse dos advogados em geral ou de qualquer dos seus membros.

Art. 86. Esta Lei entra em vigor na data de sua publicação.

Art. 87. Revogam-se as disposições em contrário, especialmente a Lei nº 4.215, de 27 de abril de 1963, a Lei nº 5.390, de 23 de fevereiro de 1968, o Decreto-lei nº 505, de 18 de março de 1969, a Lei nº 5.681, de 20 de julho de 1971, a Lei nº 5.842, de 6 de dezembro de 1972, a Lei nº 5.960, de 10 de dezembro de 1973, a Lei nº 6.743, de 5 de dezembro de 1979, a Lei nº 6.884, de 9 de dezembro de 1980, a Lei nº 6.994, de 26 de maio de 1982, mantidos os efeitos da Lei nº 7.346, de 22 de julho de 1985.

Brasília, 4 de julho de 1994; 173º da Independência e106º da República.

ITAMAR FRANCO

Alexandre de Paula Dupeyrat Martins

ANEXO B – CÓDIGO DE ÉTICA E DISCIPLINA DA OAB

O conselho Federal da Ordem dos Advogados do Brasil, no uso das atribuições que lhe são conferidas pelos artigos 33 e 54 V, da Lei n° 8.906, de 04 de julho de 1994, aprova e edita este código, exortando os advogados brasileiros a sua fiel observância.

TÍTULO I
DA ÉTICA DO ADVOGADO

CAPÍTULO I
DAS REGRAS DEONTOLÓGICAS FUNDAMENTAIS

Art. 1º. O exercício da advocacia exige conduta compatível com os preceitos deste Código, do Estatuto, do Regulamento Geral, dos Provimentos e com os demais princípios da moral individual, social e profissional.

Art. 2º. O advogado, indispensável à administração da Justiça, é defensor do estado democrático de direito, da cidadania, da moralidade pública, da Justiça e da paz social, subordinando a atividade do seu Ministério Privado à elevada função

pública que exerce.

Parágrafo único. São deveres do advogado:

I – preservar, em sua conduta, a honra, a nobreza e a dignidade da profissão, zelando pelo seu caráter de essencialidade e indispensabilidade;

II – atuar com destemor, independência, honestidade, decoro, veracidade, lealdade, dignidade e boa-fé;

III – velar por sua reputação pessoal e profissional;

IV – empenhar-se, permanentemente, em seu aperfeiçoamento pessoal e profissional;

V – contribuir para o aprimoramento das instituições, do Direito e das leis;

VI – estimular a conciliação entre os litigantes, prevenindo, sempre que possível, a instauração de litígios;

VII – aconselhar o cliente a não ingressar em aventura judicial;

VIII – abster-se de:

a) utilizar de influência indevida, em seu benefício ou do cliente;

b) patrocinar interesses ligados a outras atividades estranhas à advocacia, em que também atue;

c) vincular o seu nome a empreendimentos de cunho manifestamente duvidoso;

d) emprestar concurso aos que atentem contra a ética, a moral, a honestidade e a dignidade da pessoa humana;

e) entender-se diretamente com a parte adversa que tenha patrono constituído, sem o assentimento deste.

IX – pugnar pela solução dos problemas da cidadania e pela efetivação dos seus direitos individuais, coletivos e difusos, no âmbito da comunidade.

Art. 3º. O advogado deve ter consciência de que o Direito é um meio de mitigar as desigualdades para o encontro de soluções justas e que a lei é um instrumento para garantir a igualdade de todos.

Art. 4º. O advogado vinculado ao cliente ou constituinte, mediante relação empregatícia ou por contrato de prestação permanente de serviços, integrante de departamento jurídico, ou órgão de assessoria jurídica, público ou privado, deve zelar pela sua liberdade e independência.

Parágrafo único. É legítima a recusa, pelo advogado, do patrocínio de pretensão concernente a lei ou direito que também lhe seja aplicável, ou contrarie expressa orientação sua, manifestada anteriormente.

Art. 5º. O exercício da advocacia é incompatível com qualquer procedimento de mercantilização.

Art. 6º. É defeso ao advogado expor os fatos em Juízo falseando deliberadamente a verdade ou estribando-se na má-fé.

Art. 7º. É vedado o oferecimento de serviços profissionais que impliquem, direta ou indiretamente, inculcação ou captação de clientela.

CAPÍTULO II
DAS RELAÇÕES COM O CLIENTE

Art. 8º. O advogado deve informar o cliente, de forma clara e inequívoca, quanto a eventuais riscos da sua pretensão, e das consequências que poderão advir da demanda.

Art. 9º. A conclusão ou desistência da causa, com ou sem a extinção do mandato, obriga o advogado à devolução de bens, valores e documentos recebidos no exercício do mandato, e à pormenorizada prestação de contas, não excluindo outras prestações solicitadas, pelo cliente, a qualquer momento.

Art. 10. Concluída a causa ou arquivado o processo, presumem-se o cumprimento e a cessação do mandato.

Art. 11. O advogado não deve aceitar procuração de quem já tenha patrono constituído, sem prévio conhecimento deste, salvo por motivo justo ou para adoção de medidas judiciais urgentes e inadiáveis.

Art. 12. O advogado não deve deixar ao abandono ou ao desamparo os feitos, sem motivo justo e comprovada ciência do constituinte.

Art. 13. A renúncia ao patrocínio implica omissão do motivo e a continuidade da responsabilidade profissional do advogado ou escritório de advocacia, durante o prazo estabelecido em lei; não exclui, todavia, a responsabilidade pelos danos causados dolosa ou culposamente aos clientes ou a terceiros.

Art. 14. A revogação do mandato judicial por vontade do cliente não o desobriga do pagamento das verbas honorárias contratadas, bem como não retira o direito do advogado de receber o quanto lhe seja devido em eventual verba honorária de sucumbência, calculada proporcionalmente, em face do serviço efetivamente prestado.

Art. 15. O mandato judicial ou extrajudicial deve ser outorgado individualmente aos advogados que integrem sociedade de que façam parte, e será exercido no interesse do cliente, respeitada a liberdade de defesa.

Art. 16. O mandato judicial ou extrajudicial não se extingue pelo decurso de tempo, desde que permaneça a confiança recíproca entre o outorgante e o seu patrono no interesse da causa.

Art. 17. Os advogados integrantes da mesma sociedade profissional, ou reunidos em caráter permanente para cooperação recíproca, não podem representar em juízo clientes com interesses opostos.

Art. 18. Sobrevindo conflitos de interesse entre seus constituintes, e não estando acordes os interessados, com a devida prudência e discernimento, optará o advogado por um dos mandatos, renunciando aos demais, resguardado o sigilo profissional.

Art. 19. O advogado, ao postular em nome de terceiros, contra ex-cliente ou ex-empregador, judicial e extrajudicialmente, deve resguardar o segredo profissional e as informações reservadas ou privilegiadas que lhe tenham sido confiadas.

Art. 20. O advogado deve abster-se de patrocinar causa contrária à ética, à moral ou à validade de ato jurídico em que tenha colaborado, orientado ou conhecido em consulta; da mesma forma, deve declinar seu impedimento ético quando tenha sido convidado pela outra parte, se esta lhe houver revelado segredos ou obtido seu parecer.

Art. 21. É direito e dever do advogado assumir a defesa criminal, sem considerar sua própria opinião sobre a culpa do acusado.

Art. 22. O advogado não é obrigado a aceitar a imposição de seu cliente que pretenda ver com ele atuando outros advogados, nem aceitar a indicação de outro profissional para com ele trabalhar no processo.

Art. 23. É defeso ao advogado funcionar no mesmo processo, simultaneamente, como patrono e preposto do empregador ou cliente.

Art. 24. O substabelecimento do mandato, com reserva de poderes, é ato pessoal do advogado da causa.

1º. O substabelecimento do mandato sem reservas de poderes exige o prévio e inequívoco conhecimento do cliente.

2º. O substabelecido com reserva de poderes deve ajustar antecipadamente seus honorários com o substabelecente.

CAPÍTULO III
DO SIGILO PROFISSIONAL

Art. 25. O sigilo profissional é inerente à profissão, impondo-se o seu respeito, salvo grave ameaça ao direito à vida, à honra, ou quando o advogado se veja afrontado pelo próprio cliente e, em defesa própria, tenha que revelar segredo, porém sempre restrito ao interesse da causa.

Art. 26. O advogado deve guardar sigilo, mesmo em depoimento judicial, sobre o que saiba em razão de seu ofício, cabendo-lhe recusar-se a depor como testemunha em processo no qual funcionou ou deva funcionar, ou sobre fato relacionado com pessoa de quem seja ou tenha sido advogado, mesmo que autorizado ou solicitado pelo constituinte.

Art. 27. As confidências feitas ao advogado pelo cliente podem ser utilizadas nos limites da necessidade da defesa, desde que autorizado aquele pelo constituinte.

Parágrafo único. Presumem-se confidenciais as comunicações epistolares entre advogado e cliente, as quais não podem ser reveladas a terceiros.

CAPÍTULO IV
DA PUBLICIDADE

Art. 28. O advogado pode anunciar os seus serviços profissionais, individual ou coletivamente, com discrição e moderação, para finalidade exclusivamente informativa, vedada a divulgação em conjunto com outra atividade.

Art. 29. O anúncio deve mencionar o nome completo do advogado e o número da inscrição na OAB, podendo fazer referência a títulos ou qualificações profissionais, especialização técnico-científica e associações culturais e científicas, endereços, horário do expediente e meios de comunicação, vedadas a sua veiculação pelo rádio e televisão e a denominação de fantasia.

§ 1º. Títulos ou qualificações profissionais são os relativos à profissão de advogado, conferidos por universidades ou instituições de ensino superior, reconhecidas.

§ 2º. Especialidades são os ramos do Direito, assim entendidos pelos doutrinadores ou legalmente reconhecidos.

§ 3º. Correspondências, comunicados e publicações, versando sobre constituição, colaboração, composição e qualificação de componentes de escritório e especificação de especialidades profissionais, bem como boletins informativos e comentários sobre legislação, somente podem ser fornecidos a colegas, clientes, ou pessoas que os solicitem ou os autorizem previamente.

§ 4º. O anúncio de advogado não deve mencionar, direta ou indiretamente, qualquer cargo, função pública ou relação de emprego e patrocínio que tenha exercido, passível de captar clientela.

§ 5º. O uso das expressões "escritório de advocacia" ou "sociedade de advogados" deve estar acompanhado da indicação de número de registro na OAB ou do nome e do número de inscrição dos advogados que o integrem.

§ 6º. O anúncio, no Brasil, deve adotar o idioma português, e, quando em idioma estrangeiro, deve estar acompanhado da respectiva tradução.

Art. 30. O anúncio sob a forma de placas, na sede profissional ou na residência do advogado, deve observar discrição quanto ao conteúdo, forma e dimensoes, sem qualquer aspecto mercantilista, vedada a utilização de "outdoor" ou equivalente.

Art. 31. O anúncio não deve conter fotografias, ilustrações, cores, figuras, desenhos, logotipos, marcas ou símbolos incompatíveis com a sobriedade da advocacia, sendo proibido o uso dos símbolos oficiais e dos que sejam utilizados pela Ordem dos Advogados do Brasil.

§ 1º. São vedadas referências a valores dos serviços, tabelas, gratuidade ou forma de pagamento, termos ou expressões que possam iludir ou confundir o público, informações de serviços jurídicos suscetíveis de implicar, direta ou indiretamente, captação de causa ou clientes, bem como menção ao tamanho, qualidade e estrutura da sede profissional.

§ 2º. Considera-se imoderado o anúncio profissional do advogado mediante remessa de correspondência a uma coletividade, salvo para comunicar a clientes e colegas a instalação ou mudança de endereço, a indicação expressa do seu nome e escritório em partes externas de veículo, ou a inserção de seu nome em anúncio relativo a outras atividades não advocatícias, faça delas parte ou não.

Art. 32. O advogado que eventualmente participar de programa de televisão ou de rádio, de entrevista na imprensa, de reportagem televisionada ou de qualquer outro meio, para manifestação profissional, deve visar a objetivos exclusivamente ilustrativos, educacionais e instrutivos, sem propósito de promoção pessoal ou profissional, vedados pronunciamentos sobre métodos de trabalho usados por seus colegas de profissão.

Parágrafo único. Quando convidado para manifestação pública, por qualquer modo e forma, visando ao esclarecimento de tema jurídico de interesse geral, deve o advogado evitar insinuações a promoção pessoal ou profissional, bem como o debate de caráter sensacionalista.

Art. 33. O advogado deve abster-se de:

I – responder com habitualidade consulta sobre matéria jurídica, nos meios de comunicação social, com intuito de promover-se profissionalmente;

II – debater, em qualquer veículo de divulgação, causa sob seu patrocínio ou patrocínio de colega;

III – abordar tema de modo a comprometer a dignidade da profissão e da instituição que o congrega;

IV – divulgar ou deixar que seja divulgada a lista de clientes e demandas;

V – insinuar-se para reportagens e declarações públicas.

Art. 34. A divulgação pública, pelo advogado, de assuntos técnicos ou jurídicos de que tenha ciência em razão do exercício profissional como advogado constituído, assessor jurídico ou parecerista, deve limitar-se a aspectos que não quebrem ou violem o segredo ou o sigilo profissional.

CAPÍTULO V
DOS HONORÁRIOS PROFISSIONAIS

Art. 35. Os honorários advocatícios e sua eventual correção, bem como sua majoração decorrente do aumento dos atos judiciais que advierem como necessários, devem ser previstos em contrato escrito, qualquer que seja o objeto e o meio da prestação do serviço profissional, contendo todas as especificações e forma de pagamento, inclusive no caso de acordo.

§ 1º. Os honorários da sucumbência não excluem os contratados, porém devem ser levados em conta no acerto final com o cliente ou constituinte, tendo sempre presente o que foi ajustado na aceitação da causa.

§ 2º. A compensação ou o desconto dos honorários contratados e de valores que devam ser entregues ao constituinte ou cliente só podem ocorrer se houver prévia autorização ou previsão contratual.

§ 3º. A forma e as condições de resgate dos encargos gerais, judiciais e extrajudiciais, inclusive eventual remuneração de outro profissional, advogado ou não, para desempenho de serviço auxiliar ou complementar técnico e especializado, ou com incumbência pertinente fora da Comarca, devem integrar as condições gerais do contrato.

Art. 36 – Os honorários profissionais devem ser fixados com moderação, atendidos os elementos seguintes:

I – a relevância, o vulto, a complexidade e a dificuldade das questões versadas;

II – o trabalho e o tempo necessários;

III – a possibilidade de ficar o advogado impedido de intervir em ou tros casos, ou de se desavir com outros clientes ou terceiros;

IV – o valor da causa, a condição econômica do cliente e o proveito para ele resultante do serviço profissional;

V – o caráter da intervenção, conforme se trate de serviço a cliente avulso, habitual ou permanente;

VI – o lugar da prestação dos serviços, fora ou não do domicílio do advogado;

VII – a competência e o renome do profissional;

VIII – a praxe do foro sobre trabalhos análogos.

Art. 37. Em face da imprevisibilidade do prazo de tramitação da demanda, devem ser delimitados os serviços profissionais a se prestarem nos procedimentos preliminares, judiciais ou conciliatórios, a fim de que outras medidas, solicitadas ou necessárias, incidentais ou não, diretas ou indiretas, decorrentes da causa, possam ter novos honorários estimados, e da mesma forma receber do constituinte ou cliente a concordância hábil.

Art. 38. Na hipótese da adoção de cláusula *quota litis*, os honorários devem ser necessariamente representados por pecúnia e, quando acrescidos dos de honorários da sucumbência, não podem ser superiores às vantagens advindas em favor do constituinte ou do cliente.

Parágrafo único. A participação do advogado em bens particulares de cliente, comprovadamente sem condições pecuniárias, só é tolerada em caráter excepcional, e desde que contratada por escrito.

Art. 39. A celebração de convênios para prestação de serviços jurídicos com redução dos valores estabelecidos na Tabela de Honorários implica captação de clientes ou causa, salvo se as condições peculiares da necessidade e dos carentes puderem ser demonstradas com a devida antecedência ao respectivo Tribunal de Ética e Disciplina, que deve analisar a sua oportunidade.

Art. 40. Os honorários advocatícios devidos ou fixados em tabelas no regime da assistência judiciária não podem ser alterados no *quantum* estabelecido; mas a verba honorária decorrente da sucumbência pertence ao advogado.

Art. 41. O advogado deve evitar o aviltamento de valores dos serviços profissionais, não os fixando de forma irrisória ou inferior ao mínimo fixado pela Tabela de Honorários, salvo motivo plenamente justificável.

Art. 42. O crédito por honorários advocatícios, seja do advogado autônomo, seja de sociedade de advogados, não autoriza o saque de duplicatas ou qualquer outro título de crédito de natureza mercantil, exceto a emissão de fatura, desde que constitua exigência do constituinte ou assistido, decorrente de contrato escrito, vedada a tiragem de protesto.

Art. 43. Havendo necessidade de arbitramento e cobrança judicial dos honorários advocatícios, deve o advogado renunciar ao patrocínio da causa, fazendo-se representar por um colega.

CAPÍTULO VI
DO DEVER DE URBANIDADE

Art. 44. Deve o advogado tratar o público, os colegas, as autoridades e os funcionários do Juízo com respeito, discrição e independência, exigindo igual tratamento e zelando pelas prerrogativas a que tem direito.

Art. 45. Impõe-se ao advogado lhaneza, emprego de linguagem escorreita e polida, esmero e disciplina na execução dos serviços.

Art. 46. O advogado, na condição de defensor nomeado, conveniado ou dativo, deve comportar-se com zelo, empenhando-se para que o cliente se sinta amparado e tenha a expectativa de regular desenvolvimento da demanda.

CAPÍTULO VII
DAS DISPOSIÇÕES GERAIS

Art. 47. A falta ou inexistência, neste Código, de definição ou orientação sobre questão de ética profissional, que seja relevante para o exercício da advocacia ou dele advenha, enseja consulta e manifestação do Tribunal de Ética e Disciplina ou do Conselho Federal.

Art. 48. Sempre que tenha conhecimento de transgressão das normas deste Código, do Estatuto, do Regulamento Geral e dos Provimentos, o Presidente do Conselho Seccional, da Subseção, ou do Tribunal de Ética e Disciplina deve chamar a atenção do responsável para o dispositivo violado, sem prejuízo da instauração do competente procedimento para apuração das infrações e aplicação das penalidades cominadas.

TÍTULO II
DO PROCESSO DISCIPLINAR

CAPÍTULO I
DA COMPETÊNCIA DO TRIBUNAL DE ÉTICA E DISCIPLINA

Art. 49. O Tribunal de Ética e Disciplina é competente para orientar e aconselhar sobre ética profissional, respondendo às consultas em tese, e julgar os processos disciplinares.

Parágrafo único. O Tribunal reunir-se-á mensalmente ou em menor período, se necessário, e todas as sessões serão plenárias.

Art. 50. Compete também ao Tribunal de Ética e Disciplina:

I – instaurar, de ofício, processo competente sobre ato ou matéria que considere passível de configurar, em tese, infração a princípio ou norma de ética profissional;

II – organizar, promover e desenvolver cursos, palestras, seminários e discussões a respeito de ética profissional, inclusive junto aos Cursos Jurídicos, visando à formação da consciência dos futuros profissionais para os problemas fundamentais da Ética;

III – expedir provisões ou resoluções sobre o modo de proceder em casos previstos nos regulamentos e costumes do foro;

IV – mediar e conciliar nas questões que envolvam:

a) dúvidas e pendências entre advogados;

b) partilha de honorários contratados em conjunto ou mediante substabelecimento, ou decorrente de sucumbência;

c) controvérsias surgidas quando da dissolução de sociedade de advogados.

CAPÍTULO II
DOS PROCEDIMENTOS

Art. 51. O processo disciplinar instaura-se de ofício ou mediante representação dos interessados, que não pode ser anônima.

§ 1º. Recebida a representação, o Presidente do Conselho Seccional ou da Subseção, quando esta dispuser de Conselho, designa relator um de seus integrantes, para presidir a instrução processual.

§ 2º. O relator pode propor ao Presidente do Conselho Seccional ou da Subseção o arquivamento da representação, quando estiver desconstituída dos pressupostos de admissibilidade.

§ 3º. A representação contra membros do Conselho Federal e Presidentes dos Conselhos Seccionais é processada e julgada pelo Conselho Federal.

Art. 52. Compete ao relator do processo disciplinar determinar a notificação dos interessados para esclarecimentos, ou do representado para a defesa prévia, em qualquer caso, no prazo de 15 (quinze) dias.

§ 1º. Se o representado não for encontrado ou for revel, o Presidente do Conselho ou da Subseção deve designar-lhe defensor dativo.

§ 2º. Oferecidos a defesa prévia, que deve estar acompanhada de todos os documentos, e o rol de testemunhas, até o máximo de cinco, é proferido o despacho saneador e, ressalvada a hipótese do § 2º do artigo 73 do

Estatuto, designada a audiência para oitiva do interessado e do representado e das testemunhas, devendo o interessado, o representado ou seu defensor incumbir-se do comparecimento de suas testemunhas, na data e hora marcadas.

§ 3º. O relator pode determinar a realização de diligências que julgar convenientes.

§ 4º. Concluída a instrução, será aberto o prazo sucessivo de 15 (quinze) dias para a apresentação de razões finais pelo interessado e pelo representado, após a juntada da última intimação.

§ 5º. Extinto o prazo das razões finais, o relator profere parecer preliminar, a ser submetido ao Tribunal.

Art. 53. O Presidente do Tribunal, após o recebimento do processo devidamente instruído, designa relator para proferir o voto.

§ 1º. O processo é inserido automaticamente na pauta da primeira sessão de julgamento, após o prazo de 20 (vinte) dias de seu recebimento pelo Tribunal, salvo se o relator determinar diligências.

§ 2º. O representado é intimado pela Secretaria do Tribunal para a defesa oral na sessão, com 15 (quinze) dias de antecedência.

§ 3º. A defesa oral é produzida na sessão de julgamento perante o Tribunal, após o voto do relator, no prazo de 15 (quinze) minutos, pelo representado ou por seu advogado.

Art. 54. Ocorrendo a hipótese do art. 70, 3, do Estatuto, na sessão especial designada pelo Presidente do Tribunal, são facultadas ao representado ou ao seu defensor a apresentação de defesa, a produção de prova e a sustentação oral, restritas, entretanto, à questão do cabimento, ou não, da suspensão preventiva.

Art. 55. O expediente submetido à apreciação do Tribunal é autuado pela Secretaria, registrado em livro próprio e distribuído às Seções ou Turmas julgadoras, quando houver.

Art. 56. As consultas formuladas recebem autuação em apartado, e a esse processo são designados relator e revisor, pelo Presidente.

§ 1º. O relator e o revisor têm prazo de dez (10) dias, cada um, para elaboração de seus pareceres, apresentando-os na primeira sessão seguinte, para julgamento.

§ 2º. Qualquer dos membros pode pedir vista do processo pelo prazo de uma sessão e desde que a matéria não seja urgente, caso em que o exame deve ser procedido durante a mesma sessão. Sendo vários os pedidos, a Secretaria providencia a distribuição do prazo, proporcionalmente, entre os interessados.

§ 3º. Durante o julgamento e para dirimir dúvidas, o relator e o revisor, nessa ordem, têm preferência na manifestação.

§ 4º. O relator permitirá aos interessados produzir provas, alegações e arrazoados, respeitado o rito sumário atribuído por este Código.

§ 5º. Após o julgamento, os autos vão ao relator designado ou ao membro que tiver parecer vencedor para lavratura de acórdão, contendo ementa a ser publicada no órgão oficial do Conselho Seccional.

Art. 57. Aplica-se ao funcionamento das sessões do Tribunal o procedimento adotado no Regimento Interno do Conselho Seccional.

Art. 58. Comprovado que os interessados no processo nele tenham intervindo de modo temerário, com sentido de emulação ou procrastinação, tal fato caracteriza falta de ética passível de punição.

Art. 59. Considerada a natureza da infração ética cometida, o Tribunal pode suspender temporariamente a aplicação das penas de advertência e censura impostas, desde que o infrator primário, dentro do prazo de 120 dias, passe a frequentar e conclua, comprovadamente, curso, simpósio, seminário ou atividade equivalente, sobre Ética Profissional do Advogado, realizado por entidade de notória idoneidade.

Art. 60. Os recursos contra decisões do Tribunal de Ética e Disciplina, ao Conselho Seccional, regem-se pelas disposições do Estatuto, do Regulamento Geral e do Regimento Interno do Conselho Seccional.

Parágrafo único. O Tribunal dará conhecimento de todas as suas decisões ao Conselho Seccional, para que determine periodicamente a publicação de seus julgados.

Art. 61. Cabe revisão do processo disciplinar, na forma prescrita no art. 73, inciso 5º, do Estatuto.

CAPÍTULO III
DAS DISPOSIÇÕES GERAIS E TRANSITÓRIAS

Art. 62. O Conselho Seccional deve oferecer os meios e suporte imprescindíveis para o desenvolvimento das atividades do Tribunal.

Art. 63. O Tribunal de Ética e Disciplina deve organizar seu Regimento Interno, a ser submetido ao Conselho Seccional e, após, ao Conselho Federal.

Art. 64. A pauta de julgamentos do Tribunal é publicada em órgão oficial e no quadro de avisos gerais, na sede do Conselho Seccional, com antecedência de 07 (sete) dias, devendo ser dada prioridade nos julgamentos para os interessados que estiverem presentes.

Art. 65. As regras deste Código obrigam igualmente as sociedades de advogados e os estagiários, no que lhes forem aplicáveis.

Art. 66. Este Código entra em vigor, em todo o território nacional, na data de sua publicação, cabendo aos Conselhos Federal e Seccionais e às Subseções da OAB promover a sua ampla divulgação, revogadas as disposições em contrário.

Brasília-DF, 13 de fevereiro de 1995.

JOSÉ ROBERTO BATOCHIO
Presidente

MODESTO CARVALHOSA
Relator

(Comissão Revisora: LICÍNIO LEAL BARBOSA, Presidente; ROBISON BARONI, Secretário e Sub-relator; NILZARDO CARNEIRO LEÃO, JOSÉ CID CAMPELO e SÉRGIO FERRAZ, Membros)

ANEXO C — REGIMENTO INTERNO DA OAB

TÍTULO I - DA SECCIONAL
CAPÍTULO I - DOS FINS, ORGANIZAÇÃO E PATRIMÔNIO SEÇÃO I

Art. 1º – O Conselho Seccional de São Paulo da OAB – Ordem dos Advogados do Brasil exercerá, no Estado de São Paulo, funções e atribuições da Ordem dos Advogados do Brasil, com ressalva daquelas às quais a lei atribua competência exclusiva ao Conselho Federal.

Parágrafo único – O Conselho Seccional de São Paulo da Ordem dos Advogados do Brasil terá sede na Capital do Estado e representará, em juízo e fora dele, os interesses gerais dos advogados e estagiários nele inscritos, bem como os individuais relacionados ao exercício da profissão.

Art. 2º – Serão órgãos da Seccional:

a) o Conselho Seccional;

b) a Presidência do Conselho;

c) a Diretoria do Conselho;

d) as Comissões Permanentes;

e) as Subseções;

f) as Diretorias das Subseções;

g) o Colégio de Presidentes das Subseções;

h) o Tribunal de Ética;

i) a Caixa de Assistência dos Advogados.

Art. 3º – O patrimônio do Conselho Seccional será constituído por:

a) bens móveis e imóveis adquiridos e direitos decorrentes;

b) legados e doações;

c) quaisquer bens e valores adventícios.

Art. 4º – Constituirão receitas da Seccional:

I – Ordinárias:

a) a percentagem que fixar sobre a contribuição anual, taxas e multas;

b) renda patrimonial e financeira;

c) renda de eventos culturais de qualquer natureza e de serviços.

II – Extraordinárias:

a) as contribuições e doações voluntárias;

b) as subvenções e dotações orçamentárias.

§ 1º – Considerar-se-á receita líquida e receita total, deduzidas as despesas de pessoal, expediente e manutenção.

§ 2º – A receita líquida arrecadada em cada Subseção será remetida mensalmente à tesouraria da Seccional, salvo determinação diversa do Conselho.

§ 3º – O Conselho, ao votar o orçamento para o exercício subsequente, fixará a contribuição, as taxas, preços de serviços e multas a que estão sujeitos os inscritos.

TÍTULO II
CAPITULO I – DAS ELEIÇÕES E DO PROCESSO ELEITORAL

Art. 5º – O Conselho Seccional, até sessenta dias antes do dia 15 de novembro do último ano do mandato, convocará os advogados inscritos para a votação obrigatória, mediante edital resumido, publicado na imprensa oficial, do qual constarão, entre outros, os seguintes itens:

I – dia da eleição, na segunda quinzena de novembro, dentro do prazo contínuo de oito horas, com início fixado pelo Conselho Seccional;

II – prazo para o registro das chapas, na Secretaria do Conselho, até trinta dias antes da votação;

III – modo de composição da chapa, incluindo o número de membros do Conselho Seccional;

IV – prazo de três dias úteis tanto para impugnação das chapas quanto para a defesa, após o encerramento do prazo do pedido de registro (item II), e de cinco dias úteis para a decisão da Comissão Eleitoral;

V – nominata dos membros da Comissão Eleitoral, escolhida pela Diretoria;

VI – locais de votação;

VII – referência aos dispositivos do Regulamento Geral, cujo conteúdo estará à disposição dos interessados.

§ 1º – O edital definirá se as chapas concorrentes às Subseções serão registradas nestas ou na Secretaria do próprio Conselho.

§ 2º – Cabe aos Conselhos Seccionais promover ampla divulgação das eleições, em seus jornais ou boletins e mediante reportagens nos meios de comunicação, fornecendo as informações necessárias, inclusive do processo eleitoral e da composição das chapas concorrentes, após o deferimento dos pedidos de registro.

Art. 6º – A Comissão Eleitoral será composta de cinco membros, sendo um Presidente, que não integrem qualquer das chapas concorrentes.

§ 1º – A Comissão Eleitoral utilizará os serviços das Secretarias do Conselho Seccional e das Subseções, com o apoio necessário de suas Diretorias, convocando ou atribuindo tarefas aos respectivos servidores.

§ 2º – No prazo de cinco dias úteis, após a publicação do edital de convocação das eleições, qualquer advogado poderá arguir a suspensão do membro da Comissão Eleitoral, a ser julgada pelo Conselho Seccional.

§ 3º – A Comissão Eleitoral poderá designar Subcomissões para auxiliar suas atividades.

§ 4º – As mesas eleitorais serão designadas pela Comissão Eleitoral.

§ 5º – A Diretoria do Conselho Seccional poderá substituir os membros da Comissão Eleitoral quando, comprovadamente, não estejam cumprindo suas atividades, em prejuízo da organização e da execução das eleições.

Art. 7º – Contra decisão da Comissão Eleitoral cabe recurso ao Conselho Seccional, no prazo de quinze dias, e deste para o Conselho Federal, no mesmo prazo, ambos sem efeito suspensivo.

Art. 8º – Serão admitidas a registro apenas chapas completas, com indicação dos candidatos aos cargos de diretoria do Conselho Seccional, de conselheiros seccionais, de conselheiros federais, de diretoria da Caixa de Assistência dos Advogados e de suplentes, se houver, sendo vedados candidatos isolados ou que integrem mais de uma chapa.

§ 1º – O requerimento de inscrição, dirigido ao Presidente da Comissão Eleitoral, será subscrito pelo candidato a Presidente, contendo nome completo, número de inscrição na OAB e endereço profissional de cada candidato, com indicação do cargo a que concorre, acompanhado das autorizações escritas dos integrantes da chapa.

§ 2º – Somente poderá integrar chapa o candidato que, cumulativamente:

a) seja advogado regularmente inscrito na respectiva Seccional da OAB, com inscrição principal ou suplementar;

b) esteja em dia com as anuidades;

c) não ocupe cargos ou funções incompatíveis com a advocacia, referidos no art. 28 do Estatuto, em caráter permanente ou temporário, ressalvado o disposto no art. 83 da mesma Lei;

d) não ocupe cargos ou funções dos quais possa ser exonerável *ad nutum*, mesmo que compatíveis com a advocacia;

e) não tenha sido condenado por qualquer infração disciplinar, com decisao transitada em julgado, salvo se reabilitado pela OAB;

f) exerça efetivamente a profissão, há mais de cinco anos, excluído o período de estagiário, sendo facultado à Comissão Eleitoral exigir a devida comprovação;

g) não esteja em débito com a prestação de contas ao Conselho Federal, no caso de ser dirigente do Conselho Seccional.

§ 3º – A Comissão Eleitoral publicará no quadro de avisos das Secretarias do Conselho Seccional e das Subseções a composição das chapas com registro requerido, para fins de impugnação por qualquer advogado inscrito.

§ 4º – A Comissão Eleitoral suspenderá o registro da chapa incompleta ou que inclua candidato inelegível na forma do § 2º, concedendo ao candidato a Presidente do Conselho Seccional prazo improrrogável de cinco dias úteis para sanar a irregularidade, devendo a Secretaria e a Tesouraria do Conselho ou da Subseção prestar as informações necessárias.

§ 5º – A chapa será registrada com denominação própria, observada a preferência pela ordem de apresentação dos requerimentos, não podendo as seguintes utilizar termos, símbolos ou expressões iguais ou assemelhados.

§ 6º – Em caso de desistência, morte ou inelegibilidade de qualquer integrante da chapa, a substituição poderá ser requerida, sem alteração da cédula única já composta, considerando-se votado o substituto.

§ 7º – Os membros dos órgãos da OAB, no desempenho de seus mandatos, poderão neles permanecer se concorrerem às eleições.

Art. 9º – A cédula eleitoral será única, contendo as chapas concorrentes, na ordem em que foram registradas, com uma única quadrícula ao lado de cada denominação e agrupadas em colunas, observada esta sequência: denominação da chapa e nome do candidato a Presidente, em destaque; Diretoria do Conselho Seccional; Conselheiros Seccionais, Conselheiros Federais, Diretoria da Caixa de Assistência dos Advogados e suplentes, se houver.

Parágrafo único – Nas Subseções, além da cédula referida neste artigo, haverá outra cédula para as chapas concorrentes à Diretoria da Subseção e do respectivo Conselho, se houver, observando-se idêntica forma.

Art. 10 – O Conselho Seccional poderá criar o Conselho da Subseção, fixando na resolução a data da eleição suplementar e regulamentando-a segundo as regras deste Capítulo.

Parágrafo único – Os eleitos do primeiro conselho da Subseção complementarão o prazo do mandato da diretoria.

Art. 11 – O voto é obrigatório para todos os advogados inscritos da OAB, sob pena de multa equivalente a 20% (vinte por cento) do valor da anuidade, salvo ausência justificada por escrito, a ser apreciada pela Diretoria do Conselho Seccional.

§ 1º – O eleitor fará prova de sua legitimação apresentando sua carteira ou cartão de identidade profissional e o comprovante de quitação com a OAB, suprível por listagem atualizada da tesouraria do Conselho ou da Subseção.

§ 2º – O eleitor, na cabine inviolável, deverá assinalar a quadrícula correspondente à chapa de sua escolha, na cédula fornecida e rubricada pelo presidente da mesa eleitoral.

§ 3º – Não poderá o eleitor suprimir ou acrescentar nomes ou rasurar a cédula, sob pena de nulidade do voto.

§ 4º – O advogado com inscrição suplementar poderá exercer opção de voto, comunicando ao Conselho onde tenha inscrição principal.

§ 5º – O eleitor somente poderá votar no local que lhe for designado, sendo vedada a votação em trânsito.

Art. 12 – Encerrada a votação, as mesas eleitorais apurarão os votos das respectivas urnas, nos mesmos locais ou em outros designados pela Comissão Eleitoral, preenchendo e assinando os documentos dos resultados e entregando todo o material à Comissão Eleitoral ou à Subcomissão.

§ 1º – As chapas concorrentes poderão credenciar até dois fiscais para atuar alternadamente junto a cada mesa eleitoral e assinar os documentos dos resultados.

§ 2º – As impugnações promovidas pelos fiscais serão registradas nos documentos dos resultados, pela mesa, para decisão da Comissão Eleitoral ou de sua Subcomissão, mas não prejudicarão a contagem de cada urna.

§ 3º – As impugnações deverão ser formuladas às mesas eleitorais, sob pena de preclusão.

Art. 13 – Concluída a totalização da apuração pela Comissão Eleitoral, esta proclamará o resultado, lavrando ata encaminhada ao Conselho Seccional.

§ 1º – Serão considerados eleitos os integrantes de chapa que obtiver a maioria dos votos válidos, proclamada vencedora pela Comissão Eleitoral, sendo empossados no primeiro dia do início de seus mandatos.

§ 2º – A totalização dos votos relativos às eleições para diretoria da Subseção e do Conselho, quando houver, será promovida pela Subcomissão Eleitoral, que proclamará o resultado, lavrando ata a ser encaminhada à Subseção e ao Conselho Seccional.

Art. 14 – Na ausência de normas expressas, aplica-se, supletivamente, a legislação eleitoral, no que couber.

TÍTULO III – DO CONSELHO SECCIONAL

CAPÍTULO I – DA CONSTITUIÇÃO E ATRIBUIÇÕES DO CONSELHO SECCIONAL

Art. 15 – O Conselho Seccional compor-se-á de Conselheiros eleitos, incluindo os membros da Diretoria, proporcionalmente ao número de advogados inscritos, observados os critérios consignados no Regulamento Geral.

§ 1º – Serão membros natos do Conselho Seccional os ex-presidentes da Secção, com voz, sendo que os ex-presidentes empossados antes de 05 de julho de l994 terão direito a voz e voto.

§ 2º – Os membros do Conselho se obrigarão, no ato da posse, por compromisso formal, constante do termo, a bem cumprir os deveres do cargo, na forma da lei.

Art. 16 – Extingue-se o mandato antes de seu término quando:

a) licenciado o profissional ou cancelada sua inscrição;

b) o titular sofrer condenação disciplinar irrecorrível;

c) o titular faltar, sem motivo justificado, a três sessões ordinárias consecutivas;

d) ocorrer renúncia ao mandato.

§ 1º – Nas hipóteses das letras "a", "b" e "c" deste artigo, cumpre à Diretoria promover levantamento da situação de fato, ouvir previamente o interessado e fazer a comunicação ao Conselho.

§ 2º – No caso da letra "d", a Diretoria dará conhecimento da renúncia ao Conselho, para conhecimento da decisão do renunciante.

Art. 17 – Nos casos de licença ou vaga de Conselheiro, o suplente será chamado para substituição temporária ou definitiva, conforme o caso, a critério do Presidente da Seccional.

Parágrafo único – Não havendo suplente ou em seu impedimento, o Conselho Seccional elegerá o substituto para servir durante a licença ou completar o mandato.

Art. 18 – Competirá ao Conselho Seccional:

I – defender a Constituição da República, a ordem jurídica do Estado Democrático de Direito, os direitos humanos, a justiça social e pugnar pela boa aplicação das leis e pela rápida administração da Justiça, e contribuir para o aperfeiçoamento da cultura e das instituições jurídicas;

II – colaborar com os Poderes Judiciário, Legislativo e Executivo no estudo dos problemas da profissão de advogado e seu exercício, propondo as medidas adequadas à sua solução;

III – promover a representação, a defesa, a seleção e a disciplina dos advogados;

IV – promover medidas de defesa da classe;

V – velar pela dignidade, independência, prerrogativas e valorização da advocacia;

VI – editar seu Regimento Interno e Resoluções;

VII – criar e manter as Subseções e a Caixa de Assistência dos Advogados e nelas intervir nas hipóteses do art. lo5, III, do Regulamento Geral, mediante o voto de 2/3 de seus membros;

VIII – fiscalizar a aplicação da receita, apreciar o relatório anual e deliberar sobre o balanço e as contas de sua Diretoria, das Diretorias das Subseções e da Caixa de Assistência dos Advogados;

IX – expedir instruções para a boa execução dos serviços e resoluções da Secção e das Subseções;

X – fixar a tabela de honorários, válida para o território estadual;

XI – eleger substitutos de diretores que se licenciarem ou que comunicarem sua renúncia;

XII – realizar o Exame de Ordem;

XIII – decidir sobre os pedidos de inscrições nos quadros de estagiários e advogados;

XIV – manter e atualizar o cadastro de seus inscritos;

XV – fixar, alterar e receber contribuições obrigatórias, taxas, preços de serviços e multas;

XVI – participar da elaboração dos concursos públicos, em todas as suas fases, nos casos previstos na Constituição e nas leis, na área de seu território;

XVII – aprovar ou modificar seu orçamento anual;

XVIII – definir a composiçao e o funcionamento do Tribunal de Ética e Disciplina e escolher seus membros;

XIX – eleger as listas constitucionalmente previstas para o preenchimento dos cargos dos tribunais judiciários, no setor de sua competência e na forma do Provimento do Conselho Federal, vedada a inclusão de membros do próprio Conselho e de qualquer órgão da OAB;

XX – criar Conselhos Subsecionais em Subseções e fixar o número de seus membros em Subseções que, de forma individual ou agrupada, congreguem advogados nelas profissionalmente domiciliados;

XXI – julgar processo que implique a pena de exclusão;

XXII – conhecer e decidir, originariamente, sobre matéria de sua competência, não compreendida na das Câmaras ou Grupos de Câmaras;

XXIII – julgar, em grau de recurso, os conflitos de competência que surgirem entre Subseções;

XXIV – apreciar e decidir casos de desagravo;

XXV – autorizar a aquisição e a alienação de bens móveis e imóveis, assim como a aplicação de disponibilidades;

XXVI – desempenhar outras atribuições previstas no Regulamento Geral;

XXVII – resolver os casos omissos.

CAPÍTULO II – DA ORDEM DOS TRABALHOS NO PLENÁRIO E NÚMERO PARA DELIBERAÇÕES

Art. 19 – O Conselho Seccional reunir-se-á, ordinariamente, de 1º de fevereiro a 20 de dezembro de cada ano, em dia e horário preestabelecidos, mediante convocação, uma vez pelo menos, a cada trinta dias.

Parágrafo único – Em caso de urgência de acúmulo de serviço, poderá o Conselho reunir-se extraordinariamente, mediante convocação pela imprensa, por telegrama, fac-símile ou por telefone, feita pelo Presidente ou por um terço dos seus membros.

Art. 20 – O número legal para instalação das sessões do Conselho, leitura e aprovação da ata anterior e expediente, será de 1/3 de seus componentes.

§ 1º – Para aprovação ou alteração do Regimento Interno do Conselho, de criação e intervenção em Caixa de Assistência dos Advogados e Subseções e para aplicação da pena de exclusão de inscrito é necessário o quorum de presença de 2/3 dos Conselheiros.

§ 2º – Não se computarão nos cálculos dos quoruns estabelecidos no caput e no § 1º, os ex-Presidentes presentes com direito a voto.

Art. 21 – A ordem dos trabalhos, salvo requerimento de inversão ou urgência, aprovada pelo Conselho, será a seguinte:

I – Verificação do quorum e abertura.

II – Expediente:

a) leitura, discussão e aprovação da ata da sessão anterior;

b) leitura de ofícios e comunicações.

III – Discussão de assuntos e problemas de interesse da classe.

IV – Ordem do Dia:

a) deliberações a respeito de matéria de competência do Conselho;

b) julgamento de competência do Conselho;

c) processos da Tesouraria;

d) proposições.

§ 1º – Os assuntos do item II serão colocados em pauta por solicitação prévia de qualquer Conselheiro e debatidos na ordem de sua apresentação, salvo motivo de urgência, a critério do Presidente ou do Conselho.

§ 2º – O Presidente ou o Conselho decidirão sobre a conveniência de formar processo, com nomeação de Relator ou Comissão, podendo expedir instruções que regulamentem a decisão tomada ou deliberar sobre a matéria submetida.

Art. 22 – As propostas e representações ao Conselho Seccional serão apresentadas por escrito, na Secretaria da Ordem, ou nas sessões, na hora própria, com a assinatura do Conselheiro, podendo, no ato, ser fundamentadas oralmente, no prazo regulamentar de três minutos.

§ 1º – O Presidente designará Relator para emitir parecer sobre a proposta ou representação, ou a submeterá à decisão do Plenário.

§ 2º – Nenhuma proposta ou representação será discutida ou votada na mesma reunião em que apresentada, salvo se versar assunto de mero expediente ou, se mediante requerimento de urgência, por motivo relevante, o Conselho dispensar o interstício.

§ 3º – Os substitutivos serão discutidos e votados concomitantemente com a proposta ou representação.

§ 4º – Apresentado o voto escrito do Relator, será lido na reunião do Conselho. E surgindo qualquer destaque, emenda ou oposição, serão apreciados juntamente com o voto do relator.

§ 5º – Para eventual destaque, emenda ou oposição, terá o suscitante o prazo de três minutos para sustentação oral de sua posição, cabendo ao relator, se quiser, responder em igual prazo.

§ 6º – Havendo diversos interessados no uso da palavra, deverão justificar prontamente suas posições ao Presidente, para que este determine a indicação de um porta-voz comum, evitando-se repetição ou delonga na discussão da matéria.

§ 7º – Eventuais apartes serão admitidos, se concedidos, pelo prazo de 3 minutos.

Art. 23 – A matéria da ordem do dia será afixada em quadro existente na porta da Secretaria, na véspera do dia da sessão, podendo, no entanto, ser submetidos ao Conselho todos os assuntos urgentes, por deliberação do Presidente ou do Conselho, anunciados logo após o início dos trabalhos.

Art. 24 – Haverá adiamento da discussão e deliberação, se houver pedido de vista do processo, a ser concedido até a sessão seguinte, quando, mesmo sem o voto do autor do pedido, a matéria será decidida.

CAPÍTULO III – DAS CÂMARAS

Art. 25 – O Conselho Seccional divide-se em quatro Câmaras, denominadas Primeira, Segunda, Terceira e Quarta Câmaras.

Parágrafo único – A Primeira e Segunda Câmaras formam o 1º Grupo de Câmaras e a Terceira e a Quarta Câmaras compõem o 2º Grupo de Câmaras.

Art. 26 – Competirá à Primeira e à Segunda Câmaras conhecer, discutir, deliberar e decidir processos, em grau de recurso, relativos a decisões da:

a) Presidência;

b) Diretorias da Secção e Subseções;

c) Diretoria da Caixa de Assistência dos Advogados;

d) Comissão de Direitos e Prerrogativas;

e) Comissão de Seleção.

Art. 27 – Competirá à Terceira e à Quarta Câmaras, conhecer, discutir, deliberar e decidir processos, em grau de recurso, relativos a decisões do:

a) Tribunal de Ética e Disciplina;

b) demais Comissões.

Art. 28 – Quando existir questão preliminar autônoma ou de mérito, em matéria que possa constituir deliberação de competência do Conselho Seccional, os Grupos de Câmaras e as Câmaras, por maioria de seus membros, ou seu Presidente, provocarão o prévio exame do Conselho Seccional.

§ 1º – Examinada a matéria pelo Conselho Seccional e fixado o entendimento, voltarão os autos para decisão de mérito das Câmaras ou Grupos.

§ 2º – Inexistente número legal para deliberação, a matéria será adiada para a sessão seguinte, completada a colheita dos votos com os dos Conselheiros faltantes.

Art. 29 – Cada Câmara será composta por até oito Conselheiros designados no início do mandato, além do respectivo Presidente. Conjuntamente com os membros efetivos serão escolhidos dois suplentes, que poderão ser convocados pelo Presidente da Câmara para completar o número legal.

Art. 30 – As Câmaras serão presididas, segundo a sua designação ordinal, respectivamente, pelo Vice-Presidente, pelo Tesoureiro, pelo Secretário-Geral e pelo Secretário-Geral Adjunto.

§ 1º – O Presidente da Câmara terá direito a voto e ao voto de qualidade.

§ 2º – Nas faltas e impedimentos, os Presidentes das Câmaras serão substituídos pelo Conselheiro de inscrição mais antiga dentre os seus membros, que, nesta hipótese, manterá seu direito regular de voto, além do voto de qualidade.

Art. 31 – A Câmara reunir-se-á ordinariamente uma vez por quinzena, em dia e horário previamente fixados pelo seu Presidente, devendo a pauta da sessão ser encaminhada, com antecedência mínima de 24 horas, a todos os seus membros e afixada na Secretaria do Conselho Seccional.

§ 1º – Por convocação do Presidente, ou por deliberação da maioria de seus membros, as Câmaras poderão realizar sessões extraordinárias.

§ 2º – As Câmaras poderão reunir-se estando presentes quatro de seus membros, inclusive o Presidente, hipótese em que este completará o número legal.

Art. 32 – O Presidente de cada Câmara indicará, no início da sessão, dentre os seus membros, aquele que funcionará como Secretário, lavrando a ata.

Art. 33 – Os impedimentos e as suspensões serão apreciados e decididos pela Câmara respectiva.

Art. 34 – Nas sessões das Câmaras será observada a seguinte ordem de trabalhos:

a) verificação do número legal de presença;

b) leitura, discussão e aprovação da ata da sessão anterior;

c) ordem do dia.

Parágrafo único – A ordem dos trabalhos poderá ser alterada pelo Presidente quando houver matéria considerada relevante, ou quando estiver presente à sessão advogado que desejar usar a palavra ou interessado no processo, inscrito para fazer sustentação oral.

Art. 35 – O julgamento dos processos adotará o seguinte procedimento:

a) Leitura do relatório, do voto e da proposta de ementa.

b) Sustentação oral pelo interessado, se advogado for e no exercício estiver, ou mandatário judicial constituído, no prazo de 15 minutos.

c) Discussão da matéria no prazo fixado pelo Presidente, podendo cada Conselheiro fazer o uso da palavra por uma vez, no prazo de três minutos, salvo se lhe for concedida prorrogação.

d) Votação, precedendo as questões prejudiciais e preliminares às de mérito.

e) Proclamação do resultado pelo Presidente com a leitura da súmula do julgamento.

f) Se durante a discussão o Presidente entender configurar-se questão complexa e não se encontrar suficientemente esclarecido, suspenderá o julgamento e designará revisor para a próxima sessão.

g) A justificação escrita do voto poderá ser encaminhada à Secretaria no prazo de quinze dias contados da data da votação da matéria.

h) Será concedida preferência para antecipação de voto ao Conselheiro que a justificar.

i) O secretário lerá, na ausência do Conselheiro relator, o relatório e o voto.

j) O pedido de vista formulado por Conselheiro no ato do julgamento ocasionará o adiamento daquele; terá então a vista concedida, caráter coletivo, permanecendo o processo na Secretaria, que facultará aos interessados os traslados pretendidos, perfazendo-se o julgamento na sessão seguinte ainda que ausentes o relator e o Conselheiro requerente daquela.

Art. 36 – As decisões coletivas serão formalizadas em acórdão assinado pelo Presidente e relator, com posterior publicação na imprensa, comunicação ou intimação pessoal.

Parágrafo único – As manifestações de caráter geral poderão dispensar a forma solene de acórdão.

Art. 37 – As pautas serão afixadas e publicadas nos locais e órgãos próprios com a antecedência mínima de 03 dias, devendo conter de maneira legível e identificável os nomes dos advogados das partes e indicação dos números dos processos.

Art. 38 – Havendo mais de um advogado ou o próprio interessado em fazer sustentação, como parte ou procurador, observar-se-á, para deferimento do pedido de preferência, a ordem de colocação dos processos na pauta.

Parágrafo único – Também terá preferência processo cujo Relator necessite ausentar-se durante a sessão.

Art. 39 – Durante o julgamento poderá a parte, ou seu procurador, pedir a palavra pela ordem para, mediante intervenção sumária, esclarecer equívoco ou dúvida surgidos em relação a fatos, documentos ou afirmações que influam ou possam influir na decisão.

Art. 40 – Para as sessões de julgamento, os interessados serão intimados, com antecedência mínima de 48 horas, por carta com aviso de recebimento, expedida para o último endereço que constar dos autos ou dos arquivos da Ordem ou, ausentes estes dados, por publicação no Diário Oficial; a intimação aperfeiçoar-se-á pela publicação no Diário Oficial, com o nome da parte, de seu advogado ou curador.

Art. 41 – A distribuição de processos aos Relatores será proporcional e em rodízio, pelo Presidente da Câmara.

§ 1º – O Relator determinará a realização de diligência que considere necessária ou devolverá o processo a ele distribuído no prazo de 15 (quinze) dias de seu efetivo recebimento, conforme carga respectiva existente na Secretaria, que, vencido o prazo, fará a cobrança dos autos. Devolvido sem voto ou despacho, o processo será redistribuído a outro Conselheiro, procedendo-se à respectiva compensação na distribuição seguinte.

§ 2º – O prazo assinado ao Relator poderá ser prorrogado, a seu pedido, por igual tempo.

Art. 42 – Compete ao Grupo de Câmaras julgar os embargos infringentes, os embargos de divergência e os incidentes de uniformização de jurisprudência.

Art. 43 – Presidirá o Primeiro Grupo de Câmaras o Conselheiro Vice-Presidente e, na sua falta, o Conselheiro Tesoureiro. Presidirá o Segundo Grupo de Câmaras o Conselheiro Secretário-Geral e, na sua falta, o Conselheiro Secretário-Geral Adjunto.

Parágrafo único – O Presidente do Grupo de Câmaras designará os dias das sessões ordinárias, pelo menos uma em cada mês, ou convocará sessões extraordinárias sempre que houver necessidade.

Art. 44 – A distribuição dos processos de competência dos respectivos Grupos de Câmaras será feita aos Conselheiros, através de rodízio e de maneira proporcional, pelo seu respectivo Presidente, devendo a escolha recair em Relator que não haja proferido voto ou participado da decisão recorrida.

Art. 45 – Aplicar-se-ão aos processos e julgamentos dos Grupos de Câmaras as normas regimentais que regulam os processos e julgamento das Câmaras.

Parágrafo único – Cada Grupo de Câmaras deliberará com a presença mínima da maioria absoluta de seus integrantes, não computado o Presidente.

TÍTULO IV – DA DIRETORIA DO CONSELHO SECCIONAL

CAPÍTULO I – DE SUA COMPOSIÇÃO E COMPETÊNCIA

Art. 46 – A Diretoria do Conselho Seccional será constituída de Presidente, Vice-Presidente, Secretário-Geral, Secretário-Geral Adjunto e Tesoureiro.

Art. 47 – A Diretoria eleita será empossada juntamente com os integrantes do Conselho Seccional.

Parágrafo único – No ato da posse, cada membro da Diretoria prestará o compromisso formal, que constará do termo no livro respectivo, de bem cumprir os deveres do cargo, na forma da lei.

Art. 48 – Competirá à Diretoria administrar a Secção, observar e fazer cumprir o Estatuto e o Regimento Interno, devendo, quando necessário, representar ao Conselho Seccional ou Federal.

Art. 49 – Nos casos de licença temporária o Diretor será substituído pelo Conselheiro designado pelo Presidente e, em caso de vaga de cargo de Diretoria, o Conselho elegerá o substituto, para servir durante a licença ou até o fim do mandato.

CAPÍTULO II
DOS DIRETORES

Art. 50 – Competirá ao Presidente:

I – representar o Conselho Seccional ativa e passivamente, em juízo ou fora dele, apresentando-se nas relações externas como Presidente Estadual da OAB;

II – velar pelo livre exercício da advocacia, pela dignidade e independência da Ordem e de seus membros;

III – convocar e presidir o Conselho e dar execução às suas deliberações;

IV – superintender os serviços da Ordem e nomear os diretores de Departamentos, contratar, nomear, promover, licenciar, suspender e demitir seus funcionários, observada a concordância da maioria dos demais membros da Diretoria;

V – adquirir, onerar e alienar bens imóveis e superintender a administração do patrimônio da Secção, de acordo com as resoluções do Conselho;

VI – tomar medidas urgentes em defesa da classe ou da Ordem;

VII – assinar, com o Tesoureiro, os cheques e ordens de pagamento;

VIII – elaborar, com o Secretário-Geral e o Tesoureiro, o orçamento anual da receita e despesas;

IX – exercer o voto de qualidade nas decisões do Conselho; quando não o exercer, poderá recorrer para o Conselho Federal, se a decisão não for unânime;

X – atender, quando solicitado, os casos de advogados presos em flagrante por motivo de exercício da profissão, sendo que, na impossibilidade de comparecer pessoalmente, poderá fazer-se representar por um dos membros da Comissão de Direitos e Prerrogativas;

XI – prorrogar, a seu critério, o prazo concedido ao advogado nas sustentações orais perante o Conselho;

XII – agir, mesmo criminalmente, contra qualquer pessoa que infringir as disposições do Estatuto e, em geral, em todos os casos que digam respeito às prerrogativas, à dignidade e ao prestígio da Advocacia, podendo intervir, ainda, como assistente, nos processos crimes em que sejam acusados ou ofendidos os inscritos na Ordem, podendo fazer-se representar por um dos membros da Comissão de Direitos e Prerrogativas;

XIII – representar às autoridades sobre a conveniência de vedar o acesso aos cartórios, juízos ou Tribunais, a intermediários de negócios, tratadores de papéis ou a pessoas que, por falta de compostura, possam comprometer o decoro da profissão;

XIV – requisitar cópias autênticas ou fotostáticas de peças de autos, a quaisquer Tribunais, juízos, cartórios, repartições públicas, autarquias e entidades estatais ou paraestatais, quando se fizerem necessárias, para os fins previstos no Estatuto;

XV – recorrer ao Conselho Federal, nos casos previstos no Estatuto;

XVI – assinar a correspondência de maior relevância;

XVII – assinar, com o Secretário-Geral, as carteiras profissionais dos inscritos;

XVIII – apresentar ao Conselho, na última sessão de cada ano, o relatório dos trabalhos do exercício findante;

XIX – exercer as demais atribuições inerentes a seu cargo e as que lhe são ou forem atribuídas pelo Estatuto, pelo Regimento Interno ou pelo Conselho;

XX – contratar advogado, fixando-lhe os honorários, para patrocinar ou defender os interesses da Ordem ou prerrogativas de seus inscritos, em juízo ou fora dele.

Art. 51 – O Presidente, nas suas faltas e impedimentos, será substituído sucessivamente pelo Vice-Presidente, pelo Secretário-Geral, pelo Secretário-Geral Adjunto, pelo Tesoureiro, e, na ausência destes, pelo Conselheiro presente mais antigo e, havendo coincidência de mandatos, pelo mais idoso.

Art. 52 – Competirá ao Vice-Presidente:

I – substituir o Presidente;

II – exercer as atribuições que por este lhe forem cometidas;

III – presidir a Primeira Câmara e o 1º Grupo de Câmaras;

IV – superintender aqueles serviços e departamentos da Ordem que lhe forem expressamente delegados pelo Presidente do Conselho.

Art. 53 – Competirá ao Secretário-Geral:

I – presidir a Terceira Câmara e o 2º Grupo de Câmaras;

II – superintender os serviços da Secretaria;

III – administrar e dirigir os trabalhos de todos os funcionários da Secção, que ficarão sob sua chefia geral;

IV – secretariar as sessões do Conselho;

V – assinar a correspondência da Secretaria;

VI – assinar, com o presidente, as carteiras profissionais;

VII – determinar a organização e revisão anual do cadastro geral dos advogados, estagiários e provisionados da Secção e Subseções;

VIII – dar certidão do que oficialmente constar da Secretaria;

IX – substituir o Vice-Presidente;

X – delegar ao Secretário-Geral Adjunto alguma ou algumas de suas atribuições.

Art. 54 – Competirá ao Secretário-Geral Adjunto:

I – fazer e ler as atas das sessões;

II – abrir e encerrar em cada sessão o termo de presença;

III – substituir o Secretário-Geral e o Tesoureiro;

IV – administrar e zelar pelas "Casas do Advogado" de propriedade e uso da Seccional, acompanhando e fiscalizando as respectivas construções, reformas e aquisições;

V – exercer as atribuições que lhe forem delegadas pelo Secretário-Geral;

VI – assinar, com o Tesoureiro, as ordens de pagamento;

VII – presidir a Quarta Câmara.

Art. 55 – Competirá ao Tesoureiro:

I – a guarda e responsabilidade de todos os bens, valores e patrimônio da Secção;

II – arrecadar todas as rendas e contribuições da Secção;

III – pagar todas as despesas, contas e obrigações, assinando, com o Presidente, os cheques;

IV – assinar, com o Secretário-Geral Adjunto, as ordens de pagamento;

V – manter em ordem, asseio e clareza a escrituração contábil;

VI – elaborar, com o Presidente e com o Secretário-Geral, o orçamento anual da receita e despesas;

VII – apresentar, anualmente, o balanço geral, que instruirá o relatório e a prestação de contas;

VIII – depositar em Bancos oficiais todas as quantias ou valores pertencentes à Secção;

IX – remeter regularmente ao Conselho Federal a quota de arrecadação que legalmente lhe couber;

X – reclamar pagamentos atrasados e fazer a relação dos que forem renitentes, para as sanções devidas;

XI – prestar contas no fim de cada exercício, organizando balancetes semestrais e mensais, quando solicitado pelo Conselho, pela Diretoria ou pela Comissão de Orçamento e Contas;

XII – administrar os fundos de beneficência, tomando resoluções cabíveis, em conjunto com os demais diretores;

XIII – aplicar as disponibilidades da Secção e os fundos de benefícios, sob determinação da Diretoria;

XIV – substituir o Secretário-Geral Adjunto;

XV – presidir a Segunda Câmara.

Parágrafo único – O Tesoureiro apresentará as contas, com antecedência, à Comissão Permanente de Orçamento e Contas, com parecer de auditoria independente, para estudo e parecer que será discutido e votado pelo Conselho, facultando o acesso a papéis, documentos, livros e registros atinentes ao orçamento, contas, receitas e despesas que compõem a contabilidade sempre que solicitado por esta Comissão.

CAPÍTULO III – DAS COMISSÕES
SEÇÃO I – DAS NORMAS GENÉRICAS

Art. 56 – O Conselho e a Diretoria serão auxiliados e assessorados por Comissões Permanentes e Temporárias ou Especiais, integradas por Conselheiros, ou por estes e advogados designados pelo Presidente do Conselho Seccional, e eleitos pelo Conselho Seccional e por este destituíveis a qualquer tempo, pelo voto de sua maioria absoluta, após prévia audiência e regular defesa.

§ 1º – Serão requisitos para integrar as Comissões o exercício ininterrupto da profissão pelo prazo mínimo de cinco anos, salvo o caso de exercício anterior na mesma função e a inexistência de apenamento por infração disciplinar, exceção feita para hipóteses específicas previstas neste Regimento.

§ 2º – Cada Comissão será presidida por um membro Conselheiro ou não, designado pelo Presidente do Conselho Seccional.

§ 3º – Caberá ao Presidente da Comissão a coordenação, administração geral e disciplina da respectiva Comissão, distribuindo os processos e trabalhos entre os integrantes e assessores, bem como cobrando os atrasos.

§ 4º – Na falta ou impedimento de qualquer membro da Comissão, o seu Presidente convocará substituto dentre os demais componentes, conforme a hipótese.

§ 5º – Cada Comissão baixará normas e instruções disciplinares de seu trabalho e das funções e tarefas a seu cargo, submetendo-as ao referendo do Conselho Seccional.

Art. 57 – O Conselho Seccional poderá criar, extinguir ou alterar Comissões Temporárias ou Especiais destinadas a estudo e exame de problemas de interesse da classe, não abrangidas pela competência das Comissões Permanentes. Com a criação, o Conselho fixará as atribuições, elegerá os componentes e poderá determinar o respectivo tempo de existência.

Art. 58 – Serão Comissões Permanentes:

Comissão de Seleção
Comissão de Direitos e Prerrogativas
Comissão de Estágio e Exame de Ordem
Comissão de Orçamento e Contas
Comissão de Obras e Patrimônio
Comissão da Mulher Advogada
Comissão de Direitos Humanos
Comissão de Legislação, Doutrina e Jurisprudência
Comissão do Advogado Público
Comissão do Advogado Assalariado
Comissão de Seguridade Social
Comissão do Meio Ambiente
Comissão das Sociedades de Advogados
Comissão de Defesa do Consumidor

Art. 59 – Nas Subseções poderão ser organizadas Comissões Permanentes nos moldes das existentes na Seccional, ou Temporárias em razão de problemas locais de interesse da classe, compostas de advogados que atendam aos requisitos legais.

Parágrafo único – As Comissões Permanentes exercerão no território da Subseção as atribuições que lhe forem cometidas, expressamente, pela respectiva Comissão Seccional, à qual caberá o julgamento e designação de seu Presidente.

Art. 60 – A distribuição dos processos nas Comissões será registrada em livro próprio, de modo a respeitar o critério da proporcionalidade e o controle das entregas, fazendo-se as devidas compensações em caso de impedimento, suspensão ou redistribuição.

SEÇÃO II – DA COMISSÃO DE SELEÇÃO

Art. 61 – A Comissão de Seleção será composta por oito Conselheiros, um deles o Presidente, e doze membros-assessores. Estes serão escolhidos entre advogados, inscritos na Seccional, de reputação ilibada.

Art. 62 – Essa Comissão será dividida em quatro turmas, cada uma composta de um Conselheiro, que a dirigirá, e três assessores. A juízo do Presidente da Comissão, estes poderão opinar em pedidos de inscrição.

Parágrafo único – Cada turma decidirá, por maioria de votos e instalar-se-á, deliberando, com a presença pelo menos do Presidente e dois de seus membros.

Art. 63 – Caberá privativamente, à Comissão:

a) estudar e dar parecer sobre pedidos de inscrições nos quadros de advogados e estagiários, examinando e verificando o preenchimento dos requisitos legais;

b) apreciar as impugnações aos pedidos de inscrição, emitindo parecer fundamentado, para posterior apreciação da respectiva Câmara;

c) verificar o efetivo exercício profissional por parte dos inscritos, bem como os casos de impedimento, licenciamento ou cancelamento da inscrição;

d) determinar, quando for o caso, exame de saúde, a ser realizado pela Caixa de Assistência dos Advogados de São Paulo, visando a promover eventual licenciamento do profissional;

e) examinar pedidos de transferência e de inscrição suplementar;

f) promover a representação prevista no art. lo, § 4º, da Lei nº. 8.906/94, em caso de transferência ou inscrição suplementar, desde que verificado vício ou possível ilegalidade na inscrição principal;

g) deferir a expedição de carteiras profissionais e cédulas de identidade, bem como vias suplementares em casos de extravio, perda ou mau estado de conservação;

h) recolher as carteiras e cédulas dos advogados, ou profissionais excluídos, suspensos ou impedidos do exercício da advocacia, assim como daqueles que tiverem suas inscrições canceladas;

i) em caso de recusa de entrega da carteira profissional, na forma prevista na letra anterior, promover as medidas cabíveis, inclusive de natureza judicial, para obter a restituição do documento;

j) em casos especiais e a juízo do Presidente da Comissão, esta poderá autorizar o profissional a ser o depositário da carteira aos impedidos de advogar;

k) autorizar, de imediato, a alteração do nome da profissional em virtude de casamento, separação judicial ou divórcio, desde que comprovado por documento hábil a mudança.

Art. 64 – Todos os pedidos de inscrição, de transferência, licenciamento, alteração, suspensão, cancelamento e impugnações, devidamente instruídos com os documentos necessários, serão protocolizados e processados numericamente, sendo pelo Presidente da Comissão distribuídos a uma das turmas, e nestas a um de seus integrantes, proporcionalmente.

§ 1º – No prazo improrrogável de cinco dias, o relator emitirá parecer escrito ou, em diligência, solicitará esclarecimentos ou nova documentação. Com o parecer do relator, o processo será encaminhado ao revisor e será apreciado pela turma, que deferirá, ou não, a inscrição, alteração ou cancelamento.

§ 2º – Cabe recurso de ofício para a Câmara competente nas hipóteses de falta de unanimidade no julgamento.

§ 3º – Divergindo o Presidente da Comissão das decisões unânimes das turmas, estará legitimado dela a recorrer para a Câmara competente.

§ 4º – Do julgamento da Câmara caberá recurso para o Grupo de Câmaras, quando ocorrer divergência com decisão da mesma Câmara, de outra Câmara ou do Conselho Federal.

§ 5º – Da decisão final proferida pela Câmara ou Grupo de Câmaras caberá, ainda, recurso ao Conselho Federal, tudo nos termos do art. 75 e seu Parágrafo único, do Estatuto da Advocacia.

Art. 65 – Concedida a inscrição, o interessado receberá o correspondente número ordinal, sendo expedida a carteira de identidade e respectiva cédula profissional. Ambos os documentos serão assinados pelo Presidente da Seccional, seu substituto legal e, ainda, pelo Secretário-Geral Adjunto.

§ 1º – Pedido de nova inscrição pelo profissional que solicitou cancelamento da anterior não lhe dá o direito de permanecer com o número antigo.

§ 2º – Em sessão solene, de preferência, as carteiras serão entregues pessoalmente aos inscritos, não permitida a representação, que, no ato, proferirão o seguinte juramento: "Prometo exercer a advocacia com dignidade e independência, observar a ética, os deveres e prerrogativas profissionais e defender a Constituição, a ordem jurídica do Estado democrático, os direitos humanos, a justiça social, a boa aplicação das leis, a rápida administração da Justiça, e o aperfeiçoamento da cultura e das instituições jurídicas."

§ 3º – A sessão solene acima referida será dirigida pelo Presidente do Conselho ou por elemento por ele designado, de preferência Conselheiro.

Art. 66 – Em caso de perda ou extravio da Carteira profissional ou cédula de identidade e, igualmente, no caso de se encontrar qualquer delas em mau estado de conservação, o Presidente da Comissão determinará a expedição de outra via, mediante requerimento do interessado.

§1º – O requerimento será acompanhado de:

a) comprovante do pagamento da taxa respectiva;

b) comprovante de pagamento da anuidade;

c) indicação do número de inscrição;

d) duas fotografias – tamanho 3 x 4.

§ 2º – Quando se tratar de perda ou extravio, a expedição de nova via fica subordinada à publicação de edital, em jornal de grande circulação, dando conta do acontecimento. O novo documento será expedido decorrido o prazo de 15 dias da publicação. Durante esse prazo, se assim o requerer o interessado, a Secretaria da Secção, à vista dos assentamentos, expedirá certificado com vigência de quinze dias, prorrogáveis, a fim de assegurar ao requerente a continuidade do exercício profissional.

§ 3º – Em se tratando de substituição, em virtude de o documento se encontrar em mau estado de conservação, o mesmo será juntado ao novo pedido.

§ 4º – Da nova carteira constarão as anotações da anterior, sempre que possível. Para obedecer ao ora disposto, a Secretaria, se for o caso, solicitará auxílio à Secção de Cadastro.

Art. 67 – Quando se tratar de expedição de terceira via da carteira ou outra posterior, fundada em perda ou extravio, além das formalidades acima, o pedido será objeto de apreciação e investigação, por parte da Comissão de Seleção, antes de ser decidido pelo Presidente. Da decisão, caberá recurso para a Câmara.

§ 1º – Os pedidos de inscrição, assim como inscrições por transferência ou suplementar, e para efeito de eventual impugnação, deverão ser publicados na imprensa oficial.

§ 2º – Aos pedidos de transferência ou inscrição suplementar, os interessados deverão juntar cópia reprográfica, autenticada, dos seguintes documentos: diploma de bacharel ou doutor em direito, e certificado de aprovação de "exame de ordem" para aqueles que, por força de lei, foram obrigados a prestá-lo.

SEÇÃO III – DA COMISSÃO DE DIREITOS E PRERROGATIVAS

Art. 68 – A Comissão de Direitos e Prerrogativas será composta por oito membros, designados pelo Presidente do Conselho Seccional, sendo um deles presidente e Conselheiro. Os demais poderão ser recrutados entre os advogados não integrantes do Conselho.

§ 1º – Haverá um quadro de Coordenadores, divididos em dois grupos, cada um presidido por um dos membros acima mencionados, escolhidos pelo Presidente do Conselho, além do quadro regular de assessores.

§ 2º – Caberá ao Presidente da Comissão a direção administrativa e disciplinar dos trabalhos e a distribuição dos processos às Turmas e Relatores, fiscalizando o atendimento dos prazos, bem como avocando e redistribuindo os processos, mediante compensação futura, quando constatar desatendimento aos prazos e ditames fixados.

Art. 69 – Competirá à Comissão de Direitos e Prerrogativas:

a) assistir de imediato qualquer membro da OAB que esteja sofrendo ameaça ou efetiva violação aos direitos, prerrogativas e exercício profissionais;

b) apreciar e dar parecer sobre casos, representação de queixas referentes a ameaças, afrontas ou lesões às prerrogativas e direitos dos inscritos na Ordem;

c) apreciar e dar parecer sobre pedidos de desagravo aos inscritos na Ordem;

d) fiscalizar os serviços prestados a inscritos na OAB e o estado das dependências da Administração Pública postas à disposição dos advogados para o exercício profissional;

e) promover todas as medidas e diligências necessárias à defesa, preservação e garantia dos direitos e prerrogativas profissionais, bem como ao livre exercício da advocacia, propondo ao presidente do Conselho as providências efetivas que julgar convenientes a tais desideratos;

f) verificar os casos de exercício ilegal da profissão, representando ao Presidente do Conselho para a tomada de medidas policiais ou judiciais que se fizerem mister.

Art. 70 – As representações, queixas, denúncias ou notícias de fatos que possam causar ou que já causaram violação de direitos ou prerrogativas da profissão serão protocolizados e autuados pela Secretaria, para posterior encaminhamento ao Relator que for designado.

Art. 71 – Convencido da existência de provas ou indícios de ameaça ou ofensa, determinará o Relator a instauração do processo para oferecimento de parecer e indicação de providências pertinentes. Em caso contrário, determinará o arquivamento. O mesmo ocorrerá quando a ofensa pessoal não estiver relacionada com as prerrogativas e direitos profissionais dos advogados ou se configurar crítica de caráter doutrinário, político ou religioso.

Art. 72 – O Relator e qualquer membro da Turma poderá determinar a realização de diligências, requisitar e solicitar cópias, traslados, reproduções e certidões, informações escritas, inclusive do ofensor, no prazo de 15 dias.

Art. 73 – Se as circunstâncias aconselharem, poderá o Relator requisitar informações sobre anotações constantes dos registros internos da Ordem alusivos ao interessado, observando-se o sigilo, se caso.

Art. 74 – Se houver, perante o Tribunal de Ética e Disciplina, anterior processo versando sobre o mesmo fato, restará este sobrestado até final decisão daquele órgão.

Art. 75 – O processo culminará com a elaboração de parecer do Relator fundamentando as providências pertinentes, quer judiciais, quer extrajudiciais, necessárias para prevenir ou restaurar o império do Estatuto, na sua plenitude.

Art. 76 – O processo deverá tramitar com celeridade necessária aos objetivos a que se propõe. Do procedimento somente terão vista os interessados, vedada a extração de cópia para uso externo.

Art. 77 – Quando o fato implicar ofensa relacionada comprovadamente com o exercício profissional, de cargo ou função da OAB, terá o inscrito também o direito do desagravo público.

Art. 78 – O desagravo será promovido pelo Conselho Seccional, de ofício ou a pedido de qualquer pessoa.

Art. 79 – O processo para sua concessão seguirá o mesmo procedimento anteriormente estabelecido, dispensando o Relator as informações do agravante, nas hipóteses de notoriedade do fato ou de urgência.

Art. 80 – Com ou sem as informações, desde que convencido da procedência da pretensão ao desagravo, lançará o Relator parecer para apreciação do Conselho Seccional.

Art. 81 – Acolhido o parecer, será concedido o desagravo público em sessão solene, em data, local e horário amplamente divulgados para conhecimento público.

Art. 82 – Na sessão, o Presidente do Conselho, ou pessoa por ele delegada, lerá a nota de desagravo a ser publicada na imprensa, encaminhada ao ofensor e às autoridades e registrada nos assentamentos do inscrito.

Art. 83 – Ocorrida a ofensa em território da Subseção a que se vincule o ofendido, a sessão de desagravo poderá ser promovida pela Diretoria ou pelo Conselho Subseccional, com representação do Conselho Seccional.

Art. 84 – As representações, queixas, denúncias ou notícias relativas ao exercício ilegal da profissão seguirão igualmente, no que couber, o procedimento geral anteriormente estabelecido.

Art. 85 – Verificando o Relator a existência de provas indiciárias ou circunstanciais do fato que constitua exercício ilegal ou ilegítimo da advocacia, emitirá desde logo parecer com a sugestão das providências e medidas cabíveis, de natureza penal, civil e administrativa.

Art. 86 – Na hipótese de quaisquer provas de participação, cooperação ou auxílio, quer intelectual, quer material de inscrito, em atividade ilícita, o Relator, mediante despacho fundamentado, remeterá reproduções ou cópias autenticadas das peças pertinentes para o imediato encaminhamento ao Tribunal de Ética e Disciplina.

SEÇÃO IV – DA COMISSÃO DE ESTÁGIO E EXAME DE ORDEM

Art. 87 – A Comissão de Estágio e Exame de Ordem será composta por até oito membros, sendo um deles o seu Presidente, designados pelo Presidente do Conselho Seccional entre Conselheiros ou advogados não integrantes do Conselho, que atendam aos requisitos de inscrição e efetivo exercício profissional há mais de cinco anos, saber jurídico, reputação ilibada e que não tenham sofrido qualquer sanção disciplinar.

Art. 88 – A Comissão será auxiliada em suas funções por um corpo de assessores de número variável, por ela indicados à nomeação dentre advogados que atendam igualmente aos requisitos legais mencionados no dispositivo anterior, bem como por ela destituíveis a qualquer tempo, pelo voto da maioria de seus integrantes.

Art. 89 – Caberá à Comissão:

a) organizar, efetivar e fiscalizar os Exames de Ordem e de Comprovação de Estágio;

b) deferir, elaborar e fiscalizar os convênios para os cursos de estágio profissional da advocacia, mantidos com Faculdades de Direito oficiais ou reconhecidas, autorizadas e credenciadas em convênio com a OAB, nomeando e destituindo os respectivos fiscais e auxiliares, representantes da OAB nos respectivos cursos;

c) organizar, manter e fiscalizar os cursos de estágio profissionais da advocacia mantidos pela própria OAB;

d) organizar, manter e fiscalizar os escritórios experimentais de advocacia para estagiários, mantidos pela OAB ou por resultado de convênios com Faculdades de Direito oficiais ou reconhecidas, baixando as instruções para o exercício de atividades;

e) deferir e fiscalizar o estágio em escritórios de advocacia, fixando e alterando, dentro dos parâmetros legais, o número de estagiários;

f) deferir, elaborar, credenciar e fiscalizar os convênios para os estágios em setores jurídicos públicos ou privados;

g) cumprir e fazer cumprir os provimentos e instruções do Conselho Federal sobre Estágio e Exame de Ordem, baixando instruções complementares com o objetivo de dar melhor cumprimento, no âmbito da Seccional, a tais tarefas;

h) manter registro e cadastro atualizados das Faculdades conveniadas, escritórios e departamentos jurídicos, credenciados aos estagiários;

i) verificar o compatível exercício profissional de estagiários, bem como suas condignas condições de trabalho e remuneração;

j) organizar e disciplinar o corpo de examinadores das provas de Exame de Ordem e de Comprovação de Estágio, dentre advogados que atendam aos requisitos de inscrição e efetivo exercício profissional há mais de cinco anos, e que não tenham sido condenados definitivamente por infração disciplinar, salvo se tiverem obtido a reabilitação;

k) apresentar, anualmente, ao Conselho Seccional, o relatório sobre os resultados de Exame de Ordem e de Comprovação de Estágio, declinando a origem curricular dos candidatos aprovados e reprovados, inclusive para ciência das respectivas Faculdades;

l) nomear o representante da OAB e respectivos auxiliares para os Exames de Comprovação do Estágio de Prática Forense e Organização Judiciária, criado pela Lei nº 5.842, inclusive baixando instruções quanto à forma e âmbito de atuação, enquanto em vigor a regra do art. 84 da Lei 8.906/94.

Art. 90 – A Comissão poderá delegar às Diretorias de Subseções onde haja Faculdade de Direito oficial ou reconhecida, ou onde sejam mantidos cursos de estágio profissional de Advocacia ou escritórios experimentais, o exercício de determinadas atribuições de sua competência, relativamente às atividades exercidas no território da Subseção, máxime no que tange à fiscalização e comprovação do estágio.

Art. 91 – O Exame de Ordem realizar-se-á nas épocas estabelecidas pela

Comissão, para aqueles candidatos que, no território da Seccional, queiram ter a sede principal de sua Advocacia.

Art. 92 – O Exame de Ordem será realizado na sede da Seccional e em sedes regionais determinadas, abrangendo Subsecionais agrupadas segundo suas afinidades geográficas e profissionais, bem como decorrentes da divisão administrativa do Estado, segundo zoneamento efetuado pela Comissão Permanente.

§ 1º – O Coordenador Regional do Exame de Ordem, em cada sede regional, será nomeado pelo Presidente do Conselho Seccional.

§ 2º – Em cada uma das sedes regionais haverá, nomeada pela Comissão, uma banca examinadora permanente, composta de até nove coordenadores, três para cada área de exame, escolhidos dentre advogados com efetivo exercício profissional há pelo menos cinco anos, saber jurídico e reputação ilibada, que não tenham sofrido qualquer pena disciplinar.

§ 3º – Caberá às bancas examinadoras regionais realizar, nas respectivas sedes, os Exames de Ordem e de Estágio, procedendo à triagem e escolha dos examinadores, dispensando-os, após prévia audiência do interessado e justificada decisão da maioria absoluta da Banca, bem como fiscalizando e fazendo cumprir todas as instruções e provimentos regulamentadores, tudo com o objetivo da perfeita e regular aferição dos conhecimentos e condições de admissibilidade dos candidatos, a par da preservação do bom nome da Ordem.

§ 4º – Tanto os integrantes das bancas examinadoras, quanto os próprios examinadores, têm seus nomes comunicados à Comissão Permanente para os devidos fins de cadastramento e anotações, sendo que de igual modo deverão ser comunicadas as renúncias e dispensas.

§ 5º – No caso de Exame de Comprovação do Estágio de Prática Forense e Organização Judiciária, caberá ao Presidente da Comissão indicar os nomes dos que representarão a ordem nessas provas.

Art. 93 – Caberá aos assessores da Comissão Permanente a realização de tarefas, estudos, fiscalizações e verificações, que sejam determinados pela própria Comissão e sua Presidência, tudo de modo a melhor permitir o regular e eficiente exercício das atribuições cometidas.

SEÇÃO V – DA COMISSÃO DE ORÇAMENTO E CONTAS

Art. 94 – Será constituída comissão especial para as finalidades específicas de fiscalizar a receita e opinar previamente sobre a proposta orçamentária, balanço e contas da Diretoria do Conselho, das Subseções e da Caixa de Assistência dos Advogados.

Art. 95 – A Comissão será integrada por três Conselheiros que poderão recorrer ao concurso de assessores e auditores independentes para auxiliar no desempenho de suas funções.

Art. 96 – Compete à Comissão:

a) ofertar pareceres, sugestões, dados e elementos destinados ao aprimoramento da matéria contábil e orçamentária no pertinente a dotações orçamentárias específicas destinadas à manutenção das Subseções;

b) em caráter facultativo, auxiliar, quando solicitada pelo Conselho, no preparo do orçamento e de sua eventual modificação (artigo 58, II, do Estatuto), bem como no encaminhamento e apresentação do relatório anual, balanço e contas, após aprovados pelo Conselho Seccional, ao Conselho Federal para os efeitos do artigo 53, XII, do Estatuto;

c) opinar, quando requisitada, sobre as bases, critérios e fatores utilizados na fixação das contribuições, preços de serviços, taxas e multas, de competência privativa do Conselho Seccional (artigo 58, IX, do Estatuto).

Art. 97 – A Comissão terá pleno e total acesso aos papéis, documentos, livros e registros atinentes ao orçamento, contas, receitas, despesas e demais elementos que compõem a contabilidade do Conselho e das Subseçoes.

SEÇÃO VI – DA COMISSÃO DE OBRAS E PATRIMÔNIO

Art. 98 – A Comissão de Obras e Patrimônio será integrada por cinco Conselheiros designados pelo Presidente do Conselho Seccional, que poderão, a seu turno, indicar assessores, assistentes ou auxiliares.

Art. 99 – Compete à Comissão:

a) velar e zelar pelos bens componentes do patrimônio econômico da Seccional, fiscalizar e acompanhar a realização de obras e serviços, precisos ou necessários;

b) opinar, propor e auxiliar na melhoria e mais adequada utilização dos bens da Seccional, permitindo dessarte o maior e mais amplo aproveitamento do cabedal;

c) propor e opinar sobre alteração, revisão, modificação e estabelecimento de contratos atinentes ao uso e utilização de próprios da Seccional, sugerindo cláusulas, condições, prazos, valores, bem como estabelecer padrões de instrumentos;

d) avaliar, estimar e orçar valores de utilização, aquisição ou alienação de componentes do patrimônio, apresentando pareceres fundamentados, inclusive com recurso ao auxílio de técnicos ou habilitados em avaliações;

e) recorrer ao sistema de escolha de aquisição de bens por via de concorrência pública, nos moldes dos parâmetros gerais relativos ao poder público.

SEÇÃO VII – DA COMISSÃO DA MULHER ADVOGADA

Art. 100 – A Comissão Permanente da Mulher Advogada terá nove componentes, sendo ao menos um deles Conselheiro Seccional e os demais, assessores.

§ 1º – A Comissão será presidida pelo integrante que for Conselheiro e secretariada por um dos membros, eleito pelos demais.

§ 2º – A Comissão elaborará o seu próprio Regimento Interno e poderá dividir-se em subcomissões, a critério de seus integrantes e para melhor cumprir seus objetivos.

Art. 101 – Competirá à Comissão:

a) valorizar a mulher advogada, especialmente no exercício profissional, buscando ampliar o mercado de trabalho com remuneração condigna;

b) pugnar pela eliminação das formas de discriminação da mulher no acesso às carreiras jurídicas e nas respectivas promoções;

c) incentivar a participação ativa da mulher advogada nos órgãos de classe;

d) combater a discriminação contra a mulher advogada, no exercício da advocacia, e sugerir soluções;

e) buscar mecanismos de conscientização da mulher, especialmente da advogada, de forma a favorecer sua plena inserção na vida socioeconômica, política e cultural;

f) defender os direitos da mulher, propugnando pela eliminação das discriminações que a atingem;

g) apoiar as iniciativas de órgãos públicos ou privados, que criem medidas de interesse vinculadas à problemática da mulher;

h) incentivar a participação da mulher advogada em todos os fóruns de trabalho da Comissão, em nível local, regional e estadual;

i) organizar, com as Subseções, encontros regionais periódicos, visando à integração Capital e Interior;

j) pugnar pelo respeito do princípio da igualdade entre os sexos, incentivando a advogada a assumir posição inovadora perante o Direito, de forma a adequar a técnica à realidade social.

SEÇÃO VIII – DA COMISSÃO DE DIREITOS HUMANOS

Art. 102 – A Comissão de Direitos Humanos será integrada por vinte e sete membros, Conselheiros ou advogados, com mais de cinco anos de efetivo exercício profissional, indicados pelo Presidente do Conselho Seccional, a referendo deste órgão.

§ 1º – A Comissão disporá de Secretaria exclusiva, composta por funcionários aproveitados do quadro de pessoal.

§ 2º – O mandato dos membros da Comissão coincidirá com o dos Conselheiros Seccionais.

§ 3º – A Presidência da Comissão caberá ao Presidente do Conselho Seccional, que indicará, dentre os membros deste, o Vice-Presidente, a quem competirá a escolha de um Secretário.

§ 4º – Os membros da Comissão exercerão suas funções sem qualquer remuneração, constando no prontuário individual o respectivo exercício, considerado de relevante interesse público.

§ 5º – O Presidente da Comissão será substituído em suas ausências ou impedimentos pelo Vice-Presidente, e este pelo Secretário, cujo substituto será o membro com a inscrição mais antiga na OAB.

Art. 103 – Competirá à Comissão:

a) assessorar o Presidente do Conselho Seccional da Ordem dos Advogados do Brasil, em sua atuação na defesa dos direitos da pessoa humana;

b) sempre que tomar conhecimento de violações efetivas ou iminentes de direitos humanos, proceder entendimentos com as autoridades públicas constituídas, bem como quaisquer outros procedimentos necessários à apuração dos fatos, visando ao restabelecimento e/ou à reparação do direito violado, ou à integridade do direito ameaçado;

c) instaurar processos, elaborar trabalhos escritos, dar pareceres, promover seminários, painéis e outras atividades culturais com o escopo de estimular e divulgar o respeito aos direitos humanos;

d) inspecionar todo e qualquer local onde haja notícia de violação aos direitos humanos;

e) cooperar, manter intercâmbio e firmar convênios com outros organismos públicos e entidades, nacionais ou internacionais, de defesa dos direitos humanos;

f) criar e manter atualizado um centro de documentação onde sejam sistematizados dados e informações sobre denúncias que lhe forem encaminhadas;

g) estimular a promoção dos Direitos Humanos nas Subseções do Estado.

SEÇÃO IX – DA COMISSÃO DE LEGISLAÇÃO, DOUTRINA E JURISPRUDÊNCIA

Art. 104 – A Comissão de Legislação, Doutrina e Jurisprudência será composta por até oito Conselheiros e será auxiliada por um quadro de assessores e consultores, integrado por advogados e juristas com pelo menos cinco anos de inscrição, de reconhecido saber jurídico, cujos nomes sejam indicados pelo Presidente do Conselho Seccional para nomeação.

§ 1º – A Comissão poderá ser dividida em subcomissões permanentes ou temporárias, abrangendo os vários ramos do Direito e problemas de interesse da classe. Os respectivos estudos, conclusões, projetos e pareceres, após serem referendados ou não pela Comissão Permanente, serão submetidos ao Conselho Seccional.

§ 2º – As subcomissões serão integradas por assessores e consultores, cabendo a sua presidência a um dos Conselheiros-membro da Comissão ou advogado dela integrante, que, no ato da nomeação, seja escolhido pelo Presidente da Seccional.

Art. 105 – Competirá à Comissão Permanente:

a) organizar índices de legislação, doutrina e jurisprudência sobre as várias áreas do direito;

b) agilizar e concentrar a busca a estudos jurídicos – mediante recurso a meios técnicos, científicos e lógicos de informática e comunicação;

c) organizar e estabelecer meios de comunicação e informática com os órgãos legislativos e judiciários;

d) requisitar projetos de lei ou de atos normativos aos órgãos competentes, relativos aos interesses ligados ao exercício da profissão, para exame e parecer;

e) representar ao Conselho Federal sobre a oportunidade de alteração, modificação ou renovação de normas e leis, com as respectivas propostas e pareceres;

f) representar aos órgãos locais sobre a renovação, alteração e proposição de normas legislativas ou atos normativos;

g) emitir parecer, quando solicitado pelo Conselho ou Diretoria, sobre questão relativa à declaração de inconstitucionalidade de lei ou ato normativo estadual ou municipal em frente às leis maiores, Constituição Estadual e Lei Orgânica Municipal, ação civil pública para defesa de interesses difusos e de caráter geral, coletivos e individuais homogêneos relacionados à classe dos advogados, mandado de segurança coletivo, mandado de injunção em face da Constituição Estadual ou Lei Orgânica Municipal;

h) representar ao Conselho Seccional ou emitir parecer no tocante à cassação ou modificação de atos contrários aos Estatutos, Regulamento Geral, Provimentos, Código de Ética e Disciplina, Regimento Interno e Resoluções.

SEÇÃO X – DA COMISSÃO DO ADVOGADO PÚBLICO

Art. 106 – A Comissão do Advogado Público será presidida por um Conselheiro indicado pelo Presidente da Seccional e composta por até oito advogados, Conselheiros ou não, que satisfaçam os requisitos indicados neste artigo.

§ 1º – O Presidente da Comissão indicará um dos eleitos para o exercício da Vice-Presidência e nomeará assessores, a seu critério.

§ 2º – Os integrantes da Comissão serão designados pelo Presidente do Conselho Seccional, que poderá solicitar a sugestão de nomes às Associações representativas das entidades profissionais respectivas.

§ 3º – Serão requisitos genéricos para eleição o exercício ininterrupto da profissão pelo prazo mínimo de cinco anos, salvo se o advogado teve exercício anterior na mesma função, e a inexistência de apenamento por infração disciplinar.

§ 4º – Será requisito específico para integrar a Comissão do Advogado Público ser advogado exercente da profissão na condição de remunerado pela administração pública direta ou indireta, empresa pública ou fundação pública, de qualquer dos níveis de governo, sendo um representante para cada um dos setores referidos.

§ 5º – O mandato dos membros da Comissão será de três anos, coincidindo com o do Conselho Seccional, exercido sem ônus para o Conselho Seccional.

Art. 107 – O integrante da Comissão que deixar a condição profissional inerente ao seu exercício perderá, automaticamente, a função de membro da Comissão, sendo eleito um substituto, que completará o mandato, por indicação do Presidente do Conselho.

Art. 108 – A Comissão deliberará por maioria de votos dos seus membros presentes à reunião.

Art. 109 – Competirá à Comissão Permanente:

a) estudar e propor medidas que objetivem a melhoria das condições de trabalho, remuneração e exercício profissional do advogado público;

b) proceder à fiscalização do exercício profissional dessa categoria no que se refere a seu relacionamento com os respectivos empregadores ou repartições.

SEÇÃO XI – DA COMISSÃO DO ADVOGADO ASSALARIADO

Art. 110 – A Comissão do Advogado Assalariado será presidida por um Conselheiro indicado pelo Presidente da Seccional e composta por até oito advogados, Conselheiros ou não, que satisfaçam os requisitos indicados neste artigo.

§ 1º – O Presidente da Comissão indicará um dos eleitos para o exercício da Vice-Presidência e nomeará assessores, a seu critério.

§ 2º – Os integrantes da Comissão serão designados pelo Presidente do Conselho Seccional, que poderá solicitar a sugestão de nomes às Associações representativas das entidades profissionais respectivas.

§ 3º – Serão requisitos genéricos para eleição o exercício ininterrupto da profissão pelo prazo mínimo de cinco anos, salvo se o advogado teve exercício anterior na mesma função, e a inexistência de apenamento por infração disciplinar.

§ 4º – Será requisito específico para integrar a Comissão do Advogado Assalariado ser advogado exercente da profissão na condição de assalariado de empresa privada, de sociedade de economia mista, de sociedade de advogados ou de escritório de advocacia, sendo um representante para cada um dos setores referidos.

§ 5º – O mandato dos membros da Comissão será de três anos, coincidindo com o do Conselho Seccional, exercido sem ônus para o Conselho Seccional.

Art. 111 – O integrante da Comissão que deixar a condição profissional inerente ao seu exercício perderá, automaticamente, a função de membro da Comissão, sendo eleito um substituto, que completará o mandato, por indicação do Presidente do Conselho.

Art. 112 – A Comissão deliberará por maioria de votos dos seus membros presentes à reunião.

Art. 113 – Competirá à Comissão Permanente:

a) estudar e propor medidas que objetivem a melhoria das condições de trabalho, remuneração e exercício profissional do advogado assalariado;

b) proceder à fiscalização do exercício profissional dessa categoria no que se refere a seu relacionamento com os respectivos empregadores ou repartições.

SEÇÃO XII – DA COMISSÃO DE SEGURIDADE SOCIAL

Art. 114 – A Comissão Permanente de Seguridade Social terá até oito componentes, sendo ao menos dois Conselheiros e, os demais, eleitos pelo Conselho Seccional.

§ 1º – A Presidência da Comissão caberá a um dos Conselheiros, por indicação do Presidente do Conselho Seccional e a Secretaria será exercida por um dos membros, eleito pelos integrantes da Comissão.

§ 2º – A Comissão elaborará o seu próprio Regimento Interno e poderá dividir-se em subcomissões, a critério de seus integrantes e para melhor cumprir seus objetivos.

Art. 115 – Competirá à Comissão:

a) promover estudos e elaborar proposta de criação do sistema de seguridade complementar dos advogados, nos termos do § 2º do art. 62 da Lei nº. 8906, de 04 de julho de 1994, destinado a complementar aposentadorias, pensões e demais benefícios devidos pelo regime geral de previdência social;

b) apresentar, após análise técnico-atuarial a ser realizada por entidade especializada, ao Conselho Seccional, proposta de fixação da contribuição obrigatória destinada à manutenção da seguridade complementar dos advogados, a ser instituída nos termos da alínea anterior;

c) avaliar os programas de saúde e de assistência social prestados aos advogados, propondo ao Conselho Seccional as medidas que objetivem sua ampliação e aperfeiçoamento;

e) instaurar processos, elaborar trabalhos escritos, dar pareceres, promover seminários, painéis e outras atividades culturais, inclusive em colaboração com as Subseções, objetivando aprimorar a seguridade social brasileira;

f) cooperar, manter intercâmbio e firmar convênios com outros organismos públicos e entidades nacionais e internacionais que se relacionem com a seguridade social.

SEÇÃO XIII – DA COMISSÃO DO MEIO AMBIENTE

Art. 116 – A Comissão do Meio Ambiente será composta de vinte e sete membros entre Conselheiros e advogados conhecedores da matéria, em designação do Presidente do Conselho.

Art. 117 – A Comissão será presidida por um dos membros, que escolherá seu secretário.

Art. 118 – Competirá à Comissão:

a) cuidar dos assuntos relativos à proteção de defesa do meio ambiente;

b) promover estudos, cursos, seminários e outras atividades culturais objetivando a divulgação, análise e aprimoramento da legislação pertinente à defesa e proteção do meio ambiente;

c) representar ao Conselho, quando for o caso, propondo as medidas e providências pertinentes à defesa e proteção do meio ambiente;

d) cooperar, manter intercâmbio e firmar convênios com outros organismos públicos e entidades, nacionais ou internacionais, de proteção e defesa do meio ambiente.

SEÇÃO XIV – DA COMISSÃO DAS SOCIEDADES DE ADVOGADOS

Art. 119 – A Comissão das Sociedades de Advogados será presidida por um Conselheiro indicado pelo Presidente da Seccional e composta por dez advogados designados pelo Presidente do Conselho Seccional, Conselheiros ou não.

§ 1º – O Presidente da Comissão indicará um dos eleitos para o exercício da Vice-Presidência e nomeará assessores.

§ 2º – Os integrantes da Comissão serão eleitos pelo Conselho Seccional, que poderá solicitar sugestão de nomes às Associações representativas das atividades profissionais respectivas.

§ 3º – São requisitos para eleição: integrar sociedade de advogados registrada na Ordem dos Advogados do Brasil, Secção de São Paulo; o exercício ininterrupto da profissão pelo prazo mínimo de cinco anos, salvo se o advogado teve exercício anterior na mesma função; e a inexistência de apenamento por infração disciplinar.

§ 4º – O Mandato dos membros da Comissão será de três anos, coincidindo com o do Conselho Seccional.

§ 5º – A Comissão poderá ser dividida, a critério de seu Presidente, em Turmas para o exame de questões especiais, no âmbito de sua competência.

Art. 120 – O integrante de Subcomissão que deixar a condição profissional inerente ao exercício perderá, automaticamente, a função de membro da Subcomissão, sendo eleito um substituto, por indicação do Presidente do Conselho, que completará o mandato.

Art 121 – Competirá à Comissão das Sociedades de Advogados:

a) verificar o correto atendimento, pelas sociedades de advogados, dos requisitos de funcionamento e atividades impostas em leis e provimentos regulamentadores do Conselho Federal da OAB;

b) resolver, por arbitragem, eventuais problemas de exercício profissional surgidos entre sociedades de advogados e entre os próprios integrantes destas;

c) mediar e conciliar questões surgidas na dissolução de sociedades;

d) pugnar pelo aprimoramento técnico-cultural e propor ao Conselho Seccional as medidas de defesa que se fizerem necessárias ao exercício profissional pelas sociedades de advogados.

SEÇÃO XV – DA COMISSÃO DE DEFESA DO CONSUMIDOR

Art. 122 – A Comissão de Defesa do Consumidor terá até oito membros, sendo ao menos um deles Conselheiro Seccional ou suplente e os demais, assessores.

Art. 123 – A Comissão será presidida por Conselheiro, designado pelo Presidente do Conselho Seccional, podendo, a critério de seus integrantes e para melhor cumprir seus objetivos, indicar à nomeação os auxiliares necessários.

Art. 124 – Competirá à Comissão:

a) amplo estudo sobre a aplicação e aprimoramento das normas do Código de Defesa do Consumidor, tendo em vista os fins sociais a que se destina;

b) a divulgação dos estudos dessa legislação específica e sua maior difusão nos meios sociais;

c) viabilizar os meios para eventual atendimento ao consumidor carente que não disponha dos recursos mínimos necessários à contratação de advogado.

TÍTULO IV – DAS DIRETORIAS DAS SUBSEÇÕES

Art. 125 – Competirá às Diretorias das Subseções exercer, nos limites de seu respectivo território, as atribuições legais, em especial:

a) dar cumprimento efetivo às finalidades da OAB;

b) velar pela dignidade, independência e valorização da advocacia, e fazer valer as prerrogativas do advogado;

c) representar a OAB perante os poderes constituídos;

d) desempenhar as atribuições previstas no Regulamento Geral ou por delegação de competência do Conselho Seccional;

e) fazer cumprir e observar as disposições do Regimento Interno do Conselho Seccional.

Parágrafo único – A Diretoria fará constar de ata suas deliberações, endereçando ao Conselho da Secção as competentes comunicações.

Art. 126 – A Diretoria da Subseção compor-se-á de Presidente, Vice-Presidente, Secretário-Geral, Secretário Adjunto e Tesoureiro, servindo por três anos, com mandato e atribuições equivalentes aos da diretoria do Conselho Seccional.

§ 1º – Os membros da Diretoria da Subseção têm os mesmos deveres e incompatibilidades que os da Diretoria do Conselho Seccional, no que for de sua competência.

§ 2º – No ato de sua posse, o Presidente da Subseção prestará o compromisso formal previsto no art. 53 do Regulamento Geral, que constará no termo respectivo.

TÍTULO VI – DO COLÉGIO DE PRESIDENTES DAS SUBSEÇÕES

Art. 127 – O Colégio de Presidentes das Subseções será órgão específico de recomendações ao Conselho Seccional, composto por todos os presidentes das Subseções, ou seus substitutos legais, cabendo a cada Subseção um voto.

Parágrafo único – Os Conselheiros Seccionais e os Conselheiros Federais, representantes da Seccional de São Paulo, serão membros natos do Colégio de Presidentes das Subseções.

Art. 128 – As Subseções serão agrupadas segundo as regiões administrativas do Estado, valendo as da Capital e Grande São Paulo como uma só região.

§ 1º – Cada região administrativa realizará, em cada semestre civil, reuniões ordinárias de debate dos problemas e assuntos de interesse da classe e, em especial, daqueles decorrentes do exercício profissional, surgidos na própria região.

§ 2º – As reuniões ordinárias serão realizadas na Subseção que for cabeça da respectiva região, sendo presididas pelo Presidente da Subseção, de inscrição mais antiga, ou pelo Presidente do Conselho Seccional, se presente.

§ 3º – Caberá ao Presidente nomear os Secretários e Relatores, bem como dividir a pauta de trabalho em tantas Comissões quantas forem necessárias, por assuntos.

§ 4º – A convocação expressa, com antecedência de setenta e duas horas, também caberá a um terço de Presidentes de Subseções e precederá reuniões extraordinárias, com pauta determinada.

Art. 129 – Até o sexto mês de cada semestre civil, o Colégio de Presidentes reunir-se-á ordinariamente para adotar resoluções e recomendações de interesses, sempre na primeira quinzena.

§ 1º – As reuniões ordinárias serão sediadas na Capital do Estado ou, por deliberação da maioria dos Presidentes, em outro Município do Estado que se preste a acomodar a reunião; serão presididas pelo Presidente do Conselho Seccional ou substituto de sua indicação, a quem competirá nomear os Secretários e Relatores, bem como agrupar as Comissões que se encarregarão do debate específico dos temas.

§ 2º – A critério do Presidente do Conselho Seccional, da maioria absoluta do Conselho Seccional ou de um terço, pelo menos, dos Presidentes de Subseções, poderão realizar-se reuniões extraordinárias do Colégio de Presidentes para debate e resolução de assuntos de relevância e urgência.

§ 3º – No primeiro trimestre após a posse do Conselho Seccional e das Diretorias das Subseções, haverá reunião extraordinária do Colégio de Presidentes, destinada à fixação das diretrizes básicas do novo período de administração.

Art. 130 – A matéria e as resoluções aprovadas nas reuniões ordinárias ou extraordinárias de cada região administrativa das Subseções, bem como do próprio Colégio de Presidentes, serão compendiadas pela Comissão Permanente de Estudos Legislativos do Conselho Seccional e dadas ao imediato conhecimento dos integrantes deste Conselho e Presidentes de Subseções.

Art. 131 – As deliberações do Colégio de Presidentes, aprovadas pela maioria absoluta de seus integrantes, serão submetidas ao Conselho Seccional, a quem serão encaminhadas, devendo formar processo.

Art. 132 – Competirá ao Colégio de Presidentes elaborar o respectivo Regimento Interno, submetendo-o ao referendo do Conselho Seccional.

Art. 133 – O Presidente da Caixa de Assistência dos Advogados de São Paulo comparecerá às reuniões do Colégio de Presidentes acompanhado dos Diretores que convocar, todos com voz, mas não com voto nas deliberações.

TÍTULO VII – DO TRIBUNAL DE ÉTICA E DISCIPLINA

CAPÍTULO I – DO OBJETIVO, ORGANIZAÇÃO, FUNÇÕES E PROCEDIMENTOS

Art. 134 – O Tribunal de Ética e Disciplina é órgão destinado a orientar e aconselhar a respeito da ética profissional, competindo-lhe, também, por força do que dispõe a Lei nº 8.906/94, instruir e julgar processos disciplinares, observando as regras do Estatuto e o Regulamento Geral, aplicando, nos casos omissos, princípios expostos na legislação processual penal.

Parágrafo único – Na sua função ética, além de outras, expedirá "resoluções" visando a fazer com que o advogado se torne merecedor de respeito, contribuindo para o prestígio da classe, mantendo, por outro lado, no exercício da profissão, independência absoluta.

Art. 135 – Compõe-se de 45 membros, Conselheiros, ou não. Um deles, necessariamente Conselheiro, será seu Presidente e três outros serão Vice-Presidentes. Os não Conselheiros serão escolhidos, com mandato de três anos, coincidente com o do Conselho, entre advogados de ilibada reputação, com mais de 10 anos de inscrição. Esta condição temporal poderá ser dispensada considerando-se a necessidade de aproveitamento de profissionais de indiscutível saber e que integram a extinta Comissão de Ética e Disciplina.

Art. 136 – Divide-se em três Turmas, sempre dirigidas por um Vice -Presidente. A primeira destina-se a responder a consultas que lhe forem formuladas e, também, zelar pela dignidade da profissão e procurar conciliar questões sobre ética, envolvendo advogados. Propugnará, ainda, pelo fiel cumprimento e observação do Código de Ética e Disciplina, representando, quando for o caso, e pedindo ao Presidente a instauração de procedimento disciplinar.

Art. 137 – Às duas Turmas restantes (2ª e 3ª), igualmente dirigidas por um Vice-Presidente, Conselheiro, competirá instaurar procedimentos disciplinares, instruindo-os, e julgar os inscritos nos quadros da OAB, aplicando, quando for o caso, as penas previstas no art. 35 da Lei n.º 8.906/94, com exceção da de "exclusão", cabendo-lhe, no entanto, instruir os respectivos processos. Ficará a cargo também dessas turmas apreciar e julgar pedidos de revisão, reabilitação e tornar efetiva a medida cautelar consistente em "suspensão preventiva".

Parágrafo único – Os processos serão distribuídos às Turmas pelo Presidente, obedecido, rigorosamente, o princípio da proporcionalidade.

CAPÍTULO II – DO FUNCIONAMENTO – 1ª TURMA

Art. 138 – Consultas formuladas e procedimentos dirigidos ao Tribunal serão autuados pela Secretaria e registrados em "livro próprio". Em seguida, serão distribuídos pelo Presidente a um relator, designado, desde logo, o revisor. Estes, sucessivamente, terão o prazo de 10 dias, cada um, para os respectivos pareceres, apresentando-os na primeira sessão seguinte, ao voto do revisor, para apreciação e julgamento. Cada um dos membros da 1ª turma, oralmente, ou mediante pedido de vista, proferirá seu voto. Os interessados, com a antecedência precisa, serão notificados do dia e hora do julgamento, ocasião em que terão oportunidade de sustentar suas teses, pelo prazo de 15 minutos. Se a hipótese em exame depender da produção de provas estas serão realizadas e as chamadas "provas orais" serão colhidas pelo relator, presentes as partes.

Art. 139 – As sessões serão instaladas desde que presente a maioria simples de seus membros. E as deliberações serão tomadas por maioria. Depois do julgamento, o relator produzirá o correspondente acórdão, com "ementa", que será assinado pelo Vice-Presidente e pelo mesmo relator, anotados no "rodapé" os membros que tomaram parte no julgamento. Por intermédio do Secretário, a Secretaria, atinente à Turma, fará publicar, no órgão oficial, a súmula da decisão, omitidos os nomes das partes, que serão conhecidos apenas pelas iniciais (nomes e prenomes).

Art. 140 – A 1ª Turma contará com a colaboração de um Secretário, de livre indicação do Presidente, cabendo a este:

a) providenciar a respeito do encaminhamento de recursos, porventura interpostos, das decisões do Tribunal;

b) assistir e elaborar ata relativa às reuniões do Tribunal, procedendo à sua leitura na abertura das sessões;

c) preparar a pauta dos trabalhos a redigir ou determinar a expedição de comunicações e correspondência do Tribunal e da Presidência;

d) colaborar com os relatores, quando solicitado, para instrução dos processos;

e) providenciar para que os atos sejam realizados no prazo de cinco dias, ordenando, também, seja certificada no processo a data de sua entrega aos relatores e revisores, assim como a respectiva data de devolução;

f) extrair traslado dos processos, formando autos suplementares, quando o processo, por motivo de recurso, for encaminhado ao Conselho ou a outro órgão da classe;

g) prover para que haja completo sigilo com respeito aos processos, somente informando às partes interessadas, aos seus procuradores, devidamente constituídos, ou a membros do Tribunal e Conselheiros.

Art. 141 – As reuniões dessa Turma verificar-se-ão, mensalmente, em dia e hora que forem marcadas pelo Presidente, permitida a convocação extraordinária, quando necessário.

CAPÍTULO III – DO FUNCIONAMENTO E DESENVOLVIMENTO DOS TRABALHOS DAS TURMAS DE DISCIPLINA

Art. 142 – O procedimento disciplinar será instaurado a requerimento da parte, por representação de qualquer autoridade ou "de ofício".

§ 1º – Apresentada a representação – ou ela determinada – a Secretaria fará as anotações devidas, em livro próprio e fichas organizadas, autuando a peça inicial e eventuais documentos. Deverá constar da representação "rol de testemunhas", quando for o caso.

§ 2º – A seguir, o Presidente do Tribunal, com as ressalvas abaixo, após a defesa prévia do representado, designará relator, ao qual competirá exarar parecer preliminar, fundamentado, quanto ao seguimento, ou não, da representação.

§ 3º – Se o relator concluir pelo arquivamento, o Presidente, por delegação do Conselho, convencido da procedência do parecer, o acolherá, "ad referendum" do Tribunal. Em caso contrário, o Presidente declarará instaurado procedimento disciplinar, deferindo as provas pelas quais houve protesto.

§ 4º – Caberá ao relator, sendo auxiliado por instrutores, se assim quiser, presidir a instrução. Encerrada esta, as partes serão notificadas para, no prazo de 15 dias, comum a todas as manifestações no processo, oferecerem "alegações finais".

§ 5º – Com as alegações finais, o relator organizará seu relatório-voto, sendo o processo colocado em pauta para julgamento, cientificadas as partes do dia, local e hora do ato, quando, então, poderão fazer sustentação oral (prazo de quinze minutos).

§ 6º – Para realização da sessão de julgamento é necessária a presença mínima de cinco membros, sendo as deliberações tomadas por maioria.

§ 7º – Realizado o julgamento, o relator elaborará o respectivo acórdão. Este será publicado e notificadas as partes pelo correio, com "aviso de recebimento".

§ 8º – Eventuais "embargos de declaração" serão submetidos à apreciação do relator e postos em julgamento pela Turma ou Turmas.

§ 9º – O "juízo de admissibilidade" dos demais recursos, previstos em lei, será apreciado, em primeira mão, pelo relator do órgão para o qual é dirigido o inconformismo.

§ 10 – Além da competência das Turmas, caberá ao Presidente do Tribunal apreciar e decretar eventual prescrição de processo disciplinar.

§ 11 – Em se tratando de representação sem qualquer fundamento ou desacompanhada de um mínimo de prova dos fatos alegados, o Presidente, por delegação do Conselho, poderá determinar o arquivamento, liminar, do pedido.

§ 12 – As reuniões das Turmas de disciplina verificar-se-ão, semanalmente, de preferência, às terças-feiras, podendo haver convocações extraordinárias.

§ 13 – Para a imposição da medida cautelar, prevista no art. 73, § 3º, da Lei nºº 8.906/94, é necessária a presença, mínima, de 10 membros e a deliberação será tomada por maioria.

§ 14 – No desempenho de suas funções, as Turmas serão auxiliadas por defensores, instrutores e conselheiros-assessores.

Art. 143 – Notificações para fins de procedimento disciplinar serão pessoais ou enviadas pelo correio, com aviso de recebimento. Não sendo encontrado o destinatário, será feita publicação no "Diário Oficial". Não acudindo ao chamamento, o representado será havido como revel. O endereçamento não poderá ser tido por ineficaz se foi encaminhado para a última residência, que, mediante declaração do profissional, deve constar, obrigatoriamente, dos assentamentos do órgão de classe.

Art. 144 – À Secretaria das Turmas disciplinares caberá:

a) providenciar para que os expedientes nos procedimentos disciplinares sejam dados no prazo de cinco dias;

b) certificar, no processo, a data de sua entrega e devolução dos processos aos membros das Turmas;

c) informar, mensalmente, ao Presidente, processos que tenham sido enviados a outros órgãos de classe e não devolvidos no período;

d) providenciar para que haja absoluto sigilo nos trabalhos das Turmas, especialmente no que diz respeito a processos disciplinares. A estes só terão acesso as partes, seus procuradores constituídos, e membros do Tribunal.

Art. 145 – Em suas faltas ou impedimentos, o Presidente e os Vice-Presidentes de todas as Turmas serão substituídos pelo membro de inscrição mais antiga.

Art. 146 – Os casos omissos neste Regimento, e ligados ao Tribunal de Ética e Disciplina, serão supridos pela experiência comum.

TÍTULO VIII – DOS RECURSOS EM GERAL

Art. 147 – Caberá recurso ordinário para uma das Câmaras do Conselho de todas as decisões proferidas pelo Presidente, Diretoria de Subseções, da Caixa de Assistência dos Advogados e do Tribunal de Ética e Disciplina (artigos 76 da Lei 8.906/94 e 143 do Regulamento Geral).

Art. 148 – Os recursos serão interpostos no prazo de l5 dias, a contar da publicação na imprensa oficial ou da cientificação do ato, perante a autoridade ou órgão que proferiu a decisão (artigos 138 e 139 do Regulamento Geral).

Art. 149 – O juízo de admissibilidade competirá ao relator, não podendo a autoridade ou órgão *a quo* rejeitar o encaminhamento do recurso (artigo 138, § 1º, do Regulamento Geral).

§ 1º – Verificando o relator a carência dos pressupostos recursais, proferirá despacho indicativo de indeferimento liminar ao Presidente do órgão *ad quem* (art. 140, Parágrafo único, do Regulamento Geral).

§ 2º – Da decisão presidencial caberá recurso do interessado para o órgão julgador, impedido o relator da decisão recorrida de relatar tal recurso (artigo 141 do Regulamento Geral).

Art. 150 – Os embargos infringentes serão oponíveis às decisões não unânimes proferidas pelas Câmaras.

Art. 151 – Cabem embargos de divergência das decisões definitivas das

Câmaras que conflitem com outras proferidas por qualquer delas, e desde que ainda não se haja uniformizado o entendimento sobre a matéria.

Art. 152 – Os embargos de declaração serão dirigidos ao relator da decisão visada, que, mediante despacho fundamentado, poderá negar-lhes seguimento nas hipóteses de se mostrarem manifestamente protelatórios ou de ausência dos pressupostos de admissibilidade.

§ 1º – Admitidos, serão postos em mesa para julgamento, independentemente de inclusão na pauta, na sessão subsequente, salvo justificado impedimento (artigo 138, §§ 3º e 4º, do Regulamento Geral).

§ 2º – As decisões singular ou coletiva contempladas no item anterior não permitirão recurso (artigo 138, § 5º, do Regulamento Geral).

Art. 153 – A aplicação da pena de exclusão com fundamento nos permissivos contidos no artigo 34, incisos XXVI a XXVIII, cc. artigo 38, incisos I e II do Estatuto, caberá ao Conselho pelo quorum qualificado de 2/3 de seus membros (art. 144 do Regulamento Geral).

Art. 154 – Haverá recurso voluntário em todas as hipóteses alinhadas no artigo 75 do Estatuto para o Conselho Federal.

Art. 155 – São legitimados a exercitar o direito de recurso o Presidente do Conselho e os interessados, inclusive, para o Conselho Federal, conforme artigo 75, Parágrafo único, da Lei 8.906/94.

Parágrafo único – Para interpor recurso, não sendo o interessado advogado inscrito e no exercício regular da profissão, deverá para tanto servir-se de profissional habilitado.

Art. 156 – De regra, os recursos terão efeito suspensivo, excetuando-se as hipóteses de suspensão preventiva por infração de regra disciplinar, inscrição mediante prova falsa e de matéria eleitoral (artigos 77, da Lei 8.906/94 e 138, § 2º, do Regulamento Geral).

Art. 157 – Os prazos contam-se da maneira geral, com exclusão do dia da publicação, intimação ou comunicação e inclusão do dia seguinte, a partir do primeiro dia útil.

Art. 158 – Os prazos não fluem nos períodos de recesso (artigo 135, Parágrafo único, do Regulamento Geral).

TÍTULO IX – DAS DISPOSIÇÕES GERAIS

Art. 159 – A Diretoria promoverá a publicação dos Atos da Ordem no Diário Oficial do Estado, salvo quando o sigilo profissional for imposto por lei.

Art. 160 – Todas as notificações, comunicações e intimações serão feitas por carta registrada com aviso de recebimento ou por edital no Diário Oficial do Estado quando o interessado não for encontrado, salvo se expedidas em processo disciplinar.

§ 1º – O endereçamento dar-se-á para o último domicílio constante dos arquivos da Seccional.

§ 2º – Cumpre a todo inscrito na Ordem comunicar, expressa e imediatamente, a mudança de endereço, sob pena de não poder invocar esse fato para eximir-se de obrigação ou efeito do Estatuto ou deste Regimento.

§ 3º – Notificação, intimação, comunicação e ofícios, salvo prova em contrário, serão tidos por feitos e entregues, conforme o caso:

a) com o ciente do destinatário quando ocorrer a providência por diligência pessoal de funcionários da Ordem;

b) com a juntada do recibo de aviso de recebimento, devidamente assinado pelo destinatário;

c) com a publicação feita no Diário Oficial.

Art. 161 – Notificação, intimação, comunicação e ofício para fins de procedimento disciplinar serão pessoais ou enviados pelo correio, com aviso de recebimento. Não sendo encontrado o destinatário, será feita a publicação de edital no Diário Oficial do Estado.

§ 1º – O edital limitar-se-á a convocar o destinatário a comparecer à Secção para se manifestar em processo de seu interesse.

§ 2º – Notificação e intimação, mesmo para conhecimento de data de julgamento, serão feitas pessoalmente, por carta com aviso de recebimento, ou notícia publicada no Diário Oficial do Estado, indicando o número do processo.

Art. 162 – Para controle e disciplina do exercício da advocacia no território nacional, o Presidente da Secção fará publicar, de uma só vez e por ordem alfabética, no primeiro trimestre de cada ano, no Diário Oficial do Estado, a lista atualizada dos advogados, estagiários e provisionados com inscrição até 31 de dezembro do ano anterior, com nome, número de inscrição, sede principal, endereço e telefone do advogado, bem como eventuais impedimentos.

Art. 163 – Será editado, com regularidade pelo menos trimestral, o Jornal do Advogado, contendo, em caráter preferencial, notícias sobre consultas e decisões a respeito de seleção, direitos e prerrogativas, ética e disciplina e do próprio Tribunal de Ética, acórdãos de uniformização de jurisprudência e matérias de interesse profissional da advocacia em geral, para conhecimento dos inscritos e orientação quanto ao exercício profissional.

Parágrafo único – A Diretoria constituirá Comissão de Redação, presidida por seu Presidente, destinada à administração e disciplina do Jornal do Advogado e outras publicações da Seccional, seleção de trabalhos e responsabilidade técnica.

Art. 164 – A criação de Subsecção, nos termos do § 4º do art. 60 da Lei 8.906/94, deverá contar com o número mínimo de 100 (cem) advogados, nela profissionalmente domiciliados.

Art. 165 – A criação e instalação de Conselhos da Subseção só ocorrerá naquela onde houver mais de 2.000 advogados inscritos, nos termos do § 4º do artigo 60 da Lei 8.906/94.

Art. 166 – O presente Regimento poderá ser revogado ou alterado por aprovação da maioria absoluta dos membros do Conselho, mediante proposta prévia e fundamentada de qualquer de seus membros ou proposta subscrita, no mínimo, por quinhentos advogados inscritos na Secção, a qual permanecerá em pauta por três sessões consecutivas.

Art. 167 – Os casos omissos neste Regimento serão resolvidos pela Diretoria da Secção, submetidos ao referendo do Conselho Seccional, constando da ata o fundamento da resolução tomada.

Art. 168 – Este Regimento ficará desde logo adaptado e vinculado às disposições da Lei Federal 8.906/94, ao Regulamento Geral e Resoluções e Provisões do Conselho Federal.

ANEXO D – LEI DE 11 DE AGOSTO DE 1827

Cria dois Cursos de Ciências Jurídicas e Sociais, um na Cidade de São Paulo e outro na de Olinda.

Dom Pedro Primeiro, por Graça de Deus e unânime aclamação dos povos, Imperador Constitucional e Defensor Perpétuo do Brasil: Fazemos saber a todos os nossos súditos que a Assembleia Geral decretou, e nós queremos a Lei seguinte:

Art. 1.º – Criar-se-ão dois Cursos de Ciências Jurídicas e Sociais, um na Cidade de S. Paulo, e outro na de Olinda, e neles no espaço de cinco anos, e em nove cadeiras, se ensinarão as matérias seguintes:

1.º ANO – 1ª cadeira – Direito Natural, Público, Análise da Constituição do Império, Direito das Gentes, e Diplomacia.

2.º ANO – 1ª cadeira – Continuação das matérias do ano antecedente. 2ª cadeira – Direito Público Eclesiástico.

3.º ANO – 1ª cadeira – Direito Pátrio Civil. 2ª cadeira – Direito Pátrio Criminal com a Teoria do Processo Criminal.

4.º ANO – 1ª cadeira – Continuação do Direito Pátrio Civil. 2ª cadeira – Direito Mercantil e Marítimo.

5.º ANO – 1ª cadeira – Economia Política. 2ª cadeira – Teoria e Prática do Processo adotado pelas leis do Império.

Art. 2.º – Para a regência destas cadeiras o Governo nomeará nove lentes proprietários, e cinco substitutos.

Art. 3.º – Os Lentes proprietários vencerão o ordenamento que tiverem os Desembargadores das Relações, e gozarão das mesmas honras. Poderão jubilar-se com o ordenado por inteiro, findos vinte anos de serviço.

Art. 4.º – Cada um dos Lentes substitutos vencerá o ordenado anual de 800$000.

Art. 5.º – Haverá um Secretário, cujo ofício será encarregado a um dos Lentes substitutos com a gratificação mensal de 20$000.

Art. 6.º – Haverá um Porteiro com o ordenado de 400$000 anuais, e para o serviço haverão os mais empregados que se julgarem necessários.

Art. 7.º – Os Lentes farão a escolha dos compêndios da sua profissão, ou os arranjarão, não existindo já feitos, contanto que as doutrinas estejam de acordo com o sistema jurado pela Nação. estes compêndios, depois de aprovados pela Congregação, servirão interinamente; submetendo-se porém à aprovação da Assembleia Geral, e o Governo os fará imprimir e fornecer às escolas, competindo aos seus autores o privilégio exclusivo da obra, por dez anos.

Art. 8.º – Os estudantes, que se quiserem matricular nos Cursos Jurídicos, devem apresentar as certidões de idade, porque mostrem ter a quinze anos completos, e de aprovação da Língua Francesa, Gramática Latina, Retórica, Filosofia Racional e Moral, e Geometria.

Art. 9.º – Os que frequentarem os cinco anos de qualquer dos Cursos, com aprovação, conseguirão o grau de Bacharéis formados. Haverá também o grau de Doutor, que será conferido àqueles que se habilitarem som os requisitos que se especificarem nos Estatutos, que devem formar se, e só os que o obtiverem, poderão ser escolhidos por Lentes.

Art. 10.º – Os Estatutos do VISCONDE DA CACHOEIRA ficarão regulando por ora naquilo em que forem aplicáveis; e se não opuserem à presente Lei. A Congregação dos Lentes formará quanto antes uns estatutos completos, que serão submetidos à deliberação da Assembleia Geral.

Art. 11.º – O Governo criará nas Cidades de S. Paulo e Olinda as cadeiras necessárias para os estudos preparatórios declarados no art. 8.º

Mandamos portanto a todas as autoridades, a quem o conhecimento e execução da referida Lei pertencer, que a cumpram e façam cumprir e guardar tão inteiramente, como nela se contém. O Secretário de Estado dos Negócios do Império a faça imprimir, publicar e correr. Dada no Palácio do Rio de Janeiro aos 11 dias do mês de agosto de 1827, 6.º da Independência e do Império.

IMPERADOR com rubrica e guarda.

(L.S.)

Visconde de S. Leopoldo.

Carta de Lei pela qual Vossa Majestade Imperial manda executar o Decreto da Assembleia Geral Legislativa que houve por bem sancionar, sobre a criação de dois cursos jurídicos, um na Cidade de S. Paulo, e outro na de Olinda, como acima se declara.

Para Vossa Majestade Imperial ver.

Albino dos Santos Pereira a fez.

Registrada à fl. 175 do livro 4.º do Registro de Cartas, Leis e Alvarás. – Secretaria de Estado dos Negócios do Império em 17 de agosto de 1827. – Epifanio José Pedrozo.

Pedro Machado de Miranda Malheiro.

Foi publicada esta Carta de Lei nesta Chancelaria-mor do Império do Brasil. – Rio de Janeiro, 21 de agosto de 1827. – Francisco Xavier Raposo de Albuquerque.

Registrada na Chancelaria-mor do Império do Brasil à fl. 83 do livro 1.º de Cartas, Leis, e Alvarás. – Rio de Janeiro, 21 de agosto de 1827. – Demétrio José da Cruz.

ANEXO E — DECRETO Nº 19.408, DE 18 DE NOVEMBRO DE 1930

Reorganiza a Corte de Apelação e da outras providências

O Chefe do Governo Provisório da República dos Estados Unidos do Brasil:

Atendendo à necessidade de prover ao melhor funcionamento da Justiça local do Distrito Federal, fazendo equitativa distribuição dos feitos, normalizando o desempenho dos cargos judiciários, diminuindo os ônus aos litigantes, em busca do ideal da justiça gratuita, prestigiando a classe dos advogados, e enquanto não se faz a definitiva reorganização da Justiça, decreta:

Art. 10 A Corte de Apelação do Distrito Federal, constituída de vinte e dois desembargadores, se compõe de seis Câmaras, sendo a primeira e a segunda criminais, a terceira e a quarta cíveis e a quinta e a sexta de agravos, cada uma com três membros e presididas pelos vice-presidentes originários da Corte.

Art. 20 A corte de Apelação será presidida por um presidente, as Câmaras criminais pelo primeiro vice-presidente, as cíveis pelo segundo e as de agravo pelo terceiro.

Art. 3o O presidente, os vice-presidentes e os membros das Câmaras serão eleitos pela Corte de Apelação, sendo aqueles pelo prazo de dois anos, proibidas as reeleições.

Art. 4o As atribuições da Corte de Apelação e das Câmaras são as definidas na legislação vigente, distribuídos os processos alternada e obrigatoriamente a cada câmara na esfera das suas atribuições criminal, cível e de agravos.

Parágrafo único. Os feitos serão processados e julgados de acordo com a legislação vigente, aplicado aos julgamentos criminais o disposto no art. 1.169 e parágrafos do decreto no 16.752, de 31 de dezembro de 1924, sendo sempre julgados em sessão secreta os recursos criminais do Ministério Público, nos processos de crimes inafiançáveis de réu solto.

Art. 5o Os acórdãos das Câmaras constituem decisão da última instância, salvo as exceções expressas nos arts. 100 e 102 do Decreto no 16.273, de 20 de dezembro de 1923, que ficam revigorados, e as decisões de recebimento ou rejeição de queixa ou denúncia nos processos da competência da Corte.

Art. 6o Os embargos e recursos aos acórdãos das Câmaras serão julgados pelas duas Câmaras criminais, cíveis e de agravo, respectivamente, em sessão conjunta, tendo o presidente voto de desempate.

Art. 7o Fica restabelecido o instituto dos prejulgados, criado pelo Decreto no 16.273, de 20 de dezembro de 1923, destinado a uniformizar a jurisprudência das Câmaras.

Art. 8o Todos os recursos para as Câmaras da Corte de Apelação serão arrazoados na primeira instância.

Art. 9o As Câmaras se reunirão duas vezes por semana, no mínimo, em dias previamente designados pelos seus presidentes.

Art. 10. Nos impedimentos ocasionais dos juízes das Câmaras, a substituição se fará pelos das outras, na ordem numérica das câmaras e de antiguidade dos juízes, sendo os da sexta Câmara substituídos pelos da primeira.

Parágrafo único. O Presidente da Corte será substituído pelos vice-presidentes, na ordem numérica, e estes pelos desembargadores mais antigos nas respectivas Câmaras conjuntas.

Art. 11. As férias dos magistrados e membros do Ministério Público, limitadas a quarenta e cinco dias, serão gozadas de uma só vez, em qualquer época do ano, tendo-se em consideração a conveniência do serviço público.

Art. 12. O presidente da Corte regulará o gozo das férias dos magistrados, não permitindo a ausência simultânea de mais de três desembargadores, um de cada Câmara conjunta.

Parágrafo único. Os desembargadores em gozo de férias ou licenças serão substituídos pelos juízes de direito convocados pelo presidente da Corte de Apelação.

Art. 13. O Conselho Supremo da Corte de Apelação, com a designação de "Conselho de Justiça", se constitui dos presidentes das três Câmaras, terá como presidente o da Corte e exercerá as atribuições que lhe são conferidas na legislação vigente.

Art. 14. Os magistrados e membros do Ministério Público não poderão exercer qualquer cargo de eleição, nomeação ou comissão, mesmo de natureza gratuita, salvo o exercício do magistério.

Art. 15. Os funcionários e serventuários da Justiça (Decreto no 16.273, de 20 de dezembro de 1923) são obrigados a exercer pessoalmente as suas funções e só poderão se afastar de seus cargos em gozo de férias ou licenças por motivo de moléstia, regularmente concedidas, casos em que serão substituídos na forma da lei.

Art. 16. Ao funcionário ou serventuário da Justiça que pedir mais de dois anos de licença para tratamento de saúde será aplicado o preceito dos arts. 281 e 282 do Decreto no 16.273, de 20 de dezembro de 1923, se comprovada a invalidez.

Art. 17. Fica criada a Ordem dos Advogados Brasileiros, órgão de disciplina e seleção da classe dos advogados, que se regerá pelos estatutos que forem votados pelo Instituto da Ordem dos Advogados Brasileiros, com a colaboração dos Institutos dos Estados, e aprovados pelo Governo.

Art. 18. Todos os feitos cíveis e criminais e administrativos na Justiça local do Distrito Federal serão distribuídos, alternada e obrigatoriamente, aos respectivos Juízos, na esfera das suas atribuições, exercendo o Ministério Público severa vigilância para assegurar a igualdade nas distribuições.

§ 10 As petições iniciais dos feitos da competência das varas cíveis, uma vez distribuídas, serão imediatamente remetidas pelo distribuidor, em protocolo, com a precisa indicação do dia e hora da distribuição, ao respectivo escrivão.

§ 20 Se o interessado não promover a diligência requerida no prazo de três dias, o escrivão devolverá a petição por protocolo, cancelando o distribuidor a distribuição e fazendo a devida compensação com a primeira petição da mesma natureza que entrar.

Art. 19. Ficam revogados o Decreto no 18.393, de 17 de setembro de 1928, e os arts. 20 e 50 do Decreto no 5.672, de 9 de março de 1929, e revigorado o regimento de custas aprovado pelo Decreto no 10.291, de 25 de junho de 1913, com as restrições contidas no art. 30 do Decreto no 5.427, de 9 de janeiro de 1928, e parágrafo único do art. 29 do Decreto no 5.053, de 6 de novembro de 1926, que continuam em vigor.

Parágrafo único. As custas devidas no Juízo de Acidentes do Trabalho serão cobradas de acordo com as rubricas relativas aos juízos cíveis e curadorias de órfãos.

Art. 20. A taxa judiciária será paga em estampilhas, metade inutilizada pelo distribuidor, ao distribuir os feitos, e a outra metade pelo escrivão, ao fazer os autos conclusos para julgamento.

Art. 21. Revogam-se as disposições em contrário.

Rio de Janeiro, 18 de novembro de 1930; 1090 da Independência e 420 da República.

GETÚLIO VARGAS

Osvaldo Aranha

ANEXO F — DIRETRIZES DO EXAME NACIONAL DE CURSOS ("PROVÃO") — CURSO DE DIREITO, 2003

Portaria nº 3.816, de 24 de dezembro de 2002
Publicada no Diário da União de 26 de dezembro de 2002

O MINISTRO DE ESTADO DA EDUCAÇÃO, no uso de suas atribuições e tendo em vista o disposto no artigo 30 da Lei no 9.131, de 24 de novembro de 1995, e nos artigos 40 e 60 da Portaria Ministerial no 1.843, de 31 de outubro de 2000, e considerando as definições estabelecidas pela Comissão de Avaliação do Curso de Direito, nomeada pela Portaria Ministerial no 3.161, de 13 de novembro de 2002, resolve:

Art. 1º O Exame Nacional de Cursos, como parte integrante do sistema de avaliação da educação superior, no que se refere aos cursos de Direito, terá por objetivos: I. Contribuir para: a) a avaliação dos cursos de graduação em Direito, com o intuito de promover a melhoria da qualidade e o contínuo aperfeiçoamento do ensino oferecido, por meio da verificação de competências, habilidades e domínio de conhecimentos necessários para o exercício da cidadania e das diversas profissões da área do Direito; b) a construção de uma série histórica, a partir do levantamento de informações e dados quantitativos e qualitativos, por meio da análise dos resultados de prova escrita e questionários, visando a qualificar o processo de ensino-aprendizagem de Direito, em suas relações com fatores socioeconômicos e culturais; c) o desenvolvimento de padrões qualitativos, de modo a possibilitar a elevação do nível do ensino jurídico e a formação de profissionais do Direito de acordo com o perfil definido para a área; d) a identificação de necessidades, demandas e problemas do processo de formação do profissional do Direito, consideradas as exigências sociais, econômicas, políticas, culturais e éticas; e) a consolidação da cultura da avaliação no âmbito dos cursos jurídicos de graduação. 2. Oferecer subsídios para: a) a aferição do valor agregado pelos cursos jurídicos à formação intelectual e ética do aluno, no sentido de propiciar-lhe novas perspectivas para o futuro profissional; b) o processo de autoavaliação dos cursos de Direito; c) a formulação de políticas públicas para a melhoria do ensino de graduação no País; d) o controle social das políticas publicas para a educação superior. 3. Com vistas à melhoria da qualidade do ensino de graduação em Direito, estimular as instituições de educação superior a promoverem: a) o aprimoramento dos projetos pedagógicos, das condições do processo de ensino-aprendizagem e do ambiente acadêmico dos cursos de Direito, adequando a formação do graduando às necessidades da sociedade brasileira; b) a interlocução para o compartilhamento de experiências e de dados e informações fornecidos pelo sistema de avaliação.

Art. 2º O Exame Nacional dos Cursos de Direito de 2003 tomará como referência que o graduando deve apresentar o perfil de um profissional com formação humanística, técnico-jurídica e prática, indispensável à adequada compreensão interdisciplinar do fenômeno jurídico e das transformações sociais; senso jurídico e ético-profissional, associado à responsabilidade social, com a compreensão da causalidade e finalidade das normas jurídicas e da busca constante da libertação do homem e do aprimoramento da sociedade; capacidade de apreensão, transmissão crítica e produção criativa do Direito, aliadas à consciência da necessidade de permanente atualização, como processo de educação ao longo da vida; visão atualizada de mundo e, em particular, consciência solidária dos problemas e desafios de seu tempo e de seu espaço.

Art. 3º O Exame Nacional dos Cursos de Direito de 2003 avaliará se o conjunto de graduandos desenvolveu, ao longo do curso: 1. Competências e habilidades gerais de: a) observância do padrão culto da língua portuguesa; b) leitura, análise e compreensão de textos e documentos; c) utilização da linguagem com clareza, precisão, fluência verbal e riqueza de vocabulário; d) organização, expressão e comunicação do pensamento; e) utilização de raciocínio lógico, argumentação, persuasão e reflexão crítica, para identificar e solucionar problemas; f) assimilação, articulação e sistematização de conhecimentos para o exercício da profissão; g) utilização dos recursos de informática necessários para o exercício profissional; h) disponibilidade cognitiva e emocional para lidar com situações emergentes, inerentes à complexidade da existência humana. 2. Habilidades específicas para: a) interpretação do Direito e sua aplicação no âmbito individual e social; b) pesquisa e utilização da legislação, da jurisprudência, da doutrina e de outras fontes do Direito; c) produção criativa do Direito; d) compreensão interdisciplinar do Direito e dos instrumentos e técnicas para sua aplicação à realidade individual e social; e) equacionamento de problemas em harmonia com as exigências sociais, inclusive mediante o emprego de meios extrajudiciais de prevenção e solução de conflitos individuais e coletivos; f) percepção do fenômeno jurídico em suas formas de expressão cultural.

Art. 4º Os conteúdos para o Exame Nacional dos Cursos de Direito de 2003 serão: a) Introdução ao Direito; b) Direito Internacional; c) Sociologia Jurídica; d) Filosofia do Direito; e) Teoria do Estado; f) Direito Constitucional; g) Direito Administrativo; h) Direito Tributário; i) Direito Civil; j) Direito Comercial; k) Direito do Consumidor; l) Direito Penal; m) Direito do Trabalho; n) Direito Processual Civil; o) Direito Processual Penal; p) Direito Processual do Trabalho; q) Temas Transversais: Direitos Humanos e Direito Ambiental.

Art. 5º A prova do Exame Nacional dos Cursos de Direito de 2003, com 4 (quatro) horas de duração total, será constituída de 3 (três) partes: a primeira constará de 1 (uma) questão discursiva escolhida dentre 2 (duas) apresentadas; a segunda terá 5 (cinco) questões de interpretação e análise de texto; e a terceira será composta de 40 (quarenta) questões de múltipla escolha.

Art. 6º Fará parte, também, do Exame Nacional dos Cursos de Direito um questionário, que será enviado previamente aos graduandos, e cujo cartão-resposta deverá ser entregue, já preenchido, no dia da prova.

Art. 7º Esta Portaria entra em vigor na data de sua publicação.

ANEXO G — PARECER CES/CNE Nº 146, DE 03 DE ABRIL DE 2002

I – RELATÓRIO

A Lei de Diretrizes e Bases da Educação Nacional 4.024/61, em seu art. 9º, posteriormente também a Lei de Reforma Universitária 5.540/68, no art. 26, estabeleciam que ao então Conselho Federal de Educação incumbia a fixação dos currículos mínimos dos cursos de graduação, válidos para todo o País, os quais foram concebidos com os objetivos a seguir elencados, dentre outros:

> 1) facilitar as transferências entre instituições, de uma localidade para outra, ou até na mesma localidade, sem causar delonga na integralização do curso ou "em perda de tempo", com a não contabilização dos créditos realizados na instituição de origem, como se vê no art. 100 da Lei 4.024/61, com a redação dada pela Lei 7.037/82;
> 2) fornecer diploma profissional, assegurando o exercício das prerrogativas e direitos da profissão, como rezava o art. 27 da Lei 5.540/68;
> 3) assegurar uniformidade mínima profissionalizante a todos quantos colassem grau profissional, diferenciados apenas em relação às disciplinas complementares e optativas, tudo como se observa, quando das transferências e do aproveitamento de estudos realizados, no art. 2º da Resolução CFE 12/84, segundo a qual as matérias componentes do currículo mínimo de qualquer curso superior cursadas com aproveitamento em instituição autorizada eram automaticamente reconhecidas na instituição de destino, inobstante alguma variação de carga horária a menor, à razão de aproximadamente 25%;
> 4) permitir-se, na duração de cursos, de forma determinada, a fixação de tempo útil mínimo, médio ou máximo, desde que esses tempos não significassem redução de qualidade face à redução ou prorrogação prejudicial da duração do curso, ainda que com o mesmo número de créditos;

5) observar normas gerais válidas para o País, de tal maneira que ao estudante se assegurasse, como "igualdade de oportunidades", o mesmo estudo, com os mesmos conteúdos e até com a mesma duração e denominação, em qualquer instituição. Os atos normativos que fixavam os currículos mínimos também indicavam sob que denominação disciplinas ou matérias deveriam ser alocadas no currículo, para se manter o padrão unitário, uniforme, de oferta curricular nacional.

Por estas e outras razões, serviram os currículos mínimos para estabelecer um patamar uniforme entre cursos de instituições diferentes, inclusive quanto à carga horária obrigatória, que prevalecia sobre a complementar e optativa, além da inexigência, em alguns cursos, de implementação profissional através de estágio.

O modelo de currículos mínimos implicava elevado detalhamento de disciplinas e cargas horárias, a serem obrigatoriamente cumpridas, sob pena de não ser reconhecido o curso, ou até não ser autorizado quando de sua proposição, o que inibia as instituições de inovar projetos pedagógicos, na concepção dos cursos existentes, para atenderem às exigências de diferentes ordens.

Ademais, os currículos mínimos profissionalizantes se constituíam numa exigência para uma suposta igualdade entre os profissionais de diferentes instituições, quando obtivessem os seus respectivos diplomas, com direito de exercer a profissão, por isto que se caracterizavam pela rigidez na sua configuração formal, verdadeira "grade curricular" dentro da qual os alunos deveriam estar aprisionados, submetidos até aos mesmos conteúdos previamente detalhados e obrigatoriamente repassados, independentemente de contextualização, com a visível redução da liberdade de as instituições organizarem seus cursos de acordo com o projeto pedagógico específico ou de mudarem essas atividades curriculares e seus conteúdos segundo as novas exigências da ciência, da tecnologia e do meio.

Desta forma, os currículos mínimos profissionalizantes, rigidamente concebidos na norma, para serem observados nas instituições, não mais permitiam o alcance da qualidade desejada segundo a sua contextualização no espaço e tempo. Ao contrário, inibiam a inovação e a diversificação na preparação ou formação do profissional apto para a adaptabilidade!...

Com a publicação da Lei 9.131, de 24/11/95, o art. 9º, § 2º, alínea "c", conferiu à Câmara de Educação Superior do Conselho Nacional de Educação a competência para "a elaboração do projeto de Diretrizes Curriculares Nacionais – DCN, que orientarão os cursos de graduação, a partir das propostas a serem enviadas pela Secretaria de Educação Superior do Ministério da Educação ao CNE", tal como viria a estabelecer o inciso VII do art. 9º da nova LDB 9.394/96, de 20/12/96, publicada em 23/12/96.

A CES/CNE, posteriormente, aprovou o Parecer 776/97, no qual estabelece que as Diretrizes Curriculares Nacionais devem:

a) se constituir em orientações para a elaboração dos currículos;
b) ser respeitadas por todas as IES; e
c) assegurar a flexibilidade e a qualidade da formação oferecida aos estudantes.

Além disto, o Parecer em tela evidencia que as Diretrizes Curriculares Nacionais devem observar os seguintes princípios:

1. assegurar às instituições de ensino superior ampla liberdade na composição da carga horária a ser cumprida para a integralização dos currículos, assim como na especificação das unidades de estudos a serem ministradas;
2. indicar os tópicos ou campos de estudos e demais experiências de ensino-aprendizagem que comporão os currículos, evitando ao máximo a fixação de conteúdos específicos com cargas horárias pré-determinadas, os quais não poderão exceder 50% da carga horária total dos cursos;
3. evitar o prolongamento desnecessário da duração dos cursos de graduação;
4. incentivar uma sólida formação geral, necessária para que o futuro graduado possa vir a superar os desafios de renovadas condições de exercício profissional e de produção do conhecimento, permitindo variados tipos de formação e habilitações diferenciadas em um mesmo programa;

5. estimular práticas de estudos independentes, visando uma progressiva autonomia profissional e intelectual do aluno;
6. encorajar o reconhecimento de conhecimentos, habilidades e competências adquiridas fora do ambiente escolar, inclusive as que se refiram à experiência profissional julgada relevante para a área de formação considerada;
7. fortalecer a articulação da teoria com a prática, valorizando a pesquisa individual e coletiva, assim como os estágios e a participação em atividades de extensão, as quais poderão ser incluídas como parte da carga horária;
8. incluir orientações para a condução de avaliações periódicas que utilizem instrumentos variados e sirvam para informar a docentes e discentes acerca do desenvolvimento das atividades didáticas.

Por sua vez, a SESu/MEC publicou o Edital 004/97, convocando as instituições de ensino superior para que encaminhassem propostas para a elaboração das diretrizes curriculares dos cursos de graduação, a serem sistematizadas pelas Comissões de Especialistas de Ensino de cada área.

O Edital 004/97 e o decorrente Modelo de Enquadramento das Propostas de Diretrizes Curriculares ensejaram alto nível de participação de amplos segmentos sociais e institucionais. Com efeito, é bom frisar que deste procedimento não somente advieram ricas e ponderáveis contribuições da sociedade, das universidades, das faculdades, de organizações profissionais, de organizações docentes e discentes, enfim, da comunidade acadêmica e científica, e com a ampla participação dos setores públicos e privados em seminários, fóruns e encontros de debates, como também resultou na legitimação, na sua origem, dessas propostas trabalhadas pelo MEC/SESu, agora sob a análise desta Câmara por curso.

Estabeleceu-se, então, um roteiro, de natureza metodológica, por isto mesmo flexível, de acordo com as discussões e encaminhamentos das Propostas das Diretrizes Curriculares Nacionais de cada curso, sistematizando-as segundo as grandes áreas do conhecimento, nas quais os cursos se situam, resguardando, consequentemente, toda uma congruência daquelas Diretrizes por curso e dos paradigmas estabelecidos para a sua elaboração.

Quanto aos paradigmas das Diretrizes Curriculares Nacionais, cumpre, de logo, destacar que elas objetivam "servir de referência para as instituições na organização de seus programas de formação, permitindo flexibilidade e priorização de áreas de conhecimento na construção dos currículos plenos. Devem induzir à criação de diferentes formações e habilitações para cada área do conhecimento, possibilitando ainda definirem múltiplos perfis profissionais, garantindo uma maior diversidade de carreiras, promovendo a integração do ensino de graduação com a pós graduação, privilegiando, no perfil de seus formandos, as competências intelectuais que reflitam a heterogeneidade das demandas sociais".

Desta forma, para todo e qualquer curso de graduação, as Diretrizes Curriculares Nacionais recomendaram:

1. conferir maior autonomia às instituições de ensino superior na definição dos currículos de seus cursos, a partir da explicitação das competências e das habilidades que se deseja desenvolver, através da organização de um modelo pedagógico capaz de adaptar-se à dinâmica das demandas da sociedade, em que a graduação passa a constituir-se numa etapa de formação inicial no processo contínuo da educação permanente;
2. propor uma carga horária mínima em horas que permita a flexibilização do tempo de duração do curso de acordo com a disponibilidade e esforço do aluno;
3. otimizar a estruturação modular dos cursos, com vistas a permitir um melhor aproveitamento dos conteúdos ministrados, bem como a ampliação da diversidade da organização dos cursos, integrando a oferta de cursos sequenciais, previstos no inciso I do art. 44 da LDB;
4. contemplar orientações para as atividades de estágio e demais atividades que integrem o saber acadêmico à prática profissional, incentivando o reconhecimento de habilidades e competências adquiridas fora do ambiente escolar; e
5. contribuir para a inovação e a qualidade do projeto pedagógico do ensino de graduação, norteando os instrumentos de avaliação.

Posteriormente, a Câmara de Educação Superior do Conselho Nacional de Educação, ao aprovar o Parecer 583/2001, tomou como referência o Parecer 776/97 dessa mesma Câmara, o Edital 4, de dezembro de 1997, do MEC/SESu, e o Plano Nacional de Educação, Lei 10.172, de janeiro de 2001, que definiu, dentre os objetivos e metas: "... Estabelecer, em nível nacional, diretrizes curriculares que assegurem a necessária flexibilidade e diversidade nos programas oferecidos pelas diferentes instituições de ensino superior, de forma a melhor atender às necessidades diferenciais de suas clientelas e às peculiaridades das regiões nas quais se inserem...". Ao aprovar, portanto, diretrizes comuns a todos os cursos, a intenção é garantir a flexibilidade, a criatividade e a responsabilidade das instituições ao elaborarem suas propostas curriculares.

De tudo quanto exposto até esta parte, poder-se-á estabelecer as principais diferenças entre Currículo Mínimo e Diretrizes Curriculares Nacionais, com o propósito de mostrar os avanços e as vantagens proporcionadas por estas últimas:

> 1) enquanto os Currículos Mínimos estavam comprometidos com a emissão de um diploma para o exercício profissional, as Diretrizes Curriculares Nacionais não se vinculam a diploma e a exercício profissional, pois os diplomas, de acordo com o art. 48 da LDB, constituem prova, válida nacionalmente, da formação recebida por seus titulares;
> 2) enquanto os Currículos Mínimos encerravam a concepção do exercício do profissional, cujo desempenho resultaria especialmente das disciplinas ou matérias profissionalizantes, enfeixadas em uma grade curricular, com os mínimos obrigatórios fixados em uma resolução por curso, as Diretrizes Curriculares Nacionais concebem a formação de nível superior como um processo contínuo, autônomo e permanente, com uma sólida formação básica e uma formação profissional fundamentada na competência teórico-prática, de acordo com o perfil de um formando adaptável às novas e emergentes demandas;
> 3) enquanto os Currículos Mínimos inibiam a inovação e a criatividade das instituições, que não detinham liberdade para refor-

mulações naquilo que estava, por Resolução do CFE, estabelecido nacionalmente como componentes curriculares e até com detalhamento de conteúdos obrigatórios, as Diretrizes Curriculares Nacionais ensejam a flexibilização curricular e a liberdade de as instituições elaborarem seus projetos pedagógicos para cada curso segundo uma adequação às demandas sociais e do meio e aos avanços científicos e tecnológicos, conferindo-lhes uma maior autonomia na definição dos currículos plenos dos seus cursos;

4) enquanto os Currículos Mínimos muitas vezes atuaram como instrumento de transmissão de conhecimentos e de informações, inclusive prevalecendo interesses corporativos responsáveis por obstáculos no ingresso no mercado de trabalho e por desnecessária ampliação ou prorrogação na duração do curso, as Diretrizes Curriculares Nacionais orientam-se na direção de uma sólida formação básica, preparando o futuro graduado para enfrentar os desafios das rápidas transformações da sociedade, do mercado de trabalho e das condições de exercício profissional;

5) enquanto o Currículo Mínimo profissional pretendia, como produto, um profissional "preparado", as Diretrizes Curriculares Nacionais pretendem preparar um profissional adaptável a situações novas e emergentes;

6) enquanto os Currículos Mínimos, comuns e obrigatórios em diferentes instituições, se propuseram mensurar desempenhos profissionais no final do curso, as Diretrizes Curriculares Nacionais se propõem ser um referencial para a formação de um profissional em permanente preparação, visando uma progressiva autonomia profissional e intelectual do aluno, apto a superar os desafios de renovadas condições de exercício profissional e de produção de conhecimento;

7) enquanto os Currículos Mínimos eram fixados para uma determinada habilitação profissional, assegurando direitos para o exercício de uma profissão regulamentada, as Diretrizes Curriculares Nacionais devem ensejar variados tipos de formação e habilitações diferenciadas em um mesmo programa.

II – MÉRITO

Como já assinalado anteriormente, a LDB 4.024/61, em seu art. 9º, seguido pelo art. 26 da Lei 5.540/68, conferiu ao então Conselho Federal de Educação a competência para fixar os currículos dos cursos de graduação, o que ensejou a obrigatória observância dos denominados currículos mínimos profissionais de cada curso de graduação, inclusive de suas habilitações, mediante resoluções daquele Colegiado, válidas nacionalmente, para qualquer sistema de ensino, resultando para as instituições apenas a escolha de componentes curriculares complementares e a listagem para os alunos de disciplinas optativas, e, quando concebessem cursos experimentais, inovando e criando respostas para situações localizadas, ainda assim só poderiam colocá-los em funcionamento após prévia aprovação dos currículos e autorização dos cursos (art. 104 – LDB 4.024/61).

Desta forma, engessados os currículos mínimos e direcionados para o exercício profissional, com direitos e prerrogativas assegurados pelo diploma, nem sempre o currículo pleno significou a plenitude de uma coerente e desejável proposta pedagógica, contextualizada, que se ajustasse permanentemente às emergentes mudanças sociais, tecnológicas e científicas, por isto que os graduados, logo que colassem grau, já se encontravam defasados em relação ao desempenho exigido no novo contexto, urgindo preparação específica para o exercício da ocupação ou profissão.

Nesse quadro, era mesmo necessária uma espécie de "desregulamentação", de flexibilização e de uma contextualização das instituições de ensino superior, que atendessem mais rapidamente, e sem as amarras anteriores, à sua dimensão política, isto é, pudessem as instituições de ensino superior assumir a responsabilidade de se constituírem respostas às efetivas necessidades sociais – demanda social ou necessidade social –, expressões estas que soam com a mesma significação da sua correspondente "exigência do meio" contida no art. 53, inciso IV, da atual LDB 9.394/96.

Sendo as instituições caixa de ressonância das expectativas sociais, ali ecoava a demanda reprimida no mercado de trabalho, no avanço tecnológico e científico, ficando, não raro, impossibilitadas de implementar qualquer projeto com que ousassem inovar em matéria curricular, salvo se, nos termos do então art. 104 da LDB 4.024/61, tivessem o destemor, nem sempre reconhecido, de propor cursos experimentais com currículos estruturados como experiência pedagógica, porque não se enquadravam nos currículos mínimos vigentes, sabendo-se que, como se disse, mesmo assim estavam eles condicionados à prévia aprovação pelo Conselho Federal de Educação, sob pena de infringência à lei.

A Constituição Federal de 1988, com indiscutíveis avanços, prescreveu, em seu art. 22, inciso XXIV, que a União editaria, como editou, em 20 de dezembro de 1996, a nova LDB 9.394/96, contemplando, na nova ordem jurídica, um desafio para a educação brasileira: as instituições assumirão a ousadia da criatividade e da inventividade, na flexibilização com que a LDB marcou a autonomia das instituições e dos sistemas de ensino, em diferentes níveis.

No caso concreto das instituições de ensino superior, estas responderao necessariamente pelo padrão de qualidade na oferta de seus cursos, o que significa, no art. 43, preparar profissionais aptos para a sua inserção no campo do desenvolvimento, em seus diversos segmentos, econômicos, culturais, políticos, científicos, tecnológicos etc. Disto resultou o imperioso comprometimento das instituições formadoras de profissionais e de recursos humanos com as mudanças iminentes, no âmbito político, econômico e cultural, e até, a cada momento, no campo das ciências e da tecnologia, nas diversas áreas do conhecimento, devendo, assim, a instituição estar apta para constituir-se resposta a essas exigências.

Certamente, adviria uma nova concepção da autonomia universitária e de responsabilização das instituições não universitárias, em sua harmonização com essas mutações contínuas e profundas, de tal forma que ou as instituições se revelam com potencial para atender "às exigências do meio", ou elas não se engajarão no processo de desenvolvimento e se afastarão do meio, porque não poderão permanecer "preparando" recursos humanos "despreparados" ou sem as aptidões necessárias ao permanente e periódico ajustamento a essas mudanças. Com efeito, repita-se, não se cogita mais do profissional "preparado", mas do profissional apto às mudanças e, portanto, adaptável.

Isto significa um marco histórico, porque, em matéria de concepção pedagógica do processo educativo e, consequentemente, das concepções das ações pelas quais a educação e o ensino venham a efetivar-se, sem dúvida haveria de ser repensada a elaboração dos currículos dos cursos de qualquer grau ou nível, especialmente os de grau superior, convocadas que estavam todas as instituições da comunidade para exercerem uma ação conjugada, harmônica e cooperativa, com o Poder Público e com outras instituições, como se verifica no art. 205 da Constituição Federal ("com a colaboração da sociedade") e no art. 211 ("em regime de colaboração"), para resgatar a educação dos percalços em que se encontrava e ante os desafios acenados em novos horizontes da história brasileira e do mundo.

Por isto, a nova LDB (9.131/95 e 9.394/96), revogando parcialmente a anterior, teria de firmar diretrizes básicas para esse novo desafio, promovendo a flexibilização na elaboração dos currículos dos cursos de graduação, retirando-lhes as amarras da concentração, da inflexibilidade dos currículos mínimos profissionalizantes nacionais, que são substituídos por "Diretrizes Curriculares Nacionais".

Desta forma, foram estabelecidas, a partir das orientações gerais contidas nos Pareceres CES/CNE 776/97 e 583/2001, bem como nos desdobramentos decorrentes do Edital 004/97–SESu/MEC, as Diretrizes Curriculares Nacionais e as Diretrizes Curriculares Gerais dos Cursos de Graduação, por curso, considerado segundo a respectiva área de conhecimento, observando-se os paradigmas, níveis de abordagem, perfil do formando, competências e habilidades, habilitações, conteúdos ou tópicos de estudos, duração dos cursos, atividades práticas e complementares, aproveitamento de habilidades e competências extracurriculares, interação com a avaliação institucional como eixo balizador para o credenciamento e avaliação da instituição, para a autorização e reconhecimento de cursos, bem como suas renovações, adotados indicadores de qualidade, sem prejuízo de outros aportes considerados necessários.

Neste passo, não é demais repetir que tudo foi concebido com o propósito de que se pudesse estabelecer um perfil do formando no qual a formação de nível superior se constituísse em processo contínuo, autônomo e permanente, com uma sólida formação básica e uma formação profissional fundamentada na competência teórico-prática, observada a flexibilização curricular, autonomia e a liberdade das instituições de inovar seus projetos pedagógicos de graduação, para o atendimento das contínuas e emergentes mudanças para cujo desafio o futuro formando deverá estar apto.

Cumpre agora, portanto, a esta Comissão analisar e relatar perante a Câmara de Educação Superior, para sua elevada deliberação colegiada, as propostas das Diretrizes Curriculares Nacionais dos cursos de graduação em Direito, Ciências Econômicas, Administração, Ciências Contábeis, Turismo, Hotelaria, Secretariado Executivo, Música, Dança, Teatro e Design, cujas especificações e detalhamento atenderam à metodologia adotada, especialmente quanto ao perfil desejado do formando, às competências/habilidades/atitudes, habilitações e ênfases, aos conteúdos curriculares, à organização dos cursos, aos estágios e atividades complementares e ao acompanhamento e avaliação.

Este Parecer, portanto, contempla as orientações das Comissões de Especialistas e as da SESu/MEC, as quais, na sua grande maioria, foram acolhidas e reproduzidas na sua totalidade, não só por haver concordância com as ideias suscitadas no conjunto do ideário concebido, mas também como forma de reconhecer e valorizar a legitimidade do processo coletivo e participativo, que deu origem à elaboração dos documentos sobre Diretrizes Curriculares Gerais dos Cursos de Graduação, cujas propostas foram encaminhadas pela SESu/MEC para deliberação deste Colegiado.

Contudo, vale salientar que diferenças nas formas de visão e de concepção do processo educativo levaram esta Comissão a não acolher plenamente todas as propostas apresentadas, razão pela qual alguns pontos são contraditados com a devida fundamentação.

Finalmente, como se observará nos itens subsequentes, esta Comissão adotou como metodologia, para efeito deste Parecer, analisar o conjunto das Propostas Curriculares Nacionais dos 11 (onze) Cursos de Graduação acima indicados, enfocando-as sob dois segmentos norteadores: a) Diretrizes Comuns aos Cursos Relatados; b) Diretrizes Específicas por Curso.

3.1. Diretrizes Comuns aos Cursos Relatados

Sob este título, entendeu a Comissão que deveria enfeixar balizamentos comuns a serem observados pelas instituições de ensino superior quanto aos 11 (onze) cursos sobre cujas Diretrizes Gerais se debruçou para o presente relato a ser submetido à deliberação da Câmara de Educação Superior, abrangendo Projeto Pedagógico, Organização Curricular, Estágios e Atividades Complementares, Acompanhamento e Avaliação e Monografia.

- Projeto Pedagógico

As instituições de ensino superior deverão, na composição dos seus projetos pedagógicos, definir, com clareza, os elementos que lastreiam a própria concepção do curso, o seu currículo pleno e sua operacionalização, destacando-se os seguintes elementos, sem prejuízo de outros:

- objetivos gerais do curso, contextualizados em relação às suas inserções institucional, política, geográfica e social;
- condições objetivas de oferta e a vocação do curso;
- cargas horárias das atividades didáticas e da integralização do curso;
- formas de realização da interdisciplinaridade;
- modos de integração entre teoria e prática;
- formas de avaliação do ensino e da aprendizagem;
- modos da integração entre graduação e pós-graduação, quando houver;
- cursos de pós-graduação *lato sensu*, nas modalidades especialização, integradas e/ou subsequentes à graduação, e de aperfeiçoamento, de acordo com a evolução das ciências, das tecnologias e das efetivas demandas do desempenho profissional, observadas as peculiaridades de cada área do conhecimento e de atuação, por curso;
- incentivo à pesquisa, como necessário prolongamento da atividade de ensino e como instrumento para a iniciação científica;
- concepção e composição das atividades de estágio, por curso;

- concepção e composição das atividades complementares;
- oferta de cursos sequenciais e de tecnologia, quando for o caso.

- ### Organização Curricular

As instituições de ensino superior, exercitando seu potencial inovador e criativo e da liberdade e flexibilidade que possuem na organização de seus currículos, devem concebê-los de acordo com os regimes acadêmicos que adotarem, a saber: regime seriado anual, regime seriado semestral, sistema de créditos, sistemas modulares ou de módulos acadêmicos, sistema de pré-requisitos e de créditos com matrículas por disciplina, prevendo expressamente a integralização curricular do curso como condição para a sua efetiva conclusão e subsequente colação de grau, com a distribuição do tempo útil previsto, definido em termos de carga horária, duração ou redução de duração do curso, de tal forma que os alunos tenham a informação do tempo de estudos previsto e das possibilidades de redução ou ampliação desse tempo, preservado sempre o princípio do padrão de qualidade.

Acrescente-se que, recentemente, a CES/CNE aprovou o Parecer 100/2002 e seu anexo Projeto de Resolução, em 13/03/2002, contendo parâmetros relacionados com a duração dos cursos, com a carga horária e com percentuais para atividades práticas e estágio, tudo de acordo com a organização curricular de cada curso e o regime acadêmico adotado, excetuando-se as licenciaturas plenas e os cursos de formação docente, que têm disciplinamento próprio.

- ### Estágios e Atividades Complementares

O Estágio Curricular, Supervisionado, deve ser concedido como conteúdo curricular implementador do perfil do formando, consistindo numa atividade obrigatória, mas diversificada, tendo em vista a consolidação prévia dos desempenhos profissionais desejados, segundo as peculiaridades de cada curso de graduação.

Pelo seu caráter implementador de desempenhos profissionais antes mesmo de se considerar concluído o curso, é necessário que, à proporção que os resultados do estágio forem sendo verificados, interpretados e avaliados, o estagiário esteja consciente do seu atual perfil, naquela fase, para que ele próprio reconheça a necessidade da retificação da aprendizagem, nos conteúdos em que revelara equívocos ou insegurança de domínio, e da própria reprogramação da prática, assegurando-se-lhe, nessa reorientação e reprogramação teórico-prática, o direito subjetivo constitucional ao padrão de qualidade, que se revelará no exercício profissional, já no âmbito das instituições sociais.

As Atividades Complementares, por seu turno, devem possibilitar o reconhecimento, por avaliação, de habilidades e competências do aluno, inclusive adquiridas fora do ambiente escolar, hipóteses em que o aluno alargará o seu currículo com experimentos e vivências acadêmicos, internos ou externos ao curso, não se confundindo estágio curricular, supervisionado, com a amplitude e a rica dinâmica das Atividades Complementares.

As Atividades Complementares, assim, se orientam a estimular a prática de estudos independentes, transversais, opcionais, de interdisciplinaridade, de permanente e contextualizada atualização profissional específica, sobretudo nas relações com o mundo do trabalho, estabelecidas ao longo do curso, notadamente integrando-as às diversas peculiaridades regionais e culturais.

Nesse sentido, as Atividades Complementares podem incluir projetos de pesquisa, monitoria, iniciação científica, projetos de extensão, módulos temáticos, seminários, simpósios, congressos, conferências, além de disciplinas oferecidas por outras instituições de ensino ou de regulamentação e supervisão do exercício profissional, ainda que esses conteúdos não estejam previstos no currículo pleno de uma determinada instituição, mas nele podem ser aproveitados porque circulam em um mesmo currículo, de forma interdisciplinar, e se integram com os demais conteúdos realizados.

Enfim, as atividades de extensão, previstas no art. 44, inciso IV, da LDB 9.394/96, cuja finalidade básica, dentre outras, consiste em propiciar à comunidade o estabelecimento de uma relação de reciprocidade com a instituição, podem ser integradas nas Atividades Complementares, enriquecedoras e implementadoras do próprio perfil do formando, sem que se confundam com Estágio Curricular, Supervisionado.

- Acompanhamento e Avaliação

As IES deverão adotar formas específicas e alternativas de avaliação, internas e externas, sistemáticas, envolvendo todos quantos se contenham no processo do curso, centradas em aspectos considerados fundamentais para a identificação do perfil do formando, estando presentes o desempenho da relação professor x aluno, a parceria do aluno para com a instituição e o professor.

Assim, as instituições não somente deverão adotar práticas pedagógicas e métodos de ensino/aprendizagem inovadores, direcionados à garantia da qualidade do curso, como também deverão adotar procedimentos alternativos de avaliação que favoreçam a compreensão da totalidade do curso, consolidando o perfil desejado do formando, aferindo também a importância do caráter inter e multidisciplinar das ações didáticas e pedagogicamente estruturadas, inclusive ensejando interface da graduação com a pós-graduação sob diferentes mecanismos, em especial com estímulo à pesquisa, o incentivo à produção científica e a inserção na comunidade sob as diversas formas ou programas de extensão.

Importante fator para a avaliação das instituições é a produção que elas podem colocar à disposição da sociedade e de todos quantos se empenhem no crescimento e no avanço da ciência e da tecnologia. Com efeito, a produção que uma instituição divulga, publica, socializa, certamente será um forte e ponderável indicador para o acompanhamento e avaliação sobre a instituição, sobre o curso e para os alunos em particular que, durante o próprio curso, já produzem, como reflexo da consciência que possuem quanto ao desenvolvimento de suas potencialidades.

- Monografia/Trabalho de Conclusão de Curso

No conjunto das Diretrizes Curriculares Nacionais e das Diretrizes Curriculares Gerais dos Cursos de Graduação, a Monografia/Trabalho de Conclusão de Curso vêm sendo concebidos ora como um conteúdo curricular opcional, ora como obrigatório.

Nos cursos objeto do presente Parecer, a Monografia se insere no eixo dos conteúdos curriculares opcionais, cuja adequação aos currículos e aos cursos ficará a cargo de cada instituição que assim optar, por seus colegiados superiores acadêmicos, em face do seguinte entendimento:

> 1) a graduação passa a ter um papel de formação inicial no processo contínuo de educação, que é também inerente ao próprio mundo do trabalho e da permanente capacitação profissional, isto é, do profissional apto ao enfrentamento dos desafios suscitados pelas mudanças iminentes à conclusão do curso ou emergentes e conjunturais;
>
> 2) os currículos passam a ser configurados e reconfigurados dentro de um modelo capaz de adaptar-se às dinâmicas condições do perfil desejado do formando, exigido pela sociedade, com todas as contingências que envolvem a história humana, suscitando um contínuo aprimorar-se;
>
> 3) a monografia se constitui em instrumental mais apropriado aos cursos de pós-graduação *lato sensu* que os formandos ou egressos venham a realizar, indispensáveis ao seu desempenho profissional qualitativo, especialmente face às inovações científicas e tecnológicas, em diferentes áreas;
>
> 4) a monografia, pelas suas peculiaridades, deve ter, em cada instituição que por ela opte expressamente, regulamentação própria, com critérios, procedimentos e mecanismos de avaliação bastante explícitos, bem como diretrizes técnicas relacionadas com a sua elaboração.

3.2 Diretrizes Específicas por Curso Relatado

Sob este tópico serão tratados os aspectos peculiares a cada curso, abrangendo Perfil Desejado do Formando, as Competências e Habilidades, os Conteúdos Curriculares e, quando necessário, um tópico sobre Considerações Finais.

3.2.1. Curso de Graduação em Direito

- Perfil Desejado do Formando

Quanto ao perfil desejado, o curso de Direito deverá oportunizar ao graduando uma sólida formação geral e humanística, com a capacidade de análise e articulação de conceitos e argumentos, de interpretação e valorizaçao dos fenômenos jurídicos e sociais, aliada a uma postura reflexiva e visão crítica que fomente a capacidade de trabalho em equipe, favoreça a aptidão para a aprendizagem autônoma e dinâmica, além da qualificação para a vida, o trabalho e o desenvolvimento da cidadania.

- Competências e Habilidades

O curso de graduação em Direito deve possibilitar a formaçao do profissional do Direito que revele, pelo menos, as seguintes habilidades:

- leitura, compreensão e elaboração de textos, atos e documentos jurídicos ou normativos, com a devida utilização das normas técnico-jurídicas;
- interpretação e aplicação do Direito;
- pesquisa e utilização da legislação, da jurisprudência, da doutrina e de outras fontes do Direito;
- adequada atuação técnico-jurídica, em diferentes instâncias, administrativas ou judiciais, com a devida utilização de processos, atos e procedimentos;

- correta utilização da terminologia jurídica ou da Ciência do Direito;
- utilização de raciocínio jurídico, de argumentação, de persuasão e de reflexão crítica;
- julgamento e tomada de decisões; e
- domínio de tecnologias e métodos para permanente compreensão e aplicação do Direito.

• Conteúdos Curriculares

Os cursos de graduação em Direito deverão contemplar, em seus projetos pedagógicos e em sua organização curricular, conteúdos que atendam aos seguintes eixos interligados de formação:

I. Conteúdos de Formação Fundamental, que têm por objetivo integrar o estudante no campo do Direito, estabelecendo ainda as relações do Direito com outras áreas do saber, abrangendo estudos que envolvam a Ciência Política (com Teoria Geral do Estado), a Economia, a Sociologia Jurídica, a Filosofia e a Psicologia Aplicada ao Direito e a Ética Geral e Profissional;
II. Conteúdos de Formação Profissional, abrangendo, além do enfoque dogmático, o conhecimento e a aplicação do Direito, observadas as peculiaridades dos diversos ramos do Direito, de qualquer natureza, estudados sistematicamente e contextualizados segundo a evolução da Ciência Jurídica e sua aplicação às mudanças sociais, econômicas, políticas e culturais do Brasil e suas harmônicas relações internacionais;
III. Conteúdos de Formação Prática, que objetiva a integração entre a prática e os conteúdos teóricos desenvolvidos nos demais eixos, especialmente nas atividades relacionadas com o estágio curricular durante o qual a prática jurídica revele o desempenho do perfil profissional desejado, com a devida utilização da Ciência Jurídica e das normas técnico-jurídicas.

3.2.2 Curso de Graduação em Ciências Econômicas

- Perfil Desejado do Formando

O curso de graduação em Ciências Econômicas deve ensejar a formação do Economista, imbuído de sólida consciência social, indispensável ao enfrentamento das situações emergentes, na sociedade humana e politicamente organizada. Cogita-se formar um profissional capaz de enfrentar as transformações político-econômicas e sociais, contextualizadas, segundo as dimensões de espaço e de tempo, na sociedade brasileira, percebida no conjunto das funções econômicas mundiais.

Desta forma, o bacharel em Economia deve apresentar um perfil centrado em sólida formação geral e domínio técnico dos estudos relacionados com a formação teórico-quantitativa, peculiares ao curso, além da visão histórica do pensamento econômico aplicado à realidade brasileira e ao contexto mundial, de tal forma que o egresso possa revelar:

- uma base cultural ampla, que possibilite o entendimento das questões econômicas no seu contexto histórico-social;
- capacidade de tomada de decisões e de resolução de problemas numa realidade diversificada e em constante transformação;
- capacidade analítica, visão crítica e competência para adquirir novos conhecimentos; e
- domínio das habilidades relativas à efetiva comunicação e expressão oral e escrita.

- Competências e Habilidades

Os graduados nos cursos de Ciências Econômicas devem ser capazes de revelar, pelo menos, as seguintes competências e habilidades:

- desenvolver raciocínios logicamente consistentes;
- ler e compreender textos econômicos;

- elaborar pareceres e relatórios;
- lidar com conceitos teóricos fundamentais da Ciência Econômica;
- utilizar o instrumental econômico para analisar situações históricas concretas;
- utilizar formulações matemáticas e estatísticas na análise dos fenômenos socioeconômicos;
- diferenciar correntes teóricas a partir de distintas políticas econômicas.

- ## Conteúdos Curriculares

Os cursos de graduação em Ciências Econômicas deverão contemplar, em seus projetos pedagógicos e em sua organização curricular, conteúdos que atendam aos seguintes eixos interligados de formação:

I. Conteúdos de Formação Geral, que tem por objetivo introduzir o aluno ao conhecimento da Ciência Econômica e de outras Ciências Sociais, abrangendo também aspectos da Sociologia e da Ciência Política, além de estudos básicos e propedêuticos da Administração, do Direito e da Contabilidade;
II. Conteúdos de Formação Teórico-Quantitativa, que se direcionam à formação profissional propriamente dita, englobando tópicos de estudos mais avançados da Matemática, da Estatística, da Macroeconomia, da Microeconomia, da Econometria e no Desenvolvimento Socioeconômico, além de abordar questões práticas necessárias à preparação do graduando como técnico, e que permitam a continuidade de estudos de pós-graduação, sedimentado por estágios e atividades complementares;
III. Conteúdos de Formação Histórica, que possibilitem ao aluno construir uma base cultural indispensável à expressão de um posicionamento reflexivo, crítico e comparativo, englobando a História do Pensamento Econômico e dos fatos econômicos

de outros países e do Brasil, bem como tópicos de estudos específicos sobre a economia brasileira contemporânea.

3.2.3 Curso de Graduação em Administração

- Perfil Desejado do Formando

O curso de Administração deve ensejar condições para que o bacharel em Administração esteja capacitado a compreender as questões científicas, técnicas, sociais e econômicas da produção e de seu gerenciamento no seu conjunto, observados os níveis graduais do processo de tomada de decisão, bem como a desenvolver o alto gerenciamento e a assimilação de novas informações, apresentando flexibilidade intelectual e adaptabilida de contextualizada no trato de situações diversas presentes ou emergentes nos vários segmentos do campo de atuação do administrador.

- Competências e Habilidades

Os cursos de graduação de Administração devem formar profissionais que revelem, pelo menos, as seguintes competências e habilidades:

- reconhecer e definir problemas, equacionar soluções, pensar estrategicamente, introduzir modificações no processo produtivo, atuar preventivamente, transferir e generalizar conhecimentos e exercer, em diferentes graus de complexidade, o processo da tomada de decisão;
- desenvolver expressão e comunicação compatíveis com o exercício profissional, inclusive nos processos de negociação e nas comunicações interpessoais ou intergrupais;
- refletir e atuar criticamente sobre a esfera da produção, compreendendo sua posição e função na estrutura produtiva sob seu controle e gerenciamento;
- desenvolver raciocínio lógico, crítico e analítico para operar

com valores e formulações matemáticas presentes nas relações formais e causais entre fenômenos produtivos, administrativos e de controle, bem assim expressando-se de modo crítico e criativo diante dos diferentes contextos organizacionais e sociais;

- ter iniciativa, criatividade, determinação, vontade política e administrativa, vontade de aprender, abertura às mudanças e consciência da qualidade e das implicações éticas do seu exercício profissional;
- desenvolver capacidade de transferir conhecimentos da vida e da experiência cotidianas para o ambiente de trabalho e do seu campo de atuação profissional, em diferentes modelos organizacionais, revelando-se profissional adaptável.

- Conteúdos Curriculares

Os cursos de graduação em Administração deverão contemplar, em seus projetos pedagógicos e em sua organização curricular, conteúdos que atendam aos seguintes campos interligados de formação:

I. Conteúdos de Formação Básica: estudos relacionados com as Ciências Sociais, a Filosofia, a Psicologia, a Ética, a Política, o Comportamento, a Linguagem, a Comunicação e Informação;
II. Conteúdos de Formação Profissional, compreendendo Estudos da Teoria da Administração e das Organizações e suas respectivas funções, dos Fenômenos Empresariais, Gerenciais, Organizacionais, Estratégicos e Ambientais, estabelecidas suas inter-relações com a realidade social, objetivando uma visão crítica da validade de suas dimensões, bem como os aspectos legais e contábeis;
III. Conteúdos de Formação Complementar, compreendendo Estudos Econômicos, Financeiros e de Mercado, e suas inter-relações com a realidade nacional e internacional, segundo

uma perspectiva histórica e contextualizada de sua aplicabilidade no âmbito das organizações e na utilização de novas tecnologias;

IV. Conteúdos de Estudos Quantitativos e suas Tecnologias, abrangendo Pesquisa Operacional, Teoria dos Jogos, Modelos Matemáticos e Estatísticos e aplicação de tecnologias que contribuam para a definição e utilização de estratégias e procedimentos inerentes à Administração.

3.2.4 Curso de Graduação em Ciências Contábeis

- Perfil Desejado do Formando

O curso de graduação em Ciências Contábeis deve contemplar um perfil profissional que revele a responsabilidade social de seus egressos e sua atuação técnica e instrumental, articulada com outros ramos do saber e, portanto, com outros profissionais, evidenciando o domínio de habilidades e competências inter e multidisciplinares.

- Competências e Habilidades

Quanto às competências e habilidades, os bacharéis em Ciências Contabilistas deverão ser capazes de:

- utilizar adequadamente a terminologia e a linguagem próprias das Ciências Contábeis e Atuariais;
- demonstrar uma visão sistêmica e interdisciplinar da atividade contábil;
- elaborar pareceres e relatórios que contribuam para o desempenho eficiente e eficaz de seus usuários, quaisquer que sejam os modelos organizacionais;
- aplicar adequadamente a legislação inerente às funções contábeis;

- desenvolver, com motivação e através de permanente articulação, a liderança entre equipes multidisciplinares para a captação de insumos necessários aos controles técnicos, à geração e disseminação de informações contábeis, com reconhecido nível de precisão;
- exercer suas funções com expressivo domínio das funções contábeis e atuariais que viabilizem aos agentes econômicos e aos administradores de qualquer segmento produtivo ou institucional o pleno cumprimento da sua responsabilidade quanto ao gerenciamento, aos controles e à prestação de contas da sua gestão perante a sociedade, gerando também informações para a tomada de decisão, organização de atitudes e construção de valores orientados para a cidadania;
- desenvolver, analisar e implantar sistemas de informação contábil e de controle gerencial;
- exercer com ética e proficiência as atribuições e prerrogativas que lhe são prescritas através da legislação específica, revelando domínios adequados aos diferentes modelos organizacionais.

- Conteúdos Curriculares

Os cursos de graduação em Ciências Contábeis deverão contemplar, em seus projetos pedagógicos e em sua organização curricular, conteúdos que atendam aos seguintes eixos interligados de formação:

I. Conteúdos de Formação Básica: estudos relacionados com outras áreas do conhecimento, sobretudo Administração, Economia, Direito, Métodos Quantitativos, Matemática e Estatística;
II. Conteúdos de Formação Profissional: estudos específicos atinentes às Teorias da Contabilidade, além de suas relações com a Atuária, e da Auditoria, da Controladoria e suas aplicações peculiares ao setor público e privado;
III. Conteúdos de Formação Teórico-Prática: Estágio Curricular Supervisionado, Atividades Complementares, Estudos In-

dependentes, Conteúdos Optativos, Prática em Laboratório de Informática utilizando softwares atualizados para Contabilidade.

3.2.5. Curso de Graduação em Turismo

- Perfil Desejado do Formando

Quanto ao perfil desejado, o curso de graduação em Turismo deverá oportunizar a formação de um profissional apto a atuar em mercados altamente competitivos e em constante transformação, cujas opções possuem um impacto profundo na vida social, econômica e no meio ambiente, exigindo uma formação ao mesmo tempo generalista, no sentido tanto do conhecimento geral, das ciências humanas, sociais, políticas e econômicas, como também de uma formação especializada, constituída de conhecimentos específicos, sobretudo nas áreas culturais, históricas, ambientais, antropológicas, de Inventário do Patrimônio Histórico e Cultural, bem como o agenciamento, organização e gerenciamento de eventos e a administração do fluxo turístico.

- Competências e Habilidades

O curso de graduação em Turismo deve possibilitar formação profissional que revele, pelo menos, as seguintes competências e habilidades:

- compreensão das políticas nacionais e regionais sobre turismo;
- utilização de metodologia adequada para o planejamento das ações turísticas, abrangendo projetos, planos e programas, com os eventos locais, regionais, nacionais e internacionais;
- positiva contribuição na elaboração dos planos municipais e estaduais de turismo;
- domínio das técnicas indispensáveis ao planejamento e à ope-

racionalização do Inventário Turístico, detectando áreas de novos negócios e de novos campos turísticos e de permutas culturais;

- domínio e técnicas de planejamento e operacionalização de estudos de viabilidade econômico-financeira para os empreendimentos e projetos turísticos;
- adequada aplicação da legislação pertinente;
- planejamento e execução de projetos e programas estratégicos relacionados com empreendimentos turísticos e seu gerenciamento;
- intervenção positiva no mercado turístico com sua inserção em espaços novos, emergentes ou inventariados;
- classificação, sobre critérios prévios e adequados, de estabelecimentos prestadores de serviços turísticos, incluindo meios de hospedagens, transportadoras, agências de turismo, empresas promotoras de eventos e de outras áreas, postas com segurança à disposição do mercado turístico e de sua expansão;
- domínios de técnicas relacionadas com a seleção e avaliação de informações geográficas, históricas, artísticas, esportivas, recreativas e de entretenimento, folclóricas, artesanais, gastronômicas, religiosas, políticas e outros traços culturais, como diversas formas de manifestação da comunidade humana;
- domínio de métodos e técnicas indispensáveis ao estudo dos diferentes mercados turísticos, identificando os prioritários, inclusive para efeito de oferta adequada a cada perfil do turista;
- comunicação interpessoal, intercultural e expressão correta e precisa sobre aspectos técnicos específicos e da interpretação da realidade das organizações e dos traços culturais de cada comunidade ou segmento social;
- utilização de recursos turísticos como forma de educar, orientar, assessorar, planejar e administrar a satisfação das necessidades dos turistas e das empresas, instituições públicas ou privadas, e dos demais segmentos populacionais;
- domínio de diferentes idiomas que ensejem a satisfação do turista em sua intervenção nos traços culturais de uma comunidade ainda não conhecida;

- habilidade no manejo com a informática e com outros recursos tecnológicos;
- integração nas ações de equipes interdisciplinares e multidisciplinares, interagindo criativamente nos diferentes contextos organizacionais e sociais;
- compreensão da complexidade do mundo globalizado e das sociedades pós-industriais, onde os setores de turismo e entretenimento encontram ambientes propícios para se desenvolverem;
- profunda vivência e conhecimento das relações humanas, de relações públicas, das articulações interpessoais, com posturas estratégicas para o êxito de qualquer evento turístico;
- conhecimentos específicos e adequado desempenho técnico-profissional, com humanismo, simplicidade, segurança, empatia e ética.

- Conteúdos Curriculares

Os cursos de graduação em Turismo deverão contemplar, em seus projetos pedagógicos e em sua organização curricular, conteúdos que atendam aos seguintes eixos interligados de formação:

I. Conteúdos Básicos: estudos relacionados com os aspectos Sociológicos, Antropológicos, Históricos, Filosóficos, Geográficos, Culturais e Artísticos, que conformam as sociedades e suas diferentes culturas;
II. Conteúdos Específicos: estudos relacionados com a Teoria Geral do Turismo, Teoria da Informação e da Comunicação, estabelecendo ainda as relações do Turismo com a Administração, o Direito, a Economia, a Estatística e a Contabilidade, além do domínio de, pelo menos, uma língua estrangeira;
III. Conteúdos Teórico-Práticos: estudos localizados nos respectivos espaços de fluxo turístico, compreendendo visitas técnicas, inventário turístico, laboratórios de aprendizagem e de estágios.

3.2.6 Curso de Graduação em Hotelaria

O curso de graduação em Hotelaria, na modalidade bacharelado, terá uma terminalidade segundo a sua concepção curricular e o projeto pedagógico do curso, adequados ao perfil desejado do formando, incluindo até conteúdos curriculares de natureza pedagógica indispensáveis à habilitação para o magistério em cursos de formação profissionalizante ou de Educação Profissional de que trata a Lei de Diretrizes e Bases da Educação Nacional 9.394/96.

- Perfil Desejado do Formando

Quanto ao perfil desejado, o curso de graduação em Hotelaria deverá oportunizar a formação de um profissional apto a atuar em um mercado altamente competitivo e em constante transformação, com impactos periódicos ou sazonais, segundo as mudanças na vida social, econômica, política, empresarial e organizacional, com ênfase na Gestão e Administração de Hotéis com os mais diversos e importantes aspectos estruturais, infraestruturais e o seu eficaz e qualitativo funcionamento, de acordo com os diversos segmentos culturais da demanda hoteleira.

- Competências e Habilidades

O curso de graduação em Hotelaria deve possibilitar a formação profissional que revele, pelo menos, as seguintes competências e habilidades para:

- atuar no planejamento, implantação e gerenciamento de unidades hoteleiras;
- reconhecer e identificar problemas, equacionando soluções, intermediando e coordenando os diferentes níveis do processo de tomada de decisão;
- ajustar-se aos diferentes contextos históricos e suas inter-relações geográficas, sociais, econômicas e turísticas, especial-

mente para o constante aperfeiçoamento em planejamentos e gestões de empresas hoteleiras;

- adotar, com eficácia, modelos inovadores de gestão;
- integrar-se no grupo hoteleiro e da unidade que gerencia, contribuindo para a ação de equipes interdisciplinares, e interagir criativamente face aos diferentes contextos organizacionais e sociais, bem como resolver situações com flexibilidade e adaptabilidade diante de problemas e desafios organizacionais;
- comunicar-se em idiomas estrangeiros, principalmente a língua inglesa e a espanhola, manejando também os recursos informatizados e outros equipamentos tecnológicos;
- exercer, com liderança e responsabilidade, o gerenciamento da unidade hoteleira, direcionado ao melhor atendimento ao cliente, usuário;
- implantar planejamento estratégico capaz de assegurar produtividade e competitividade, em mercados de significativas diversificações;
- ajustar, mediante adequada forma de gerenciamento, o funcionamento institucional a novas situações, emergentes, presentes na pluralidade do mercado hoteleiro, da cultura e da demanda diferenciada, das expectativas de diferentes pólos turísticos ou em razão de diversos processos de mobilidade social.

- ## Conteúdos Curriculares

O curso de graduação em Hotelaria deve direcionar os conteúdos para o perfil desejado do formando, a partir dos seguintes tópicos de estudos interligados:

I. Conteúdos Básicos: estudos relacionados com as Ciências Humanas, com ênfase na Psicologia, Sociologia e na Geografia Física, Humana, Política e Econômica, e com as Ciências da Comunicação e das Artes;

II. Conteúdos Específicos: estudos relacionados com a Administração, a Economia e o Direito, aplicados à Hotelaria, interligados com o Turismo, além de estudos sobre Sistemas de Comunicação e Informática, incluindo domínio de, pelo menos, uma língua estrangeira;
III. Conteúdos Teórico-Práticos: obtidos pelos sistemas informatizados, incluindo Laboratórios, com as diversas interligações em rede, cujos produtos sejam postos à disposição do fluxo turístico, observadas as peculiaridades do mercado hoteleiro, Estágio Curricular Supervisionado, Estágios Integradores, Atividade Extraclasse, Atividades de Pesquisa e de Iniciação Científica e Atividades Complementares.

3.2.7. Curso de Graduação em Secretariado Executivo

- Perfil Desejado do Formando

O curso de graduação em Secretariado Executivo se propõe formar bacharéis com sólidos domínios acadêmicos, científicos e tecnológicos específicos de seu campo de atuação, especialmente preparando-os para o eficaz desempenho de múltiplas relações de acordo com as especificidades de cada organização, mantendo o harmônico funcionamento nas interfaces staff/linha, gerenciando o fluxo de informações e desenvolvendo com sensibilidade metodologias capazes de diagnosticar conflitos, reduzir resistências a mudança, repassar a importância da concepção empreendedora da empresa, portando-se com competência e discrição.

O curso de graduação em Secretariado Executivo deve ensejar a formação de um profissional proficiente, criativo, participativo, conhecedor de gestão estratégica, articulador em negociações que precedam à tomada de decisões, facilitador das relações interpessoais e intergrupais, revelando eficiente domínio de técnicas de sensibilização e de fácil domínio dos diferentes meios de comunicação dentro da organização e com diferentes grupos de clientela e de demanda.

- Competências e Habilidades

O Secretário Executivo deverá ser preparado para desempenhar, com alto padrão de competência, as tarefas peculiares à profissão, contribuindo para melhoria da qualidade nas relações pessoais, interpessoais e com o mundo exterior, bem como para maior produtividade nas organizações, devendo revelar, pelo menos, as seguintes competências e habilidades:

- exercício profissional com iniciativa, criatividade, bom senso, discrição, maturidade emocional, sólidos e atualizados conhecimentos gerais;
- capacidade de articulação com diferentes níveis de empresas e instituições públicas ou privadas ou diferentes clientes;
- visão generalista da organização e das peculiares relações hierárquicas intersetoriais;
- administração eficaz do tempo;
- exercício de funções gerenciais, com domínios sobre planejamento, organização, controle e direção;
- utilização do raciocínio lógico, crítico e analítico, operando com valores e estabelecendo relações formais e causais entre fenômenos e situações organizacionais;
- habilidade de lidar com modelos inovadores de gestão;
- valorização e domínio dos princípios que informam eficaz sistema de comunicação;
- receptividade e liderança para o trabalho em equipe, na busca da sinergia;
- sensibilidade para a adoção de meios alternativos relacionados com a melhoria da qualidade e da produtividade dos serviços;
- controle e gerenciamento do fluxo de informações, assegurando uniformidade de referencial para diferentes usuários;
- eficaz utilização de técnicas secretariais, com renovadas tecnologias, imprimindo segurança, credibilidade e fidelidade no fluxo de informação;

- utilização de tecnologias da informação com suas permanentes inovações.

- Conteúdos Curriculares

O curso de graduação em Secretariado Executivo deverá contemplar, em seus projetos pedagógicos e em sua organização curricular, os seguintes conteúdos interligados:

I. Conteúdos Básicos: estudos relacionados com as Ciências Sociais, com as Ciências Jurídicas e com as Ciências da Comunicação e da Informação;
II. Conteúdos Específicos: estudos das Técnicas Secretariais e de Gestão Secretarial, abrangendo os conteúdos relacionados com as Teorias das Organizações, com o Desenvolvimento de Recursos Humanos e com a Ética Profissional, além do domínio de, pelo menos, uma língua estrangeira e o aprofundamento da Língua Nacional;
III. Conteúdos Teórico-Práticos: Laboratórios Informatizados, com as diversas interligações em rede, Estágio Curricular Supervisionado e Atividades Complementares, especialmente a abordagem teórico-prática dos Sistemas de Comunicação, com ênfase em softwares e aplicativos.

3.2.8. Curso de Graduação em Música

- Perfil Desejado do Formando

O curso de graduação na área de Música deve contribuir para o exercício do pensamento reflexivo, a sensibilidade artística e a capacidade de manifestação do indivíduo na sociedade, nas dimensões artísticas, culturais, sociais, científicas e tecnológicas.

- Competências e Habilidades

O curso de graduação em Música deve possibilitar a formação profissional que revele, pelo menos, as seguintes competências e habilidades para:

- intervir na sociedade de acordo com suas manifestações culturais, demonstrando sensibilidade e criação artísticas e excelência prática;
- viabilizar pesquisa científica e tecnológica em música, visando à criação, compreensão e difusão da cultura e seu desenvolvimento;
- atuar, de forma significativa, nas manifestações musicais, instituídas ou emergentes;
- atuar, em articulação com as diversas instituições, nos diferenciados espaços culturais e, especialmente, em instituições de ensino específico de música;
- estimular criações musicais e sua divulgação como manifestação do potencial artístico.

- Conteúdos Curriculares

O curso de graduação em Música deve assegurar o perfil do profissional desejado, a partir dos seguintes tópicos de estudos ou de conteúdos interligados:

I. Conteúdos Básicos: estudos relacionados com a Cultura e as Artes, envolvendo também as Ciências Humanas e Sociais, com ênfase em Antropologia e Psicopedagogia;
II. Conteúdos Específicos: estudos que particularizam e dao consistência à área de Música, abrangendo os relacionados com o Conhecimento Instrumental, Composicional e de Regência;
III. Conteúdos Teórico-Práticos: estudos que permitam a integração teoria/prática relacionada com o exercício da arte musi-

cal e do desempenho profissional, incluindo também Estágio Curricular Supervisionado, Prática de Ensino, Iniciação Científica e utilização de novas tecnologias.

3.2.9 Curso de Graduação em Dança

- Perfil Desejado do Formando

O curso de graduação em Dança deve propiciar uma formação profissional com duas vertentes: a primeira comprometida em formar o profissional envolvido com a produção coreográfica e o espetáculo de dança e a outra voltada não só para o profissional que trabalha com a reprodução do conhecimento, como também para o que trabalha com o ensino das danças, especialmente para portadores de necessidades especiais, ou ainda que utiliza a dança como elemento de valorização, de alta estima e de expressão corporal, visando a integrar o indivíduo na sociedade, consolidados em cada movimento e em cada plasticidade, na dança em educação especial, a harmonia dos componentes motor, cognitivo, afetivo e emocional.

- Competências e Habilidades

O curso de graduação em Dança deve possibilitar a formação profissional que revele, pelo menos, as seguintes competências e habilidades:

- domínio dos princípios cinesiológicos relativos à performance corporal;
- domínio da linguagem corporal relativo à interpretação coreográfica nos aspectos técnicos e criativos;
- desempenho indispensável à identificação, descrição, compreensão, análise e articulação dos elementos da composição coreográfica, sendo também capaz de exercer essas funções em conjunto com outros profissionais;
- reconhecimento e análise de estruturas metodológicas e do-

mínios didáticos relativos ao ensino da dança, adaptando-as à realidade de cada processo de reprodução do conhecimento, manifesto nos movimentos ordenados e expressivos;

- domínio das habilidades indispensáveis ao trabalho da dança do portador de necessidades especiais, proporcionando a todos a prática e o exercício desta forma de arte como expressão da vida.

- Conteúdos Curriculares

O curso de graduação em Dança deve contemplar, em seu projeto pedagógico e em sua organização curricular, os seguintes conteúdos interligados:

I. Conteúdos Básicos: estudos relacionados com as Artes Cênicas, a Música, as Ciências da Saúde e as Ciências Humanas e Sociais, com ênfase em Psicologia e Serviço Social, bem assim com as diferentes manifestações da vida e de seus valores;
II. Conteúdos Específicos: estudos relacionados com a Estética e com a História da Dança, a Cinesiologia, as Técnicas de Criação Artística e de Expressão Corporal e a Coreografia;
III. Conteúdos Teórico-Práticos: domínios de técnicas e princípios informadores da expressão musical, envolvendo aspectos Coreográficos e de Expressão Corporal, bem como o desenvolvimento de atividades relacionadas com os Espaços Cênicos, com as Artes Plásticas, com a Sonoplastia e com as demais práticas inerentes à produção em dança como expressão da arte e da vida.

3.2.10. Curso de Graduação em Teatro

- Perfil Desejado do Formando

O perfil do egresso do curso de Teatro deve compreender uma sólida formação ética, teórica, artística, técnica e cultural que o capacite tanto a uma atuação profissional qualificada, quanto à investigação de novas técnicas, metodologias de trabalho, linguagens e propostas estéticas.

A este perfil acrescente-se também a postura de permanente busca de atualização profissional, da iniciativa de interferir no mercado de trabalho, de criar novas possibilidades de atuação intelectual e artística, de contribuir para o desenvolvimento artístico-cultural do País, no exercício da produção de espetáculos teatrais, da pesquisa e da crítica teatral, bem como o domínio de metodologias de ensino adequadas à arte teatral sob suas diferentes formas.

Assim, quanto ao curso de graduação em Teatro, dois perfis devem ser considerados:

a. o perfil do egresso de um curso de graduação em Teatro deve compreender uma sólida formação ética, teórica, artística, técnica e cultural, que capacite tanto a uma atuação profissional qualificada quanto ao empreendimento da investigação de novas técnicas, metodologias de trabalho, linguagens e propostas estéticas. É marcante no perfil do egresso a busca permanente da atualização profissional e da capacidade de intervir no mercado de trabalho, criando novas oportunidades de atuação intelectual e artística;
b. perfil específico: o graduado deverá estar capacitado a contribuir para o desenvolvimento artístico e cultural do País no exercício da produção do espetáculo teatral, da pesquisa e da crítica teatral, bem assim do ensino do teatro.

- Competências e Habilidades

O curso de graduação em Teatro deve possibilitar a formação que revele, pelo menos, as seguintes competências e habilidades:

- conhecimento da linguagem teatral, suas especificidades e seus desdobramentos, inclusive conceitos e métodos fundamentais à reflexão crítica dos diferentes elementos da linguagem teatral;

- conhecimento da história do teatro, da dramaturgia e da literatura dramática;
- domínio de códigos e convenções próprios da linguagem cênica na concepção da encenação e da criação do espetáculo teatral;
- domínio técnico e expressivo do corpo, visando a Interpretação teatral;
- domínio técnico-construtivo na composição dos elementos visuais da cena teatral;
- conhecimento de princípios gerais de educação e dos processos pedagógicos referentes à aprendizagem e ao desenvolvimento do ser humano como subsídio para o trabalho educacional direcionado para o teatro e suas diversas manifestações;
- capacidade de coordenar o processo educacional de conhecimentos teóricos e práticos sob as linguagens cênica e teatral, no exercício do ensino de Teatro, tanto no âmbito formal como em práticas não formais de ensino;
- capacidade de autoaprendizado contínuo, exercitando procedimentos de investigação, análise e crítica dos diversos elementos e processos estéticos da arte teatral.

• Conteúdos Curriculares

Os cursos de graduação em Teatro deverão contemplar em seus projetos pedagógicos e em sua organização curricular conteúdos que atendam aso seguintes eixos interligados de informação:

I. Conteúdos Básicos: estudos relacionados com as Artes Cênicas, a Música, a Cultura e a Literatura, sob as diferentes manifestações da vida e de seus valores, bem assim com a História do Espetáculo Teatral, a Dramaturgia, a Encenação, a Interpretação Teatral e com a Ética Profissional;

II. Conteúdos Específicos: estudos relacionados com a História da Arte, com a Estética, com a Teoria e o Ensino do Teatro, além de outros relacionados com as diferentes formas de expressão musical e corporal, adequadas à Expressão Teatral e às formas de Comunicação Humana;
III. Conteúdos Teórico-Práticos: domínios de técnicas integradas aos princípios informadores da formação teatral e sua integração com atividades relacionadas com Espaços Cênicos, Estéticos, Cenográficos, além de domínios específicos em produção teatral, como expressão da Arte, da Cultura e da Vida

3.2.11. Curso de Graduação em Design

- Perfil Desejado do Formando

O curso de graduação em Design, responsável pela formação do designer tem como perfil o profissional que se ocupa do projeto de sistemas de informações visuais, objetos e os sistemas de objetos de uso através do enfoque interdisciplinar, consideradas as características dos usuários e de seu contexto socioeconômico-cultural, bem como potencialidades e limitações econômicas e tecnológicas das unidades produtivas onde os sistemas de informação e objetos de uso serão produzidos.

O perfil desejado desse formando, portanto, é o designer capaz de produzir projetos que envolvam sistemas de informações visuais, artísticas, culturais e tecnológicas de forma contextualizada e observado o ajustamento histórico e os traços culturais e de desenvolvimento das comunidades.

- Competências e Habilidades

O graduado em Design deve revelar as seguintes competências e habilidades:

- capacidade criativa para propor soluções inovadoras, utilizando do domínio de técnicas e de processo de criação;
- capacidade para o domínio de linguagem própria, expressando conceitos e soluções, em seus projetos, de acordo com as diversas técnicas de expressão e reprodução visual;
- capacidade de trânsito interdisciplinar, interagindo com especialistas de outras áreas de modo a utilizar conhecimentos diversos e atuar em equipes interdisciplinares na elaboração e execução de pesquisas e projetos;
- visão sistêmica de projeto, manifestando capacidade de conceituá-lo a partir da combinação adequada de diversos componentes materiais e imateriais, processos de fabricação, aspectos econômicos, psicológicos e sociológicos do produto;
- domínio das diferentes etapas do desenvolvimento de um projeto, a saber: definição de objetivos, técnicas de coleta e de tratamento de dados, geração e avaliação de alternativas, configuração de solução e comunicação de resultados;
- conhecimento do setor produtivo de sua especialização, revelando sólida visão setorial, relacionado ao mercado, materiais, processos produtivos e tecnologias abrangendo mobiliário, confecção, calçados, joias, cerâmicas, embalagens, artefatos de qualquer natureza, traços culturais da sociedade, softwares e outras manifestações regionais;
- domínio de gerência de produçao, incluindo qualidade, produtividade, arranjo físico de fábrica, estoques, custos e investimentos, além da administração de recursos humanos para a produção;
- visão histórica e prospectiva, centrada nos aspectos socioeconômicos e culturais, revelando consciência das implicações econômicas, sociais, antropológicas, ambientais, estéticas e éticas de sua atividade.

- Conteúdos Curriculares

O curso de graduação em Design deverá contemplar em seus projetos pedagógicos e em sua organização curricular, conteúdos que atendam aos seguintes eixos interligados de formação:

I. Conteúdos Básicos: estudo da História e das Teorias do Design em seus contextos Sociológicos, Antropológicos, Psicológicos e Artísticos, abrangendo Métodos e Técnicas de Projetos, Meios de Representação, Comunicação e Informação, Estudos das Relações Usuário/Objeto/Meio Ambiente, Estudo de Materiais, Processos, Gestão e outras relações com a produção e o mercado;

II. Conteúdos Específicos: estudos que envolvam Produções Artísticas, Produção Industrial, Comunicação Visual, Interface, Modas, Vestuários, Interiores, Paisagismos, Design e outras produções artísticas que revelem adequada utilização de espaços e correspondam a níveis de satisfação pessoal;

III. Conteúdos Teórico-Práticos: domínios que integram a abordagem teórica e a prática profissional, além de peculiares desempenhos no Estágio Curricular Supervisionado, inclusive com a execução de atividades complementares específicas, compatíveis com o perfil desejado do formando.

III – CONSIDERAÇÕES FINAIS

Da análise até então desenvolvida resulta oportuno que se façam as seguintes argumentações finais:

1. em razão da metodologia adotada, foi possível definir diretrizes comuns aos cursos relatados (item 3.1), isto é, o que de todos se exige como delineamento geral, e estabelecer, em seguida, Diretrizes Específicas para cada curso de graduação (item 3.2), concebendo-o dentro de uma determinada área de conhecimento e com vistas a um definido perfil deseja-

do do formando, a suas competências e habilidades e a seus conteúdos curriculares, acordo com as implicações científicas e tecnológicas de cada curso;

2. desta forma, este Parecer grupou, como diretrizes curriculares comuns aos cursos relatados, aquelas que se aplicam indistintamente, por seu caráter geral, a todos os cursos ora relatados, o que não significa que todos os cursos tenham o mesmo *modus operandi*, posto que cada um fará a devida adequação às suas peculiaridades daquilo que se exige de todos indistintamente;
3. o Projeto de Resolução de cada curso atende basicamente a essa metodologia, de tal maneira que dispositivos foram reservados ao tratamento das diretrizes específicas, por isto que, conjugando estas com as diretrizes comuns, foi possível elaborar-se um Projeto de Resolução por curso;
4. o Parecer que ora se conclui se ateve às diretrizes comuns e específicas dos cursos relatados, concentrando-as eminentemente na graduação, posto que as outras modalidades de oferta, em nível superior, como é o caso das licenciaturas, dos cursos sequenciais, dos tecnólogos, do curso normal superior e outros, estão tendo disciplinamento próprio;
5. quanto à integralização curricular, as Resoluções, com base nas diretrizes comuns aos cursos ora relatados, prevêem que a organização curricular indicará expressamente as condições para a efetiva conclusão do curso, de acordo com os regimes acadêmicas que as instituições de ensino adotarem: regime seriado anual; regime seriado semestral; sistema de créditos com matrícula por disciplina ou por módulos acadêmicos, com a adoção de pré-requisitos, observados os elementos estruturais nos respectivos projetos pedagógicos, como reza o art. 11 proposto nos Projetos de Resolução;
6. os aspectos relacionados com a duração do curso de graduação, com a carga horária e os tempos possíveis de integralização curricular de acordo com os regimes acadêmicos, por se tratar de parâmetros, ficarão definidos no projeto pedagógi-

co do curso e em sua organização curricular, convindo registrar que adveio da Câmara de Educação Superior, com muita oportunidade, o Parecer 100/2002, definindo os indicadores relacionados com "Carga Horária dos Cursos de Graduação", com o respectivo projeto de Resolução, ambos aprovados em 13/03/2002. Nele se observa, por exemplo, que o percentual máximo de atividade prática, sob a forma de pesquisa, de estágio ou de intervenção supervisionada, é de 15%, não se referindo, portanto, às licenciaturas plenas, graduação superior, para as quais a própria Lei 9.394/96, em seu art. 65, definiu o mínimo de 300 (trezentas) horas para o estágio supervisionado;

7. resta, portanto, evidenciado que este Parecer deveria mesmo direcionar-se apenas aos cursos de graduação relatados, sem envolver outras modalidades de oferta, por isto que a eles já se aplicam o Parecer CES 100/2002 e a Resolução dele decorrente;
8. ademais, alguns cursos guardam entre si total interdisciplinaridade, de tal maneira que os domínios alcançados em uns são também necessariamente exigidos em outros, resultando também em estudos transversais e complementares que possam preservar esse liame que torna semelhantes cursos de graduação especificamente diferentes;
9. de referência às Diretrizes Curriculares do curso de graduação em Direito, verifica-se que, com o advento da LDB (9.131/95 e 9.394/96) e das Diretrizes Curriculares Nacionais, não se justifica mais, tanto do ponto de vista jurídico como acadêmico, cogitar que esteja em vigor a Portaria 1.886/94 para o curso de Direito, considerada até a sua automática revogação, como ficará evidenciado:

9.1 a Portaria remetida foi editada ainda na vigência da LDB 4.024/61 e 5.540/68, estabelecendo que os cursos de graduação teriam seus Currículos Mínimos Nacionais fixados pelo então Conselho Federal de Educação, na forma, respectivamente, dos artigos 9º e 26, revogados a partir de 1995/1996, com a nova LDB supramencionada;

9.2 a nova Lei de Diretrizes e Bases da Educação Nacional (9.131/95 e 9.394/96), além de revogar expressamente as mencionadas Leis 4.024/61 e 5.540/68, no seu art. 92, "e as demais leis e decretos-lei que as modificaram (excetuando-se a Lei 9.131, de 24/11/95, e 9.192, de 21/12/95), e quaisquer outras disposições em contrário", tratou da matéria de forma abrangente, geral, ao estabelecer que os cursos de graduação terão seus currículos estruturados pelas instituições de educação superior harmonicamente com as Diretrizes Curriculares Nacionais e com as Diretrizes Curriculares Gerais dos Cursos de Graduação que o Conselho Nacional de Educação, por sua Câmara de Educação Superior, fixasse, como ora ocorre;

9.3 a revogação do disciplinamento estabelecido na Portaria 1.886/94 quando dispôs da obrigatoriedade de disciplinas, conteúdos e práticas, já formatados em cinco séries e com duração determinada, adotando a mesma sistemática do rígido e preestabelecido Currículo Mínimo Profissional Nacional, incompatível com a nova LDB, cedeu lugar à criatividade e à competência inovadora das instituições de ensino superior, observados os eixos norteadores da nova configuração curricular e do projeto pedagógico dos cursos jurídicos, a partir das supra referidas Diretrizes Curriculares Nacionais e as Gerais para os cursos de graduação;

9.4 a proposta ao Ministro de Estado da Educação da formalização da revogação da Portaria 1.886/94 foi objeto do Parecer 507/99–CES/CNE, aprovado à unanimidade pela referida Câmara, com a fundamentação ali esposada, considerando ainda o disciplinamento contido no art. 2º, § 2º, da Lei de Introdução ao Código Civil Brasileiro, segundo o qual se terá como revogada uma lei ou um ato normativo qualquer quando outro, da mesma natureza ou de hierarquia superior, os revogar expressamente ou tratar da matéria de forma diversa, ou ainda quando o novo tratamento dado à matéria for incompatível com o da norma anterior, por isto considerada revogada, inaplicável, a partir da nova lei, como é o caso.

9.5 as Diretrizes Curriculares Nacionais e as Diretrizes Curriculares Gerais do curso de graduação em Direito se harmonizam com as orientações e diretrizes fixadas pelos Pareceres 776/97 e 583/2001, que se destinam a todos os cursos, incluindo-se os cursos de graduação em Direito, pela evidência de que a Portaria 1.886/94 e Portaria MEC 1.252/2001 não mais subsistem na ordem jurídica, como consta do Parecer CES 507, de 19/5/99, especificamente quanto à insubsistência da referida Portaria e das supervenientes, assegurando coerência com as Diretrizes Curriculares Nacionais e da graduação em Direito.

IV – VOTO DO(S) RELATOR(ES)

Diante do exposto, voto(amos) nos seguintes termos:

1. favoravelmente à aprovação das Diretrizes Curriculares dos cursos de Graduação em Direito, Ciências Econômicas, Administração, Ciências Contábeis, Turismo, Hotelaria, Secretariado Executivo, Música, Dança, Teatro e Design, propostas pelas respectivas Comissões de Especialistas da SESu/MEC, com os acréscimos e reformulações constantes deste Parecer;
2. pela aprovação dos Projetos de Resolução em anexo, que fazem parte integrante deste Parecer e deste voto.

Brasília–DF, 03 de abril de 2002.
Conselheiro José Carlos Almeida da Silva – Relator
Conselheiro Lauro Ribas Zimmer – Relator

V – DECISÃO DA CÂMARA

A Câmara de Educação Superior acompanha o voto da Comissão.
Sala das Sessões, 03 de abril de 2002.
Conselheiro Arthur Roquete de Macedo – Presidente
Conselheiro José Carlos Almeida da Silva – Vice-Presidente

ANEXO H — MINUTA DA RESOLUÇÃO FIXANDO AS DIRETRIZES CURRICULARES PARA O CURSO DE DIREITO

MINISTÉRIO DA EDUCAÇÃO
CONSELHO NACIONAL DE EDUCAÇÃO
CÂMARA DE EDUCAÇÃO SUPERIOR

RESOLUÇÃO Nº DE DE DE 2002.

Aprova as Diretrizes Curriculares Nacionais do Curso de Graduação em Direito e dá outras providências.

O PRESIDENTE DA CÂMARA DE EDUCAÇÃO SUPERIOR DO CONSELHO NACIONAL DE EDUCAÇAO, no uso de suas atribuições legais, com fundamento no art. 9º, § 2º, alínea "c", da Lei nº 4.024, de 20 de dezembro de 1961, com a redação dada pela Lei nº 9.131, de 25 de novembro de 1995, tendo em vista as diretrizes e os princípios fixados pelos Pareceres CES/CNE nos. 776/97, de 03/12/97, 583/2001, de 04/04/2001, e 100/2002, de 13/03/2002, e as Diretrizes Curriculares Nacionais elaboradas pela Comissão de Especialistas de Ensino de Direito, propostas ao CNE pela SESu/MEC, considerando o que consta do Parecer CES/CNE nº , aprovado na sessão de / / e homologado pelo Senhor Ministro de Estado da Educação em ...., ... de 2001,

RESOLVE:

Art. 1º. O currículo do curso de graduação em Direito, a ser elaborado pelas Instituições de Ensino Superior, universitárias e não universitárias, observará as Diretrizes Curriculares Nacionais, o disposto nesta Resolução e no Parecer CES/CNE nº .

Art. 2º. A organização curricular do curso de graduação em Direito, observadas as Diretrizes Curriculares Nacionais e o Parecer indicado no artigo precedente, abrangerá o regime de oferta, os componentes curriculares, o estágio curricular supervisionado, as atividades complementares, a monografia como componente opcional da instituição, o sistema de avaliação, o perfil do formando, as competências e habilidades, os conteúdos curriculares e a duração do curso, sem prejuízo de outros aspectos que tornem consistente o referido projeto pedagógico.

Parágrafo único. O Projeto Pedagógico do curso, além da clara concepção do curso jurídico, com suas peculiaridades, seu currículo pleno e sua operacionalização, abrangerá, sem prejuízo de outros, os seguintes elementos estruturais:

I – objetivos gerais do curso, contextualizados em relação às suas inserções institucional, política, geográfica e social;

II – condições objetivas de oferta e a vocação do curso;

III – cargas horárias das atividades didáticas e da integralização do curso;

IV – formas de realização da interdisciplinaridade;

V – modos de integração entre teoria e prática;

VI – formas de avaliação do ensino e da aprendizagem;

VII – modos da integração entre graduação e pós-graduação, quando houver;

VIII – cursos de pós-graduação *lato sensu*, nas modalidades especialização integrados e/ou subsequentes à graduação, de acordo com o surgimento de novos ramos jurídicos, e de aperfeiçoamento, de acordo com as efetivas demandas do desempenho profissional.

IX – incentivo à pesquisa, como necessário prolongamento da atividade de ensino e como instrumento para a iniciação científica;

X – concepção e composição das atividades de estágio curricular supervisionado, suas diferentes formas e condições de realização, bem como a implantação do Núcleo de Prática Jurídica, responsável também por atividades extensionistas;

XI – concepção e composição das atividades complementares.

Art. 3º. A organização curricular do curso de graduação em Direito estabelecerá expressamente as condições para a sua efetiva conclusão e integralização curricular, de acordo com os seguintes regimes acadêmicos que as Instituições de Ensino Superior adotarem: regime seriado anual; regime seriado semestral; sistema de créditos com matrícula por disciplina ou por módulos acadêmicos, com a adoção de pré-requisitos, atendido o disposto no artigo precedente.

Art. 4º. O Estágio Supervisionado é componente curricular obrigatório, indispensável à consolidação dos desempenhos profissionais desejados, inerentes ao perfil do formando, devendo cada instituição, por seus colegiados superiores acadêmicos, aprovar o correspondente regulamento de estágio, com suas diferentes modalidades de operacionalização.

§ 1º. O estágio de que trata este artigo poderá ser realizado na própria instituição de ensino, através do Núcleo de Prática Jurídica, desde que este seja estruturado e operacionalizado de acordo com regulamentação própria, aprovada pelo conselho superior acadêmico competente, na instituição.

§ 2º. As atividades de estágio poderão ser reprogramadas e reorientadas de acordo com os resultados teórico práticos gradualmente revelados pelo aluno, até que os responsáveis pelo estágio curricular possam considerá-lo concluído, resguardando, como padrão de qualidade, os domínios indispensáveis ao exercício da profissão.

Art. 5º. As Atividades Complementares são componentes curriculares que possibilitam o reconhecimento, por avaliação, de habilidades, conhecimentos e competências do aluno, inclusive adquiridas fora do ambiente escolar, incluindo a prática de estudos e atividades independentes, transversais, opcionais, de interdisciplinaridade, especialmente nas relações com o mundo do trabalho e com as ações de extensão junto à comunidade.

Parágrafo único. As Atividades Complementares constituem componentes curriculares enriquecedores e implementadores do próprio perfil do formando, sem que se confundam com estágio curricular supervisionado.

Art. 6º. A Monografia é componente curricular opcional de cada instituição.

Parágrafo único. Optando a Instituição por incluir a Monografia no currículo do curso de graduação em Direito, deverá emitir regulamentação própria, aprovada pelo respectivo conselho superior acadêmico, contendo, obrigatoriamente, critérios, procedimentos e mecanismos de avaliação, além das diretrizes técnicas relacionadas com a sua elaboração.

Art. 7º. As Instituições de Ensino Superior deverão adotar formas específicas e alternativas de avaliação, internas e externas, sistemáticas, envolvendo todos quantos se contenham no processo do curso, centradas em aspectos considerados fundamentais para a identificação do perfil do formando.

Parágrafo único. Os planos de ensino, a serem fornecidos aos alunos antes do início do período letivo, deverão conter, além dos conteúdos e das atividades, os critérios de avaliação a que serão submetidos.

Art. 8º. O curso de graduação em Direito deverá assegurar, no perfil do graduando, sólida formação geral, humanística e axiológica, capacidade de análise, domínio de conceitos e da terminologia jurídica, adequada argumentação, interpretação e valorização dos fenômenos jurídicos e sociais, aliada a uma postura reflexiva e de visão crítica que fomente a capacidade e a aptidão para a aprendizagem autônoma e dinâmica, indispensável ao exercício da Ciência do Direito, da prestação da justiça e do desenvolvimento da cidadania.

Art. 9º. O curso de graduação em Direito deve possibilitar a formação profissional que revele, pelo menos, as seguintes habilidades:

I – leitura, compreensão e elaboração de textos, atos e documentos jurídicos ou normativos, com a devida utilização das normas técnico-jurídicas;

II – interpretação e aplicação do Direito;

III – pesquisa e utilização da legislação, da jurisprudência, da doutrina e de outras fontes do Direito;

IV – adequada atuação técnico-jurídica, em diferentes instâncias, administrativas ou judiciais, com a devida utilização de processos, atos e procedimentos;

V – correta utilização da terminologia jurídica ou da Ciência do Direito;

VI – utilização de raciocínio jurídico, de argumentação, de persuasão e de reflexão crítica;

VII – julgamento e tomada de decisões; e

VIII – domínio de tecnologias e métodos para permanente compreensão e aplicação do Direito.

Art. 10. Os cursos de graduação em Direito deverão contemplar, em seus projetos pedagógicos e em sua organização curricular, conteúdos que atendam aos seguintes eixos interligados de formação:

I – Conteúdos de Formação Fundamental, que tem por objetivo integrar o estudante no campo do Direito, estabelecendo ainda as relações do Direito com outras áreas do saber, abrangendo estudos que envolvam a Ciência Política (com Teoria Geral do Estado), a Economia, a Sociologia Jurídica, a Filosofia e a Psicologia Aplicada ao Direito e a Ética Geral e Profissional;

II – Conteúdos de Formação Profissional, abrangendo, além do enfoque dogmático, o conhecimento e a aplicação do Direito, observadas as peculiaridades dos diversos ramos do Direito, de qualquer natureza, estudados sistematicamente e contextualizados segundo a evolução da Ciência Jurídica e sua aplicação às mudanças sociais, econômicas, políticas e culturais do Brasil e suas relações internacionais;

III – Conteúdos de Formação Prática, que objetiva a integração entre a prática e os conteúdos teóricos desenvolvidos nos demais eixos, especialmente nas atividades relacionadas com o estágio curricular durante o qual a prática jurídica revele o desempenho do perfil profissional desejado, com a devida utilização da Ciência Jurídica e das normas técnico-jurídicas.

Art. 11. A definição da duração do curso de graduação, a carga horária e o tempo de integralização curricular, de acordo com os regimes acadêmicos previstos no art. 3º desta Resolução, serão estabelecidos no projeto pedagógico do curso e na respectiva organização curricular, de acordo com Resolução específica da Câmara de Educação Superior, na forma do Parecer CES/CNE 583/2001, aprovado em 04/04/2001, e observados, pelo menos, os mínimos constantes do Parecer 100/2002, de 13/03/2002, respeitados os padrões internacionais, a experiência acumulada e os acordos internacionais de equivalência de cursos.

Art. 12. Esta Resolução entrará em vigor na data de sua publicação, ficando revogada a Portaria 1.886/94 e demais disposições em contrário.

ANEXO I — RESOLUÇÃO CNE/CES Nº 9, DE 1º DE OUTUBRO DE 2004

CONSELHO NACIONAL DE EDUCAÇÃO
CÂMARA DE EDUCAÇÃO SUPERIOR

RESOLUÇÃO CNE/CES N° 9, DE 29 DE SETEMBRO DE 2004

Institui as Diretrizes Curriculares Nacionais do Curso de Graduação em Direito e dá outras providências.

O Presidente da Câmara de Educação Superior do Conselho Nacional de Educação, no uso de suas atribuições legais, com fundamento no art. 9º, § 2º, alínea "c", da Lei nº 4.024, de 20 de dezembro de 1961, com a redação dada pela Lei nº 9.131, de 25 de novembro de 1995, tendo em vista as diretrizes e os princípios fixados pelos Pareceres CES/CNE nos 776/97, 583/2001, e 100/2002, e as Diretrizes Curriculares Nacionais elaboradas pela Comissão de Especialistas de Ensino de Direito, propostas ao CNE pela SESu/MEC, considerando o que consta do Parecer CES/CNE 55/2004 de 18/2/2004, reconsiderado pelo Parecer CNE/CES 211, aprovado em 8/7/2004, homologado pelo Senhor Ministro de Estado da Educação em 23 de setembro de 2004, resolve:

Art. 1º A presente Resolução institui as Diretrizes Curriculares do Curso de Graduação em Direito, Bacharelado, a serem observadas pelas Instituições de Educação Superior em sua organização curricular.

Art. 2º A organização do Curso de Graduação em Direito, observadas as Diretrizes Curriculares Nacionais se expressa através do seu projeto pedagógico, abrangendo o perfil do formando, as competências e habilidades, os conteúdos curriculares, o estágio curricular supervisionado, as atividades complementares, o sistema de avaliação, o trabalho de curso como componente curricular obrigatório do curso, o regime acadêmico de oferta, a duração do curso, sem prejuízo de outros aspectos que tornem consistente o referido projeto pedagógico.

§ 1º O Projeto Pedagógico do curso, além da clara concepção do curso de Direito, com suas peculiaridades, seu currículo pleno e sua operacionalização, abrangerá, sem prejuízo de outros, os seguintes elementos estruturais:

I – concepção e objetivos gerais do curso, contextualizados em relação às suas inserções institucional, política, geográfica e social;

II – condições objetivas de oferta e a vocação do curso;

III – cargas horárias das atividades didáticas e da integralização do curso;

IV – formas de realização da interdisciplinaridade;

V – modos de integração entre teoria e prática;

VI – formas de avaliação do ensino e da aprendizagem;

VII – modos da integração entre graduação e pós-graduação, quando houver;

VIII – incentivo à pesquisa e à extensão, como necessário prolongamento da atividade de ensino e como instrumento para a iniciação científica;

IX – concepção e composição das atividades de estágio curricular supervisionado, suas diferentes formas e condições de realização, bem como a forma de implantação e a estrutura do Núcleo de Prática Jurídica;

X – concepção e composição das atividades complementares; e,

XI – inclusão obrigatória do Trabalho de Curso.

§ 2º Com base no princípio de educação continuada, as IES poderão incluir no Projeto Pedagógico do curso, oferta de cursos de pós-graduação *lato sensu*, nas respectivas modalidades, de acordo com as efetivas demandas do desempenho profissional.

Art. 3º. O curso de graduação em Direito deverá assegurar, no perfil do graduando, sólida formação geral, humanística e axiológica, capacidade de análise, domínio de conceitos e da terminologia jurídica, adequada argumentação, interpretação e valorização dos fenômenos jurídicos e sociais, aliada a uma postura reflexiva e de visão crítica que fomente a capacidade e a aptidão para a aprendizagem autônoma e dinâmica, indispensável ao exercício da Ciência do Direito, da prestação da justiça e do desenvolvimento da cidadania.

Art. 4º. O curso de graduação em Direito deverá possibilitar a formação profissional que revele, pelo menos, as seguintes habilidades e competências:

I – leitura, compreensão e elaboração de textos, atos e documentos jurídicos ou normativos, com a devida utilização das normas técnico-jurídicas;

II – interpretação e aplicação do Direito;

III – pesquisa e utilização da legislação, da jurisprudência, da doutrina e de outras fontes do Direito;

IV – adequada atuação técnico-jurídica, em diferentes instâncias, administrativas ou judiciais, com a devida utilização de processos, atos e procedimentos;

V – correta utilização da terminologia jurídica ou da Ciência do Direito;

VI – utilização de raciocínio jurídico, de argumentação, de persuasão e de reflexão crítica;

VII – julgamento e tomada de decisões; e

VIII – domínio de tecnologias e métodos para permanente compreensão e aplicação do Direito.

Art. 5º O curso de graduação em Direito deverá contemplar, em seu Projeto Pedagógico e em sua Organização Curricular, conteúdos e atividades que atendam aos seguintes eixos interligados de formação:

I – Eixo de Formação Fundamental, tem por objetivo integrar o estudante no campo, estabelecendo as relações do Direito com outras áreas do saber, abrangendo dentre outros, estudos que envolvam conteúdos essenciais sobre Antropologia, Ciência Política, Economia, Ética, Filosofia, História, Psicologia e Sociologia.

II – Eixo de Formação Profissional, abrangendo, além do enfoque dogmático, o conhecimento e a aplicação, observadas as peculiaridades dos diversos ramos do Direito, de qualquer natureza, estudados sistematicamente e contextualizados segundo a evolução da Ciência do Direito e sua aplicação às mudanças sociais, econômicas, políticas e culturais do Brasil e suas relações internacionais, incluindo-se necessariamente, dentre outros condizentes com o projeto pedagógico, conteúdos essenciais sobre Direito Constitucional, Direito Administrativo, Direito Tributário, Direito Penal, Direito Civil, Direito Empresarial, Direito do Trabalho, Direito Internacional e Direito Processual; e

III – Eixo de Formação Prática, objetiva a integração entre a prática e os conteúdos teóricos desenvolvidos nos demais Eixos, especialmente nas atividades relacionadas com o Estágio Curricular Supervisionado, Trabalho de Curso e Atividades Complementares.

Art. 6º A organização curricular do curso de graduação em Direito estabelecerá expressamente as condições para a sua efetiva conclusão e integralização curricular de acordo com o regime acadêmico que as Instituições de Educação Superior adotarem: regime seriado anual; regime seriado semestral; sistema de créditos com matrícula por disciplina ou por módulos acadêmicos, com a adoção de pré-requisitos, atendido o disposto nesta Resolução.

Art. 7º O Estágio Supervisionado é componente curricular obrigatório, indispensável à consolidação dos desempenhos profissionais desejados, inerentes ao perfil do formando, devendo cada instituição, por seus colegiados próprios, aprovar o correspondente regulamento, com suas diferentes modalidades de operacionalização.

§ 1º O Estágio de que trata este artigo será realizado na própria instituição, através do Núcleo de Prática Jurídica, que deverá estar estruturado e operacionalizado de acordo com regulamentação própria, aprovada pelo conselho competente, podendo, em parte, contemplar convênios com outras entidades ou instituições e escritórios de advocacia; em serviços de assistência judiciária implantados na instituição, nos órgãos do Poder Judiciário, do Ministério Público e da Defensoria Pública ou ainda em departamentos jurídicos oficiais, importando, em qualquer caso, na supervisão das atividades e na elaboração de relatórios que deverão ser encaminhados à Coordenação de Estágio das IES, para a avaliação pertinente.

§ 2º As atividades de Estágio poderão ser reprogramadas e reorientadas de acordo com os resultados teórico-práticos gradualmente revelados pelo aluno, na forma definida na regulamentação do Núcleo de Prática Jurídica, até que se possa considerá-lo concluído, resguardando, como padrão de qualidade, os domínios indispensáveis ao exercício das diversas carreiras contempladas pela formação jurídica.

Art. 8º As atividades complementares são componentes curriculares enriquecedores e complementadores do perfil do formando, possibilitam o reconhecimento, por avaliação de habilidades, conhecimento e competência do aluno, inclusive adquirida fora do ambiente acadêmico, incluindo a prática de estudos e atividades independentes, transversais, opcionais, de interdisciplinaridade, especialmente nas relações com o mercado do trabalho e com as ações de extensão junto à comunidade.

Parágrafo único. A realização de atividades complementares não se confunde com a do Estágio Supervisionado ou com a do Trabalho de Curso.

Art. 9º As Instituições de Educação Superior deverão adotar formas específicas e alternativas de avaliação, interna e externa, sistemáticas, envolvendo todos quantos se contenham no processo do curso, centradas em aspectos considerados fundamentais para a identificação do perfil do formando.

Parágrafo único. Os planos de ensino, a serem fornecidos aos alunos antes do início de cada período letivo, deverão conter, além dos conteúdos e das atividades, a metodologia do processo de ensino-aprendizagem, os critérios de avaliação a que serão submetidos e a bibliografia básica.

Art. 10. O Trabalho de Curso é componente curricular obrigatório, desenvolvido individualmente, com conteúdo a ser fixado pelas Instituições de Educação Superior em função de seus Projetos Pedagógicos.

Parágrafo único. As IES deverão emitir regulamentação própria aprovada por Conselho competente, contendo necessariamente, critérios, procedimentos e mecanismos de avaliação, além das diretrizes técnicas relacionadas com a sua elaboração.

Art. 11. A duração e carga horária dos cursos de graduação serão estabelecidas em Resolução da Câmara de Educação Superior.

Art. 12. As Diretrizes Curriculares Nacionais desta Resolução deverão ser implantadas pelas Instituições de Educação Superior, obrigatoriamente, no prazo máximo de dois anos, aos alunos ingressantes, a partir da publicação desta.

Parágrafo único. As IES poderão optar pela aplicação das DCN aos demais alunos no período ou ano subsequente à publicação desta.

Art. 13. Esta Resolução entrará em vigor na data de sua publicação, ficando revogada a Portaria Ministerial nº 1.886, de 30 de dezembro de 1994 e demais disposições em contrário.

EDSON DE OLIVEIRA NUNES
Presidente da Câmara de Educação Superior

ANEXO J – PORTARIA MEC Nº 1.874, DE 2 DE JUNHO DE 2005

O MINISTRO DA EDUCAÇÃO, no uso de suas atribuições e considerando o disposto na Lei nº 10.861, de 14 de abril de 2004, o Decreto nº 3.860/2001, de 9 de julho de 2001, o disposto na Resolução CNE/CES nº 10/2002, de 11 de março de 2002, e, considerando ainda, a efetivação de uma política criteriosa de supervisão dos cursos jurídicos, resolve:

Art. 1º A Secretaria de Educação Superior – SESu, exercendo sua prerrogativa de supervisão, por meio do Departamento de Supervisão do Ensino Superior – DESUP, deverá nomear comissões de supervisão, no sentido de verificar *in loco* as condições de oferta de cursos jurídicos.

Art. 2º A Ordem dos Advogados do Brasil – OAB, autarquia de regime especial, entidade responsável, por lei, de fiscalizar a profissão regulamentada, poderá protocolizar junto à Secretaria de Educação Superior – SESu, comunicados sobre a existência de cursos jurídicos que, por meio de documentos comprobatórios em poder da entidade, apresentem indícios de irregularidades ou de condições precárias de funcionamento.

Art. 3º Após análise dos comunicados, de que trata o Art. 2º desta Portaria, a Secretaria de Ensino Superior – SESu, por intermédio do Departamento de Supervisão do Ensino Superior – DESUP, constituirá Comissões de Supervisão, cabendo à Ordem dos Advogados do Brasil – OAB a indicação de seu representante, a fim de acompanhar os trabalhos das Comissões.

Art. 4º Esta Portaria entra em vigor na data de sua publicaçao.

TARSO GENRO

ANEXO K — PORTARIA MEC Nº 249, DE 18 DE MARÇO DE 1996

O MINISTRO DE ESTADO DA EDUCAÇÃO E DO DESPORTO, no uso de suas atribuições e tendo em vista o disposto no artigo 6 da Lei n 4.024 de 20 dezembro de 1961, com redação alterada pela Lei n 9.131, de 24 de novembro de 1995, combinado com o artigo 3º, *caput* e seus parágrafos desta Lei, resolve:

ART. 1º Instituir sistemática para a realização anual do Exame Nacional de Cursos, como um dos elementos necessários para a avaliação periódica das instituições e dos cursos de nível superior de graduação.

§ 1º O Exame avaliara os conhecimentos e competência técnicas adquiridos pelos alunos em fase de conclusão dos cursos de graduação.

§ 2º O Exame será realizado anualmente, no período entre maio e junho.

§ 3º Até junho de cada ano, o Ministro de Estado da Educação e do Desporto, por Portaria, determinará o cronograma do Exame do ano seguinte e o rol dos cursos a serem avaliados.

ART. 2º A prestação do Exame Nacional de Cursos é condição obrigatória para obtenção do diploma, e os alunos devem prestá-lo no ano de conclusão do curso, independentemente do regime de execução curricular.

§ 1º Ao graduado que já tenha prestado o Exame é facultada nova participação, desde que se inscreva junto à instituição de ensino pela qual se diplomou, até 120 (cento e vinte) dias antes da realização curricular.

§ 2º Ao aluno graduado anteriormente à implantação do Exame é facultado prestá-lo, desde que cumpridas as exigências do parágrafo anterior.

§ 3º Para efeito da avaliação do curso, será considerado somente o resultado do Exame prestado pelo aluno no ano da conclusão do curso, independentemente da colação de grau.

ART. 3º A abrangência, os objetivos e outras especificações necessárias à elaboração das provas a serem aplicadas para cada curso serão definidos por comissões de curso designadas por Portaria Ministerial.

Parágrafo único. Às comissões de curso compete ainda:

a. definir, até 120 (cento e vinte) dias antes da realização do Exame, os conteúdos programáticos a serem avaliados e os demais itens a que se refere o *caput* deste artigo;
b. apreciar os instrumentos de avaliação após a realização do Exame.

ART. 4º Cada comissão será composta por até dez membros, especialistas de notório saber na área respectiva, de livre escolha do Ministro de Estado da Educação e do Desporto que, para tanto, consultará as comissões de especialistas de ensino da Secretaria de Ensino Superior – SESu, o Conselho de Reitores das Universidades Brasileiras e os conselhos federais e associações nacionais de ensino de profissões regulamentadas, cada um podendo indicar até (cinco) nomes, sendo garantida a representatividade de cada entidade.

ART. 5º A implementação operacional do Exame Nacional de Cursos ficará a cargo da Secretaria de Desenvolvimento, Informação e Avaliação Educacional – SEDIAE deste Ministério, que terá as seguintes atribuições:

I. proceder à divulgação da Portaria Ministerial que defina os cursos a serem incorporados anualmente ao processo de avaliação pelo Exame, bem como cronograma de atividades e as datas de sua realização;
II. coordenar os trabalhos das Comissões de Curso;
III. divulgar os conteúdos programáticos a serem avaliados;
IV. supervisionar o processo de implementação dos Exames;
V. definir e divulgar formulários e formatos pertinentes à realização dos Exames;
VI. providenciar a elaboração e a aplicação dos Exames;
VII. providenciar o envio, no prazo de 90 (noventa) dias, do resultado individual a cada aluno submetido ao Exame, garantindo seu caráter sigiloso;
VIII. encaminhar, anualmente, à SESu – que definirá as formas e o prazo de sua divulgação – os resultados da avaliação dos

cursos sem identificação nominal dos alunos;

IX. manter o registro dos resultados.

ART. 6º As provas serão elaboradas e aplicados por entidades sem fins lucrativos, externas ao MEC e às instituições a serem avaliadas, que tenham em seus quadros profissionais que atendam a requisitos de idoneidade, competência e capacidade técnica em avaliação da aprendizagem, elaboração e aplicação de provas e testes.

Parágrafo único. Às entidades compete:

a. elaborar as provas que atendam ao referido no artigo 3º;
b. imprimir, distribuir, organizar e aplicar as provas com base em procedimentos e critérios técnicos e de segurança que garantam o sigilo e a confiabilidade dos resultados;
c. registrar o comparecimento e atestar, junto às instituições avaliadas,a prestação do Exame pelos alunos, no prazo de 30 dias após a realização das provas;
d. corrigir as provas e processar seus resultados, emitindo relatórios sobre o desempenho dos cursos;
e. emitir o documento específico a ser fornecido individualmente a cada aluno;
f. enviar às SEDIAE os resultados e relatórios até 60 (sessenta) dias após a realização dos Exames;
g. enviar às comissões os instrumentos de avaliação após serem aplicados, para sua apreciação;
h. destruir provas e matérias utilizados, 150 (cento e cinquenta) dias após a divulgação dos resultados dos Exames para SESu.

ART. 7º Às instituições que oferecem os cursos a serem avaliados compete:

I. encaminhar à SEDIAE, anualmente, até 90 dias antes da realização dos Exames, o cadastro de seus formandos, bem como de seus ex-alunos graduados, que se tenham inscrito para participar dos Exames;
II. garantir local e condições adequadas à realização dos Exames;

III. providenciar o registro da prestação dos Exames na documentação pertinente à diplomação do aluno.

§ 1º As instituições de que trata o *caput* deste artigo poderão encaminhar, desde que atendam aos requisitos e prazos definidos pelas comissões de cursos, sugestões de conteúdos curriculares básicos para subsidiar a elaboração das provas dos respectivos cursos.

§ 2º Poderão também ser encaminhadas informaçoes referentes ao perfil profissiográfico, concepção do projeto pedagógico e elementos de cultura geral que as instituições considerem pertinentes.

Art. 8º Excepcionalmente, em 1996, os Exames serão realizados no período entre 5 de outubro e 30 de novembro, abrangendo apenas os graduados do 2º semestre, nos cursos a serem definidos por Portaria Ministerial até 31 de março.

Art. 9º Esta Portaria entre em vigor na data de sua publicação.

PAULO RENATO SOUZA

ANEXO L — PORTARIA MEC Nº 3, DE 9 DE JANEIRO DE 1996

Altera – Portaria nº 1.886,
de 30 de dezembro de 1994, art. 16.

Portaria n º 003, de 09 de janeiro de 1996.

Ministro de Estado da Educação e do Desporto, no uso de suas atribuições legais,

RESOLVE:

Art. 1º – O artigo 16 da Portaria nº 1.886, de 30 de dezembro de 1994, publicada no Diário Oficial de 04 de janeiro de 1995, passa a vigorar com a seguinte redação:

> "Art. 16 As diretrizes curriculares desta Portaria são obrigatórias aos novos alunos matriculados a partir de 1997 nos cursos jurídicos que, no exercício de sua autonomia, poderão aplicá-las imediatamente."

Art. 2º Esta Portaria entra em vigor na data de sua publicação.

Publicada no Diário Oficial da União de 10 de janeiro de 1996

ANEXO M — PORTARIA MEC Nº 1.886, DE 30 DE DEZEMBRO DE 1994

Fixa as diretrizes circulares e o conteúdo mínimo do curso juridico.

O Ministro da Educação e do Desporto, no uso das atribuições do Conselho Nacional de Educação, na forma do artigo 42 da Medida Provisória nº 765, de 16 de dezembro de 1994, e considerando o que foi recomendado nos Seminários Regionais e Nacional de Cursos Jurídicos, e pela Comissão de Especialistas de Ensino de Direito da SESU – MEC, resolve:

Art. 1º O curso jurídico será ministrado no mínimo de 3.300 horas de atividades, cuja integralização se fará em pelo menos cinco e no máximo oito anos letivos.

Art. 2º O curso noturno, que observará o mesmo padrão de desempenho e qualidade do curso no período diurno, terá um máximo diário de quatro horas de atividades didáticas.

Art. 3º O curso jurídico desenvolverá atividades de ensino, pesquisa e extensão interligadas e obrigatórias, segundo programação e distribuição aprovadas pela própria Instituição de Ensino Superior, de forma a atender às necessidades de formação fundamental, sociopolítica, técnico-jurídica e prática do bacharel em direito.

Art. 4º Independentemente do regime acadêmico que adotar o curso (seriado, crédito ou outro), serão destinados cinco a dez por cento da carga horária total para atividades complementares ajustadas entre o aluno e a direção ou coordenação do curso, incluindo pesquisa, extensão, seminários, simpósios, congressos, conferências, monitoria, iniciação científica e disciplinas não previstas no currículo pleno.

Art. 5º Cada curso jurídico manterá um acervo bibliográfico atualizado de no mínimo dez mil volumes de obras jurídicas e de referências às matérias do curso, além de periódicos de jurisprudência, doutrina e legislação.

Art. 6º O conteúdo mínimo do curso jurídico, além do estágio, compreenderá as seguintes matérias que podem estar contidas em uma ou mais disciplinas do currículo pleno de cada curso:

I. Fundamentais: Introdução ao Direito, Filosofia (geral e jurídica, ética geral e profissional), Sociologia (geral e jurídica), Economia e Ciência Política (com teoria do Estado);
II. Profissionalizantes Direito Constitucional, Direito Civil, Direito Administrativo, Direito Tributário, Direito Penal, Direito Processual Civil, Direito Processual Penal, Direito do Trabalho, Direito Comercial e Direito Internacional.

Parágrafo único. As demais matérias e novos direitos serão incluídos nas disciplinas em que se desdobrar o currículo pleno de cada curso, de acordo com suas peculiaridades e com observância de interdisciplinaridade.

Art. 7º A prática de educação física, com predominância desportiva, observará a legislação específica.

Art. 8º A partir do 4º ano, ou do período letivo correspondente, e observado o conteúdo mínimo previsto no art. 6º poderá o curso concentrar-se em uma ou mais áreas de especialização, segundo suas vocações e demandas sociais e de mercado de trabalho.

Art. 9º Para conclusão do curso, será obrigatória apresentação e defesa de monografia final, perante banca examinadora, com tema e orientador escolhidos pelo aluno.

Art. 10. O estágio de prática jurídica, supervisionado pela instituição de ensino superior, será obrigatório e integrante do currículo pleno, em um total de 300 horas de atividades práticas simuladas e reais desenvolvidas pelo aluno sob controle e orientação do núcleo correspondente.

§ 1º O núcleo de prática jurídica, coordenado por professores do curso, disporá instalações adequadas para treinamento das atividades de advocacia, magistratura, Ministério Público, demais profissões jurídicas e para atendimento ao público.

§ 2º As atividades de prática jurídica poderão ser complementadas mediante convênios com a Defensoria Pública e outras entidades públicas judiciárias empresariais, comunitárias e sindicais que possibilitem a participação dos alunos na prestação de serviços jurídicos e em assistência jurídica, ou em juizados especiais que venham a ser instalados em dependência da própria instituição de ensino superior.

Art. 11. As atividades do estágio supervisionado serão exclusivamente práticas, incluindo redação de peças processuais e profissionais, rotinas processuais, assistência e atuação em audiências e sessões, visitas a órgãos judiciários, prestação de serviços jurídicos e técnicas de negociações coletivas, arbitragens e conciliação, sob o controle, orientação e avaliação do núcleo de prática jurídica.

Art. 12 O estágio profissional de advocacia, previsto na Lei nº 8.906, de 4/7/94, de caráter extracurricular, inclusive para graduados, poderá ser oferecido pela Instituição de Ensino Superior, em convênio com a OAB, complementando-se a carga horária efetivamente cumprida no estágio supervisionado, com atividades práticas típicas de advogado e de estudo do Estatuto da Advocacia e da OAB e do Código de Ética e Disciplina.

Parágrafo único. A complementação da carga horária, no total estabelecido no convênio, será efetivada mediante atividades no próprio núcleo de prática jurídica, na Defensoria Pública, em escritórios de advocacia ou em setores jurídicos, públicos ou privados, credenciados e acompanhados pelo núcleo e pela OAB.

Art. 13 O tempo de estágio realizado em Defensoria Pública da União, do Distrito Federal ou dos Estados, na forma do artigo 145, da Lei complementar nº 80, de 12 de janeiro de 1994, será considerado para fins de carga horária do estágio curricular previsto no art. 1º desta Portaria.

Art. 14 As instituições poderão estabelecer convênios de intercâmbio dos alunos e docentes, com aproveitamento das respectivas atividades de ensino, pesquisa, extensão e prática jurídica.

Art. 15 Dentro do prazo de dois anos, a contar desta data, os cursos jurídicos proverão os meios necessários ao integral cumprimento desta Portaria.

Art. 16 As diretrizes curriculares desta Portaria são obrigatórias aos novos alunos matriculados a partir de 1996 nos cursos jurídicos que, no exercício de sua autonomia, poderão aplicá-las imediatamente.

Art. 17 Esta Portaria entrará em vigor na data de sua publicação, revogadas as disposições em contrário, especialmente as Resoluções nº 3172 e 15/73 do extinto Conselho Federal de Educação.

MURÍLIO DE AVELLAR HINGEL

ANEXO N — PORTARIA CF/OAB Nº 5, DE 1º DE MARÇO DE 1995

Dispõe sobre os critérios e procedimentos para a manifestação da OAB nos pedidos de criação e reconhecimento de cursos jurídícos.

O PRESIDENTE DO CONSELHO FEDERAL DA ORDEM DOS ADVOGADOS DO BRASIL, no uso das atribuições conferidas pelos artigos 83 e 100, VI do Regulamento Geral, tendo em vista o que dispõe o art. 54, XV, da Lei nº 8.906/94, o Decreto nº 1.303/94 e a Portaria MEC nº 1.886/94, RESOLVE:

Art. 1º Os pedidos de criação e reconhecimento de cursos jurídicos, encaminhados ao Conselho Federal da OAB, serão apreciados pela Comissão de Ensino Jurídico (CEJ), cujo parecer será submetido à homologação do Presidente do Conselho, na forma dos procedimentos e critérios definidos nesta resolução.

Parágrafo único. O Presidente do Conselho Federal, se discordar do parecer, submeterá o pedido ao Conselho Pleno, designando relator.

Art. 2º O projeto para criação e o pedido de reconhecimento do curso jurídico observarão os requisitos adotados pela CEJ e pelo Conselho Nacional de Educação, onde couber.

§ 1º O projeto para criação do curso jurídico, além de especificar os requisitos referidos no Art. 42 do Decreto nº 1.303/94, deverá:

a. comprovar a existência de no mínimo 30% do acervo bibliográfico atualizado e específico, assinatura corrente de três periódicos especializados, referidos no Art. 52 da Portaria MEC nº 1.886/94, sempre proporcional às necessidades das vagas inicialmente oferecidas, bem como de um plano para aquisição do restante, dentro do prazo de dois anos, contado da autorização do curso, ou até a data do pedido de seu reconhecimento;
b. comprovar a disponibilidade de instalações regulares da biblioteca e de pessoal habilitado para atendimento aos alunos e professores;

c. apresentar planejamento e cronograma de instalação adequada do Núcleo de Prática Jurídica.

§ 2º A instituição interessada poderá credenciar, por escrito, representante para acompanhar o processo, podendo prestar esclarecimentos e concordar com eventuais alterações ao projeto, se for o caso.

Art. 3º No caso de pedido oriundo de Universidade, a CEJ adotará o seguinte procedimento:

I. recebido o pedido, o Presidente da CEJ designará comissão verificadora, composta de três professores de Direito, sendo ao menos um integrante de órgão da OAB, e solicitará manifestação do Conselho Seccional competente, a seu respeito;
II. o relator da CEJ, ante o relatório da Comissão verificadora e a eventual manifestação do Conselho Seccional, submeterá parecer conclusivo à Comissão, na sessão seguinte, que deliberará por maioria simples de seus membros;
III. o parecer da CEJ, após aprovado na forma do art. 12, será encaminhado ao Ministério da Educação.

§ 1º A comissão verificadora concluirá o relatório, segundo roteiro adotado pela CEJ, no prazo de trinta dias.

§ 2º A comissão verificadora poderá sugerir mudanças justificadas ao projeto, que a ele se integrarão quando aceitas pela instituição interessada, devendo ser estabelecidas em documento próprio.

§ 3º As despesas de transporte, hospedagem e alimentação da comissão verificadora serão custeadas diretamente pela instituição interessada.

Art. 4º No caso de pedido oriundo de estabelecimento isolado de ensino superior, o projeto deverá ser encaminhado pelo Conselho de Educação competente, antes do seu parecer final, com o relatório de sua comissão verificadora.

§ 1º O Conselho de Educação competente poderá solicitar a indicação de um representante da OAB, designado pela CEJ, para integrar a comissão verificadora.

§ 2º Ocorrendo a hipótese do § 12, a CEJ poderá dispensar a designação de comissão verificadora própria, mas ouvirá o Conselho Seccional competente da OAB.

Art. 5º Nos pedidos de reconhecimento de curso jurídico, a CEJ considerará se houve observância, comprovada pela comissão verificadora, do projeto aprovado e dos requisitos exigíveis.

Art. 6º O parecer da CEJ, aprovado na forma do art. 12, será publicado em resumo no Diário da Justiça e comunicado por ofício à instituição interessada.

Art. 7º A CEJ poderá dispensar a participação da comissão verificadora quando analisar os processos que foram protocolizados no Conselho Federal da OAB antes da publicação desta portaria, promovendo as diligências que julgar necessárias.

Registre-se, publique-se, cumpra-se.

Brasília–DF, 12 de março de 1995.

JOSÉ ROBERTO BATOCHIO, PRESIDENTE

ANEXO O — MANDADO DE SEGURANÇA Nº 8.592

MANDADO DE SEGURANÇA Nº 8.592 – DF (2002/0107490–7) – Impetrado pelo Conselho Federal da Ordem dos Advogados do Brasil, com pedido liminar, contra ato do Senhor Ministro de Estado da Educação.

Identificação MS 008592

Ministro(a) Min. FRANCIULLI NETTO

Fonte DJ DATA:16/09/2002

Órgão Julgador 1S – Primeira Seção

Texto do Despacho ([V1])

MANDADO DE SEGURANÇA Nº 8.592 – DF (2002/0107490–7)

RELATOR : MINISTRO FRANCIULLI NETTO

IMPETRANTE : CONSELHO FEDERAL DA ORDEM DOS ADVOGADOS DO BRASIL

ADVOGADO : MARCELO ROCHA DE MELLO MARTINS

IMPETRADO : MINISTRO DE ESTADO DA EDUCAÇÃO

DECISÃO

Vistos.

Trata–se de mandado de segurança impetrado pelo Conselho Federal da

Ordem dos Advogados do Brasil, com pedido liminar, contra ato do Senhor Ministro de Estado da Educação, que houve por bem homologar o Parecer n. 146/2002, da Câmara de Educação Superior do Conselho Nacional de Educação, instituindo novas Diretrizes Curriculares Nacionais e aprovando as minutas de resolução que o acompanham, para revogar o currículo mínimo do curso de Direito e possibilitar a redução de sua duração para três anos.

Afirma o impetrante que o ato apontado como coator viola as determinações da Lei n. 9.131/95, uma vez que o Parecer e o projeto de resolução a respeito das diretrizes curriculares para o curso de Direito "são de tal modo vagos que permitem, em verdade, que os estabelecimentos de ensino definam, como quiserem, o conteúdo do curso de Direito, cada qual estabelecendo quais são suas matérias profissionalizantes, quais as matérias da dogmática que ministrarão". Aduz, ainda, que, nos termos do artigo 9º da Lei n. 9.394/96, "há imposição normativa no sentido de que cabe à União editar normas gerais acerca do curso de graduação, o que, a toda evidência, afasta a possibilidade de atribuição às instituições de ensino do conteúdo dos currículos, especialmente sem qualquer diretriz. Exige a lei uma orientação geral, a qual não é, evidentemente, aquela vaga e lacônica contida no parecer e na resolução" (fl. 17).

Ressaltou, de outra parte, que o curso de Direito está incluído dentre aqueles que se submetem à avaliação nacional, com base nos conteúdos mínimos estabelecidos para o curso (artigo 92 da Lei n. 9.394/96) e, bem assim, que "no sentido de reunião dessas matérias consagradas até mesmo na Constituição, que se encontra, nas várias leis que tratam das carreiras jurídicas, a exigência de bacharelado em Direito para o fim de investidura em cargos públicos. Bacharel, para todas essas normas, sejam aquelas que regulam o ingresso nos quadros da magistratura, Ministério Público, Procuradorias Federais e Estaduais ou OAB (dentre tantas outras), é apenas aquele que estudou as matérias que compõem o universo do Direito. Não são bacharéis aqueles que venham a estudar algumas ou nenhuma daquelas matérias, ainda que o Ministério da Educação entenda que são, porque cumpriram tais currículos que os estabelecimentos de ensino definiram com apoio nas lacunosas diretrizes. Não forma bacharéis em Direito curso de três anos, no qual um dos anos é dedicado a atividades de 'teoria-prática' e de 'natureza acadêmico-cultural extraclasse' (artigos 3º e 4º da resolução que acompanha o Parecer 100 referido no Parecer 146/2002, fustigado neste mandado ao se impugnar o despacho que o homologou)" (fl. 19).

Lembra o impetrante que, ainda que assim não fosse, "o parecer e a resolução, assim como o despacho que os homologou, fugiram à própria regulamentação a que se subordinam", visto que, segundo seu entendimento, não restaram obedecidas as determinações do Edital n. 4/2002, diante da não participação da comunidade, sobretudo da Ordem dos Advogados do Brasil, cuja missão constitucional também é a de zelar pelo ensino jurídico no país.

Dessa forma, requer, liminarmente, a suspensão dos efeitos do ato apontado como coator, visto "que a adoção pelos milhares de estabelecimentos de ensino superior de currículos de Direito segundo suas próprias conveniências acarretará prejuízos incalculáveis para o aperfeiçoamento da cultura, das instituições jurídicas e seu curso" (fls. 21/22).

Consoante se pode facilmente constatar pela leitura da narrativa supra, estão presentes, *in casu*, os requisitos para a concessão da liminar.

A plausibilidade do direito invocado pelo Conselho Federal da Ordem dos Advogados do Brasil é evidente, uma vez que tanto a legislação infraconstitucional como as determinações da Constituição Federal caminham no sentido de garantir a qualidade dos cursos jurídicos, diante da sua indispensabilidade para a proteção dos direitos individuais e sociais do povo brasileiro. Destoa dos princípios que regem a matéria, pois o retorno ao meio jurídico brasileiro da figura do rábula, que, ao que parece, pelo menos em princípio, será a lamentável consequência das transformações propostas pelo Ministério da Educação.

A propósito, é oportuna a reprodução do seguinte excerto de artigo da lavra do eminente professor Arnoldo Wald, a respeito do tema, *verbis*:

> A proliferação das escolas de direito, com a dispensa de concurso para o acesso ao magistério na maioria das mesmas, tem ensejado uma produção em massa de bacharéis, de caráter quase industrial, cuja formação geralmente deixa a desejar. A melhor prova consiste no fato de muitos deles necessitarem fazer cursinhos para conseguirem ser aprovados nos exames da Ordem. Com algumas raríssimas exceções, as escolas não preparam adequadamente os seus estudantes para as dificuldades crescentes que a profissão deve enfrentar numa sociedade complexa e cuja regulamentação se torna de mais em mais sofisticada. Há até uma certa frustração não só dos bacharéis, mas dos próprios jovens advogados, que, nem sempre, conseguem ingressar e progredir na profissão se não tiverem feito um mestrado, um doutorado, ou um curso no exterior (jornal "Valor", sexta-feira e fim de semana, 12, 13 e 14 de abril de 2002).

Nunca se pode olvidar, pois, da importância da figura do advogado e dos demais profissionais da área jurídica na sociedade contemporânea, circunstância que acarreta, necessariamente, sensível aumento na demanda por cursos jurídicos, mas que não pode servir de mote para se prestigiar a quantidade em lugar da qualidade.

Da mesma forma, o *periculum in mora* se mostra inconteste, uma vez que, como bem registrou o impetrante, "acaso não concedida a medida liminar, vestibulares poderão vir a ser realizados e alunos ingressarão em cursos com currículos que serão após invalidados.

"A não concessão da liminar poderá ensejar, com a concessão final da segurança, na perda por parte dos estudantes dos cursos que abrirão fundados nos novos currículos, das aulas cursadas e das mensalidades pagas" (fl. 22).

Ocioso lembrar que as considerações suso foram explanadas para exame da concessão da liminar, visto que a decisão final ensejará a análise mais aprofundada da matéria.

Diante do exposto, concedo a liminar pleiteada para suspender os efeitos da homologação do Parecer n. 146/2002 CES/CNE e das minutas de resolução que o acompanham, no que concerne ao curso de Direito.

Solicitem-se as informações, assinado o prazo de 10 (dez) dias.

Oficie-se.

Brasília (DF), 10 de setembro de 2002.

MINISTRO FRANCIULLI NETTO, RELATOR

ANEXO P – PROPOSTA DE CURRÍCULO PLENO CONFORME HORÁCIO WANDERLEI RODRIGUES

Nome da disciplina	Fase	Hora aula	Créditos
Introdução ao Estudo do Direito	1ª	60	04
Sociologia Geral	1ª	60	04
Economia	1ª	60	04
Ciência Política	1ª	60	04
Teoria Geral do Estado	1ª	60	04
Sociologia Jurídica	2ª	60	04
Teoria Geral do Direito Privado	2ª	60	04
Teoria Geral do Direito Público	2ª	60	04
Direito Constitucional I	2ª	60	04
Direito Civil I	2ª	60	04
Direito Civil II	3ª	60	04
Direito Constitucional II	3ª	60	04
Direito Penal I	3ª	60	04
Direito Administrativo I	3ª	60	04
Direito Tributário I	3ª	60	04
Direito Civil III	4ª	60	04
Direito Penal II	4ª	60	04
Direito Administrativo II	4ª	60	04
Direito Tributário II	4ª	60	04
Teoria Geral do Processo	4ª	60	04
Direito Civil IV	5ª	60	04
Direito Comercial I	5ª	60	04
Direito do Trabalho I	5ª	60	04
Direito Penal III	5ª	60	04
Direito Processual Civil I	5ª	60	04
Direito Civil V	6ª	60	04
Direito Comercial II	6ª	60	04
Direito do Trabalho II	6ª	60	04
Direito Penal IV	6ª	60	04
Direito Processual Civil II	7ª	60	04
Direito Civil VI	7ª	60	04

Direito Comercial III	7ª	60	04
Direito Processual Civil III	7ª	60	04
Direito Processual Penal I	7ª	60	04
Filosofia Geral	7ª	60	04
Direito Civil VII	8ª	60	04
Direito Processual Civil IV	8ª	60	04
Direito Processual Penal II	8ª	60	04
Direito Processual do Trabalho	8ª	60	04
Filosofia do Direito	8ª	60	04
Direito Internacional Privado	9ª	60	02
Ética Geral	9ª	30	02
Disciplinas Optativas	9ª	120	08
Atividades Complementares	9ª	90	06
Direito Internacional Público	10ª	60	04
Ética Profissional	10ª	30	02
Disciplinas Optativas	10ª	120	08
Atividades Complementares	10ª	90	06
Laboratório Jurídico I	11ª	75	05
Serviço de Assistência Jurídica I	11ª	75	05
Monografia I	---	---	---
Laboratório Jurídico II	12ª	75	05
Serviço de Assistência Jurídica II	12ª	75	05
Monografia II	---	---	---

Núcleo de Especialização Temática

Nome da disciplina	Carga horária	Créditos
Direito Romano	60	04
Direito Agrário	30	02
Direito Imobiliário	30	02
Direito Sindical	30	02
Registros Públicos	30	02
Direito do Consumidor	30	02
Direito Previdenciário	30	02
Acidentes do Trabalho	30	02

Comércio Exterior – Relações Empresariais	30	02
Tendências Contemporâneas do Direito Privado	60	04
Execução Penal	30	02
Poder Judiciário e Funções Essenciais à Justiça	60	04
Hermenêutica Jurídica e Aplicação do Direito	60	04
Tendências Contemporâneas do Direito Processual	60	04
Informática Jurídica	60	04
Metodologia da Pesquisa Jurídica	60	04
Criminologia	60	04
História das Ideias Jurídicas	60	04
Antropologia Jurídica	30	02
Linguagem e Argumentação Jurídica	30	02
Política Jurídica	30	02
Diplomacia e Relações Internacionais	60	02
Democracia e Direitos Humanos	30	02
Direito Econômico	30	02
Direito Eleitoral	30	02
Direito Ambiental	30	02
Direito da Criança e do Adolescente	30	02
Direito Educacional	30	02
Tendências Contemporâneas do Direito Público	60	04
Medicina Legal	60	04

Núcleo Complementar: todas as disciplinas pertencentes aos demais Cursos da Universidade, independentemente de área.

Outras Atividades Complementares: atividades de pesquisa, extensão, monitorias, estágios extracurriculares e eventos diversos.

Este livro foi composto por TECO DE SOUZA em MINION REGULAR
e impresso sobre papel Offset na FORMACERTA, em fevereiro de 2015.